I N V E S T I G A Ç Ã O

IMPRENSA DA UNIVERSIDADE DE COIMBRA
COIMBRA UNIVERSITY PRESS

EDIÇÃO

Imprensa da Universidade de Coimbra
Email: imprensauc@ci.uc.pt
URL: http//www.uc.pt/imprensa_uc
Vendas online: http://livrariadaimprensa.uc.pt

COORDENAÇÃO EDITORIAL

Imprensa da Universidade de Coimbra

INFOGRAFIA DA CAPA

Carlos Costa

INFOGRAFIA

Imprensa da Universidade de Coimbra

EXECUÇÃO GRÁFICA

KDP - Kindle Direct Publishing

ISBN IMPRESSO

978-989-26-1261-4

ISBN DIGITAL

978-989-26-1262-1

DOI

https://doi.org/10.14195/978-989-26-1262-1

DINÂMICAS DE
POLÍTICA INTERNACIONAL
E RESOLUÇÃO DE CONFLITOS

A MULTI-DIMENSIONALIDADE DA PAZ

JOSÉ MANUEL PUREZA
MARIA RAQUEL FREIRE
PAULA DUARTE LOPES
COORD.

IMPRENSA DA UNIVERSIDADE DE COIMBRA
COIMBRA UNIVERSITY PRESS

SUMÁRIO

Nota Introdutória. A Multidimensionalidade da Paz: Dinâmicas de Política Internacional e Resolução de Conflitos, *José Manuel Pureza, Maria Raquel Freire e Paula Duarte Lopes*.................... 7

CAPÍTULO 1 – Autodeterminação, Identidade e Poder no Conflito do Saara Ocidental, *Maria João Barata* 13

CAPÍTULO 2 – O Surgimento de Timor-Leste como uma E mergência Internacional, *Ramon Blanco* 41

CAPÍTULO 3 – A Paz dos «Pequenos Nadas»: um Olhar desde os «Laboratórios de Paz» na Colômbia, *Miguel Barreto Henriques*....... 69

CAPÍTULO 4 – O Direito pela Paz. Contributo para a Superação da «Síndrome das Duas Culturas» entre Relações Internacionais e Direito Internacional, *Mateus Kowalski*.................... 101

CAPÍTULO 5 – Os Desafios da Paz e da Guerra no Sudão: uma Visão Crítica das Estratégias Dominantes de Resolução de Conflitos e *Peacebuilding, Daniela Nascimento* 131

CAPÍTULO 6 – Governação da Saúde Global: Construção, Incoerência e Assimetria?, *Ricardo Pereira* 159

CAPÍTULO 7 – Referendo(s) e Secessão: do Discurso
à Prática, *Daniel Marcelino Rodrigues* 187

CAPÍTULO 8 – A Materialização de Identidades Nacionais
em Estruturas Políticas não Soberanas: as Autonomias-Nação
na Constituição Espanhola, *Filipe Vasconcelos Romão* 215

CAPÍTULO 9 – A Diplomacia Informal e Não-Governamental como
Vetor de Transformação de Conflitos, *Jorge Tavares da Silva* 239

NOTAS BIOGRÁFICAS 263

DOI | https://doi.org/10.14195/978-989-26-1262-1_0

NOTA INTRODUTÓRIA.
A MULTIDIMENSIONALIDADE DA PAZ: DINÂMICAS DE POLÍTICA INTERNACIONAL E RESOLUÇÃO DE CONFLITOS

José Manuel Pureza, Maria Raquel Freire e Paula Duarte Lopes

Disseram outros que as Relações Internacionais são uma disciplina para fazer a guerra. Nascida, como área de saber académico, da crítica a uma visão legalista e idealista das relações entre os Estados, as Relações Internacionais serviram de suporte à entronização de uma leitura do mundo marcada por três características fundamentais. Primeira, a exclusividade – ou, pelo menos, o protagonismo quase monopolístico – dos Estados como sujeitos das relações de conflitualidade e de cooperação fora das fronteiras nacionais. Segunda, a configuração dessas relações como um campo regido pelas relações de força e em que, por isso, os conflitos tendem a ser a condição normal. Finalmente, terceira, a apologia de uma metodologia de criação de conhecimento acerca desta realidade despida de considerações normativas e estritamente apegada à factualidade observada de forma neutra e orientada para o registo das tendências como leis sociológicas. Com estas características fundantes, a disciplina de Relações Internacionais afirmou-se e consolidou-se a naturalizar a guerra e a diminuir a possibilidade de uma paz estruturadora do campo estudado.

É certo que, em tensão com este saber canónico, se foram insinuando outros discursos e outras metodologias. Acima de todos, os que chamavam a atenção para a existência de cooperação lá onde a ciência dominante tendia a ver apenas conflito. Mas foi preciso esperar pelos grandes debates do último quartel do século XX para nos depararmos com propostas de leitura das relações internacionais veiculadoras da centralidade da paz como ambicioso programa transformador do internacional. As diversas variantes dos Estudos para a Paz trouxeram para a análise três características profundamente diferentes das que haviam servido de âncora ao cânone. Primeira, a multidimensionalidade das violências e, consequentemente, da multidimensionalidade da paz: além da(s) direta(s), também a(s) estrutural(ais) e a(s) cultural(ais). Segunda, a pluralidade dos atores relevantes no relacionamento transformador do internacional. E, terceira, a inevitabilidade de uma conduta normativa na criação de conhecimento sobre a realidade internacional, isto é, a falsidade de todo o discurso sobre a superioridade de uma ciência *value-neutral* e a apologia da assunção explícita de um posicionamento científico comprometido com um conjunto de princípios e valores (*value-committed*).

Para lá do debate teórico intenso trazido à disciplina pelos Estudos para a Paz, a prática internacional, sobretudo após o final da Guerra Fria, encarregou-se de dar projeção a uma agenda em que a construção da paz passou a ocupar uma posição de primeira grandeza. O descongelamento da tensão bipolar de quatro décadas e a emergência de formas de conflitualidade em que o modo de governação interna dos Estados foi assumido como elemento crucial motivaram uma reconceptualização das políticas de paz, com destaque muito especial para o papel relevantíssimo que a este respeito teve a Organização das Nações Unidas. O desenvolvimento da agenda de construção da paz (*peacebuilding*) a partir do início da década de noventa, a multiplicação de intervenções internacionais

com uma amplitude muito mais ambiciosa que a das suas prede-
cessoras de manutenção da paz (*peacekeeping*) ou de imposição
da paz (*peace enforcement*) e o acolhimento social muito largo de
um discurso humanitarista de contornos relativamente imprecisos
como cimento ideológico do intervencionismo internacional foram
os ingredientes principais de uma recentragem da agenda política
e académica internacional sobre a questão da paz.

Um pouco por toda a parte se assistiu a uma rápida conversão
da academia a esta nova agenda, questionando um figurino da disciplina de Relações Internacionais preso a uma suposta permanência
inquestionável da guerra ou de outros usos da força e do poder.
A formação superior seguiu caminhos diversos que convergiram nesta
aceitação comum do desafio da paz como horizonte de construção
exigível. Nuns casos, o caminho seguido manteve a apetência por
uma matriz dogmática de partida e o campo da paz passou a ser
o novo terreno de afirmação de poder e de hegemonia do centro
sobre a periferia que substituiu, precariamente, o velho campo
da guerra. Noutros casos, o desafio da paz foi levado mais longe,
motivando a desconstrução conceptual e política de antigas matrizes
de análise e de relacionamento internacional e a denúncia da sua
lógica colonial e patriarcal. Foi neste ambiente de mudança académica e política acentuada e disputada que foi criado o Programa de
Doutoramento em Política Internacional e Resolução de Conflitos.
A completar a oferta formativa na área das Relações Internacionais
da Universidade de Coimbra – que, à data, já incluía programas de
licenciatura e de mestrado – o programa doutoral foi criado para
formar competências avançadas de leitura da política internacional
contemporânea, com um particular ênfase no estudo das dinâmicas
de conflitualidade e de paz internacionais, seja do ponto de vista
das causas e sinais de emergência de conflitos, seja do ponto de
vista dos instrumentos teóricos e técnicos de transformação de

conflitos, procurando, pois, combinar as agendas de investigação dos *conflict studies* e dos *peace studies*.

No ano em que se celebram os quinze anos deste programa, este livro recolhe contributos dos/as nove primeiros/as doutores/as nele formados/as. Os ensaios agora publicados são sínteses das teses de doutoramento defendidas no programa e dão nota, por isso, do património de reflexão inicial construído neste contexto e que, desde então, tem vindo a ser acrescentado e aprofundado temática e metodologicamente. Através destes nove estudos, é partilhada com a comunidade de leitores uma leitura do mundo que tem a construção de uma paz multidimensional como seu foco e que exprime os caminhos percorridos nos primeiros quinze anos por este laboratório de debate e de reflexão que é o Doutoramento em Política Internacional e Resolução de Conflitos. Expressando a pluralidade de abordagens que é assumida por este programa doutoral, este conjunto de estudos adota ângulos diversos de abordagem da centralidade dessa paz exigente e multidimensional no sistema internacional contemporâneo. Será, porventura, possível, encontrar três eixos agregadores destes ensaios. O primeiro eixo é o que interroga a relação da paz com a questão fundamental da afirmação de identidades coletivas no sistema internacional. Assim, Maria João Barata analisa o processo de formação da identidade saarauí e a função determinante deste processo no conflito com a(s) potência(s) ocupantes daquele território. Ramon Blanco estuda o surgimento de Timor-Leste como Estado independente e de que forma a incipiência institucional do novo Estado legitimou a difusão de um discurso classificador de Timor-Leste como emergência internacional a justificar uma intervenção internacional de consolidação do Estado e, numa associação questionável, da paz. Daniel Rodrigues coloca diversos casos de realização de consultas populares sobre perspetivas de autonomização secessória num continuum entre paz e tensão política. Finalmente, Filipe Vasconcelos

Romão, centrando-se no caso do Estado Espanhol, procura identificar soluções institucionais que acolhem a afirmação de identidades nacionais sem enveredar pelo quadro tradicional da multiplicação de soberanias estatais e interroga os potenciais de paz e de conflitualidade dessas fórmulas institucionais.

O segundo eixo temático é o dos procedimentos técnico-políticos de gestão de conflitos. Nele se incluem os estudos de Mateus Kowalski – que analisa o relacionamento entre o Direito Internacional e os diferentes entendimentos de paz que têm prevalecido no sistema internacional – de Ricardo Pereira – que observa os mecanismos e as políticas de governação global da saúde e a sua instrumentalidade relativamente ao aprofundamento ou ao amortecimento de relações de assimetria geradores de tensão – e de Jorge Tavares da Silva – que analisa o desempenho da diplomacia informal e não-governamental como suporte da transformação de conflitos.

Finalmente, o terceiro grupo de estudos agora trazido à estampa reúne textos sobre o que se veio a tornar o cânone das políticas de paz em escala global – a chamada «paz liberal» – e sobre os limites dessa fórmula intelectual e política que vêm sendo objeto de intenso debate na academia. Situamos aqui, desde logo, o trabalho de Miguel Barreto Henriques, no qual se adota uma escala de análise mais fina do que a que domina estudos de Relações Internacionais, o que lhe permite pôr em evidência a incapacidade de o projeto de paz liberal abarcar a complexidade social e cultural das sociedades marcadas por conflitos de alta intensidade em que incidem as políticas nele inspiradas. Simbolicamente deixamos para o fim a síntese da que foi a primeira tese defendida no âmbito deste programa, o capítulo de Daniela Nascimento. Com base num estudo de caso sobre a prolongada guerra no Sudão que esteve na origem da divisão em dois Estados, a autora elenca as estratégias dominantes nas políticas de *peacebuilding* e mostra as suas marcadas insuficiências, abrindo este campo a uma necessária avaliação crítica.

Por tudo o que fica dito, é patente que este livro assume dois propósitos fundamentais. Em primeiro lugar, marcar o debate em curso, também em Portugal, acerca dos conteúdos e sentido político das políticas de paz adotadas pelos atores mais influentes em escala global. Para este efeito, os estudos aqui reunidos têm todos a marca de uma agenda crítica que resgata a genealogia disputada de conceitos, politiza técnicas e discute as relações de poder subjacentes a estratégias de pacificação. Em segundo lugar, este livro quer trazer para o público leitor a marca do património de conhecimento desenvolvido no âmbito do Programa de Doutoramento em Política Internacional e Resolução de Conflitos, oferecido pela Faculdade de Economia da Universidade de Coimbra em parceria com o Centro de Estudos Sociais, por ocasião do seu décimo quinto aniversário e assim prestar contas à comunidade universitária e à sociedade em geral dos resultados do trabalho realizado ao longo deste período.

DOI | https://doi.org/10.14195/978-989-26-1262-1_1

CAPÍTULO 1
AUTODETERMINAÇÃO, IDENTIDADE
E PODER NO CONFLITO
DO SAARA OCIDENTAL

Maria João Barata

ISMT – Instituto Superior Miguel Torga, CEPESE

– Centro de Estudos da População, Economia e Sociedade

ORCID: https://orcid.org/0000-0001-9678-2219

Resumo: O impasse na resolução do conflito do Saara Ocidental tem
sido abordado sobretudo na perspetiva de uma tensão entre políticas
de poder no sistema internacional e ditames de direito internacional.
O objetivo deste capítulo é o de repensar a questão dos poderes em
confronto neste conflito, a partir de uma perspetiva construtivista
focada no papel das normas na construção das identidades dos
atores internacionais. O capítulo começa por fundamentar teoricamente o argumento de que o direito de autodeterminação constitui
as identidades que o reivindicam, tornando-as resilientes a outro
tipo de exigências morais ou instrumentais. De seguida, analisa a
construção e os contornos de uma identidade saaráui portadora de
um projeto de independência política, notando que apresenta uma
resiliência de base normativa e intersubjetiva – assente no direito de
autodeterminação – que baseia um 'poder para' resistir e confrontar
o 'poder sobre' o território – este último de base militar e económica – da ocupação marroquina. Esta análise pretende contribuir
para a compreensão do impasse em que o processo de resolução do

conflito se encontra, notando que as 'realidades' construídas nesse contexto são tanto materiais quanto simbólicas.

Palavras-chave: Autodeterminação; Identidade; Poder; Saara Ocidental

Abstract: The impasse in resolving the conflict in Western Sahara has been addressed mainly in the perspective of a tension between power politics in the international system and dictates of international law. The purpose of this chapter is to rethink the power issue in this conflict from a constructivist perspective focused on the role of norms in the construction of the identities of international actors. The chapter begins by theoretically placing the argument that the right of self-determination constitutes the identities that claim it, making them resilient to other types of moral or instrumental requirements. It then analyses the construction and contours of a Saharawi identity that conveys a political independence project, noting that it presents a normative and intersubjective resilience – grounded in the right to self-determination – that bases a 'power to' resist and confront the 'power over' the territory – this last one of a military and economic kind – by the Moroccan occupation. This analysis aims to contribute to the understanding of the impasse in which the conflict resolution process is currently at, noticing that the 'realities' constructed in this context are both material and symbolic.

Keywords: Self-determination; Identity; Power; Western Sahara

O caso do Saara Ocidental[1] está agendado nalgumas instâncias da Organização das Nações Unidas (ONU) – Comité de Descolonização e Assembleia Geral, nomeadamente –, já desde a década de 1960, como um caso de descolonização do território colonizado por

---

[1] Território de 266 000 km2, situado no extremo ocidental do grande deserto do Sahara, ao longo da costa Atlântica, entre o paralelo 20° 45' e o paralelo 27° 40', fazendo fronteira com Marrocos a norte, com a Argélia a nordeste, com a Mauritânia a sul e sudeste e com o Atlântico a oeste, com as Ilhas Canárias a cerca de 100 km de distância.

Espanha e depois ocupado por Marrocos (a partir de 1975). Noutras instâncias da ONU – Secretário-Geral e Conselho de Segurança – está a ser abordado como um conflito internacional pelo controlo e soberania desse território. Ambas as abordagens reconhecem ao «povo saaráui» o direito de autodeterminação. Outros pontos de vista abordam o conflito mais a partir de questões geopolíticas e de poder, destacando a competição entre a Argélia e Marrocos pela supremacia regional no Magrebe como o grande obstáculo à sua resolução.

O conflito coloca em confronto, desde há cerca de quatro décadas, a reivindicação de autodeterminação para o povo saaráui por parte da Frente Popular de Libertação de Saguía El Hamra e Río de Oro (Polisário) e a reivindicação, por parte de Marrocos, da incorporação desse território no seu reino. A Polisário apoia as suas pretensões no facto de o direito de autodeterminação dos saaráuis ser internacionalmente reconhecido e, nessa linha, reivindica a realização de um referendo de autodeterminação. Marrocos, por seu lado, contrapõe que, antes da colonização, o território era habitado por populações com relações de lealdade e submissão ao sultão marroquino, e procura legitimar a sua efetiva ocupação da maioria do território invocando os princípios da integridade territorial e da não ingerência.

A questão da existência e delimitação de um «povo saaráui» tem sido central neste conflito. A Polisário assume que esse povo existe e é delimitável por referência à experiência colonial. Já Marrocos argumenta que há toda uma ambiguidade na definição e delimitação da população saaráui, a qual inviabiliza um exercício fidedigno de autodeterminação e a construção de um Estado independente.

À guerra que opôs a Polisário a Marrocos entre 1975 e 1988, seguiu-se um cessar-fogo e a implementação no terreno, em 1991, de uma missão da ONU para o monitorizar e organizar um referendo de autodeterminação – a Missão das Nações Unidas para o

Referendo no Saara Ocidental (MINURSO). Contudo, problemas quanto à determinação dos eleitores para o referendo levaram a sucessivos adiamentos da sua realização até 2001, ano em que se interrompe a sua preparação. Desde 2007 que decorrem negociações sob a égide da ONU para uma solução política do conflito. Porém, as partes mantêm-se irredutíveis nas suas posições. Marrocos propõe um referendo confirmativo de uma solução autonómica, não aceitando que a independência seja uma das opções desse referendo. A Polisário não aceita negociar, precisamente, a possibilidade de opção pela independência. As disposições do direito internacional, e em especial o direito de autodeterminação reconhecido aos saaráuis, têm obstado ao reconhecimento formal da ocupação. Ao mesmo tempo, contudo, o Conselho de Segurança da ONU não impõe uma resolução do conflito nos termos desse direito.

Muito embora, no essencial, as partes continuem a respeitar o cessar-fogo, o conflito persiste: as partes mantêm-se irredutíveis quanto aos cenários para a sua resolução; cerca de 174 000 saaráuis permanecem em campos de refugiados na região argelina de Tindufe (UNHCR, 2018: 4); alguns jovens e antigos guerrilheiros saaráuis pressionam para um retomar da luta armada; no território ocupado por Marrocos têm crescido movimentos e atividades de resistência e contestação às autoridades marroquinas; registam-se ainda violações dos direitos humanos, muito em especial por parte de Marrocos sobre a população saaráui, incluindo detenções ilegais, espancamentos e tortura (e.g. HRW, 2018: 375 ss).

O impasse de quase duas décadas em que se encontra a resolução deste conflito tem sido abordado sobretudo em termos de uma tensão entre o direito internacional e as políticas de poder. Para uns, é o direito de autodeterminação reconhecido aos saaráuis o que impede a formalização de uma anexação entendida como irreversível; para outros, esse direito é inalienável e imprescritível e não pode sucumbir perante as geopolíticas de poder.

Este capítulo propõe-se olhar para a identidade saaráui porta-dora de um projeto de independência política, a partir do ponto de vista construtivista da disciplina de Relações Internacionais (RI) que coloca as normas no centro da articulação entre os atores e o sistema. Salientarei que a ideia e a norma de autodeterminação se tornaram constitutivas dessa identidade saaráui, dotando-a de resiliência na reivindicação de autodeterminação e resistência à ocupação marroquina. Esta perspetiva chama a atenção para a necessidade de um cenário de resolução do conflito baseado em assunções de justiça consonantes com a satisfação da aspiração de autodeterminação da população saaráui. Dificilmente se conseguirá uma situação sustentável e duradoura de paz naquele contexto sem a realização de um referendo de autodeterminação que possibilite o exercício desse direito.

*   *   *

Por autodeterminação pode-se entender, ao mesmo tempo, uma ideia geral de direito dos povos à liberdade e uma norma especí-fica do sistema internacional para a delimitação e governação de comunidades políticas. Como ideia, a autodeterminação é um pro-duto da modernidade, nomeadamente das Revoluções Francesa e Americana, e é constituída por dois aspetos (cf. Ronen, 1979: 6 ss): um objetivo geral de «libertação em relação aos outros» (Escarameia, 1993: passim); e a ideia de que esta liberdade constitui um direito inalienável. Como norma, a autodeterminação tem sido nos últimos séculos crucial na legitimidade das entidades políticas do sistema internacional, sobretudo quanto à sua configuração em termos de delimitação territorial, critérios de pertença e cidadania, governação doméstica e política externa. Em consequência, a autodeterminação tem tido um papel também crucial na construção das identidades e das lealdades políticas no sistema internacional.

A formulação convencional do direito de autodeterminação é: «Todos os povos têm o direito à autodeterminação. Em virtude deste direito, eles determinam livremente o seu estatuto político e dedicam-se livremente ao seu desenvolvimento económico, social e cultural.»[2] Contudo, uma das questões mais debatidas tem sido a de saber o que é um povo – como se define e quais são os seus atributos gerais –, para que se possa determinar quem é que se qualifica como povo detentor do direito de autodeterminação. Diferentes contextos históricos e políticos têm suscitado respostas distintas a esta questão, bem como às questões do modo de aferir a vontade dos povos e do formato que pode assumir a comunidade política autodeterminada. Neste debate, a bibliografia parece assumir que o povo pré-existe à reivindicação ou à efetiva autodeterminação. É a prévia existência do povo, como quer que seja definido, que justifica, ou não, o reconhecimento e o exercício de um direito de autodeterminação.

Pensar a questão do povo e da autodeterminação na ótica do construtivismo em RI, contudo, leva-nos a uma perspetiva diferente. O construtivismo assume que atores e sistema internacional se constituem mutuamente, colocando regras e normas sociais no centro da articulação entre os atores e o sistema (Kratochwil, 1989; Onuf, 1989; Barnett, 1998; Onuf, 1998). A questão do povo pode então ser recolocada na questão da emergência e constituição de uma identidade institucional – uma identidade referenciada a um território, a uma população e a instituições políticas –, que se supõe «personificar» ou representar uma identidade coletiva, e que pretende assumir e ver

---

[2] Formulação que se encontra na Declaração da ONU sobre a Concessão da Independência aos Países e Povos Coloniais (Resolução da AG 1514 [XV] de 1960), nos Pactos Internacionais sobre Direitos Humanos de 1966, na Declaração sobre os Princípios do Direito Internacional Referentes às Relações de Amizade e Cooperação entre os Estados de 1970 (Resolução da A.G. 2625 [XXV]), na Declaração de Viena sobre Direitos Humanos de 1993 (A/Conf. 157/23) e na Declaração da ONU sobre os Direitos dos Povos Indígenas de 2007.

reconhecido um estatuto de ator internacional – um *self*. Formulada nestes termos, a questão sugere ver a autodeterminação como uma ideia e uma norma com efeitos constitutivos fortes, pois estabelece as condições para se existir e agir na sociedade internacional, quer dizer, para se ser um ator internacional (cf. Ringmar, 2007: 190).

Então, argumenta-se neste capítulo que as delimitações, a consciência coletiva e a configuração institucional do *self* saaráui portador de um projeto de independência política são tanto um efeito da experiência secular de vivência no território do oeste saariano e da resistência às tentativas de dominação por parte de poderes estrangeiros, como um efeito das normas e das práticas internacionais que configuram as entidades políticas modernas, de entre as que se destaca o direito de autodeterminação e o seu reconhecimento internacional à população do Saara Ocidental.

*   *   *

São os saaráuis mais jovens, mais instruídos e que têm conhecimento da defesa do direito de autodeterminação para o Saara Espanhol nas instâncias internacionais quem, na década de 1960, começa a desenvolver a ideia de uma libertação face ao poder colonial, acreditando na sua legitimidade e na possibilidade de obtenção de apoio internacional. Nessa época, a questão do formato pós-colonial estava ainda relativamente em aberto. Integração na Mauritânia e/ou em Marrocos, federação com a Mauritânia, integração num Grande Magrebe federado, soberania política independente – foram vários os cenários colocados pelos próprios, alguns deles ainda hoje em discussão (e.g. Campos-Serrano e Rodríguez-Esteban, 2017). Outra discussão fundacional e ainda em curso é entre a opção pacifista e a opção militar na sua luta contra a ocupação e pela autodeterminação.

A primeira organização especificamente saaráui a desafiar o domínio de Espanha foi o Movimento de Libertação de Saguía El Hamra e Río de Oro de Sidi Ibrahim Bassiri, surgido em 1967, ainda sem posição pública face às reivindicações de Marrocos e da Mauritânia que, em 1966, haviam começado a solicitar à ONU a realização de um referendo no território. Contra uma pequena minoria do movimento, Bassiri advogava a não-violência, a moderação no discurso e nas reivindicações, e uma via gradual que deveria começar por uma autonomia sob controlo espanhol e por questões de direitos de igualdade e de liberdade. Os seus apoios são entre a classe escolarizada e urbanizada, refletindo já a emergência, no território, de uma identidade política pós-tribal.

A primeira ação pública do movimento, no ano de 1970, foi trágica. Um dia após a apresentação de uma petição às autoridades coloniais, uma manifestação pacífica na Praça de Zemla, em El Aaiún, foi dispersada a tiro pelas forças espanholas, provocando a morte a alguns manifestantes[3], a que se seguiram centenas de prisões e casos de tortura. Poucos dias depois, Bassiri era detido pelas forças espanholas, acabando por desaparecer. O «Massacre de Zemla», como ficou conhecido, teve o efeito de generalizar a resistência anticolonial, bem como de mudar a perspetiva de luta, desacreditando a via pacifista e infletindo para a procura de apoios externos.

É nessa linha que, logo desde o seu início, em 1973, a Polisário advogaria e adotaria a luta armada, a qual se viria a intensificar na sequência das invasões de Marrocos e da Mauritânia. Também logo de início, conseguiu algum apoio da Mauritânia e da Líbia. A Argélia apoiava à época outro grupo que se viria a revelar não representativo, e só a partir de julho de 1974 é que começará a apoiar a

---

[3] As fontes são díspares quanto ao número exato. As estimativas vão de dois a doze (Pazzanita, 2006: 188).

Polisário. Na sua fase inicial, o objetivo explícito da Polisário não era a independência, mas sim o fim da administração espanhola, tendo inclusivamente procurado o apoio de partidos marroquinos adeptos do Grande Marrocos, tentando integrar-se no quadro mais geral da luta da extrema-esquerda marroquina contra o regime. Segundo a análise de Pointier (2006: 608-610), terá sido a crise na esquerda marroquina no início dos anos 1970, bem como a sua incompreensão da questão do Saara, o que reforçou a opção da Polisário pelo objetivo da independência, mesmo que, ainda durante alguns anos, o seu discurso continuasse a remeter para um quadro mais vasto de revolução no Magrebe.

Os movimentos de libertação das colónias portuguesas em África foram uma referência importante para a Polisário. As influências táticas destes movimentos foram evidentes (veja-se Cervelló, 1993: 408-409). Porém, encarar Espanha como o seu inimigo principal, subestimar Marrocos, e acreditar que a intensificação das ações militares conduziria a uma transferência direta do poder de Espanha para a Polisário revelar-se-iam táticas, neste caso, erradas. Os anos subsequentes à saída de Espanha e à invasão do território pela Mauritânia e por Marrocos foram anos de intensa luta ao mesmo tempo militar e diplomática. No final da década de 1980, reativou--se a tensão entre a via pacifista e a via da luta armada, entre os partidários da continuação da guerra até uma vitória militar que conduzisse à independência e os partidários de um acordo de cessar-fogo e de um plano de paz conducente a um exercício de autodeterminação.

A opção que então se fez pela via diplomática, em detrimento da via militar, tem vindo a ser criticada e posta em causa crescentemente desde 2001, ano em que a ONU deixa de pressionar Marrocos no sentido da realização de um referendo de autodeterminação que inclua a independência como opção. Desde 2004, ano em que a via diplomática em curso se revela bloqueada, que apelos ao retomar da guerra se fazem ouvir, sobretudo de entre alguns jovens e militares nos campos de Tindufe.

Pelo contrário, seguindo uma orientação pacifista, no território ocupado por Marrocos, vários movimentos cívicos de direitos humanos têm empreendido uma resistência não violenta à ocupação, feita à base de manifestações, acampamentos e greves de fome. Envolvem-se na defesa dos direitos económicos, cívicos e políticos dos saaráuis nas cidades do Saara Ocidental, mas também no Sul de Marrocos e nas cidades universitárias marroquinas. Emblemático foi o acampamento de Gdeim Izik, uma concentração de cerca de 15 mil saaráuis, a cerca de 18 km de El Aaiún, iniciada a 10 de outubro de 2010. As reivindicações versavam temas socioeconómicos – emprego para jovens licenciados, alojamento e rendimento mínimo para as famílias carenciadas. A 8 de novembro o acampamento foi dispersado com violência pelas forças marroquinas, com mortos e feridos, em ambos os lados.

* * *

O território de Saguía El Hamra e de Río de Oro é um lugar de referência mítico na construção das identidades de várias populações da região, dando origem a vários argumentos históricos em favor de diferentes reivindicações (cf. Mundy, 2014). Para Marrocos, o argumento histórico é central. É com base em determinadas interpretações da história que tenta impor a ideia de um Grande Marrocos – ideia que reivindica o Saara Ocidental, a Mauritânia, partes da Argélia, do Mali e do Senegal, e ainda Ceuta e Melilha – que existiria antes da época colonial e que importaria refazer no período pós-colonial. A Polisário baseia as suas reivindicações de independência política principalmente num argumento jurídico desenvolvido a partir da norma de autodeterminação da ONU e da Organização da Unidade Africana (OUA, atual União Africana [UA]) e que remete para a história colonial, secundarizando, portanto, argumentos baseados em história pré-colonial, ainda que haja alguma mobilização de observações históricas para tentar demonstrar a existência secular de um povo no oeste saariano politicamente independente e culturalmente distinto das populações das regiões circundantes.

A questão do argumento histórico teve a sua formulação institucional no pedido feito pela Assembleia Geral da ONU ao Tribunal Internacional de Justiça (TIJ), em 1974, sobre o estatuto do Saara Ocidental ao tempo da sua colonização por Espanha, no final do século XIX. As questões foram:

I. Era o Saara Ocidental (Río de Oro e Saguía El Hamra), ao tempo da colonização por Espanha, um território que não pertencia a ninguém (*terra nullius*)? Se a resposta à primeira questão for negativa,

II. Quais eram os laços jurídicos entre este território e o reino de Marrocos e a entidade mauritana? (Res. 3292 [XXIX] de 1974)

Esse pedido foi feito por insistência de Marrocos, com a relutância de Espanha e a contestação da Polisário. Com efeito, Espanha teve de adiar a realização do referendo de autodeterminação que então planeava. Quanto à Polisário, privilegiava a luta armada com o objetivo de negociar diretamente com Espanha a transferência de soberania e, em todo o caso, à época não possuía ainda um estatuto que lhe permitisse ser reconhecida na ONU como representante da população e parte interessada no processo. Só Estados puderam apresentar as suas posições perante o tribunal (TIJ, 1975b). O facto de os saaráuis não terem qualquer representante nesse processo foi para eles motivo de forte indignação (cf. Hodges, 1983: Cap. 17). Não obstante a sua renitência inicial, toda a sua argumentação posterior vai invocar o parecer do TIJ para corroborar a legitimidade da sua posição.

De facto, o texto do parecer é uma discussão dos argumentos de Marrocos, de Espanha e da Mauritânia sobre o *self* saaráui – a sua natureza política, a sua identidade, as suas delimitações. Totalmente ausente da análise está qualquer argumento avançado pelos próprios saaráuis. Na própria formulação das questões não havia qualquer referência à população do território. Será o próprio tribunal a colocá-la:

> [O] Tribunal não pode aceitar a opinião de que os laços jurídicos que a Assembleia Geral tinha em mente quando redigiu a Questão II não dissessem respeito senão aos laços diretamente estabelecidos com o território, independentemente dos seres humanos que aí se pudessem encontrar. Uma tal interpretação restringiria indevidamente o âmbito da questão, já que os laços jurídicos normalmente existem em relação a pessoas. (TIJ, 1975a: parágrafo 85)

O TIJ vai ser a favor do exercício de autodeterminação da população do Saara Ocidental e as suas conclusões sobre as questões colocadas vão também favorecer o argumento da existência de um 'povo' no Saara Ocidental. Em relação à primeira questão, o Tribunal conclui por uma resposta negativa (1975a: 40, parágrafo 82), pois «no momento da colonização, o Saara Ocidental era habitado por populações que, ainda que nómadas, estavam social e politicamente organizadas em tribos e colocadas sob a autoridade de chefes competentes para as representar» (1975a: 39, parágrafo 81). Nesta linha, em relação à questão da ocupação espanhola e, de uma forma geral, à questão da prática estatal à época quanto a aquisição de soberania, o Tribunal valoriza a celebração de acordos com as autoridades tribais locais, em detrimento do conceito de *terra nullius* (1975a: 39, parágrafo 80).

Em relação à segunda questão, o Tribunal conecta explicitamente a sua resposta com a questão do direito de autodeterminação da população do território.

> Os materiais e a informação trazidos ao conhecimento do Tribunal mostram a existência, no momento da colonização espanhola, de laços jurídicos de lealdade entre o sultão de Marrocos e certas tribos que viviam no território do Saara Ocidental. Mostram igualmente a existência de direitos, incluindo certos direitos relativos à terra, que constituíam laços jurídicos entre a entidade mauritana [...] e o território do Saara Ocidental. Em contrapartida, o Tribunal conclui que os elementos e informações trazidos ao seu conhecimento não estabelecem a existência de nenhum laço de soberania territorial entre o território do Saara Ocidental, por um lado, e o Reino de Marrocos ou a entidade mauritana, por outro. O Tribunal não constatou então a existência de laços jurídicos de natureza a modificar a aplicação da resolução 1514 (XV) quanto à descolonização do Saara Ocidental, e em particular a aplicação do princípio de autodeterminação através da expressão livre e autêntica das populações do território (1975a: 68, parágrafo 162).

A Declaração da ONU sobre a Concessão da Independência aos Países e Povos Coloniais (Resolução da AG 1514 [XV] de 1960) havia reconhecido que todos os povos têm direito de autodeterminação, significando isso o direito a optar entre a independência, a associação com um estado independente ou a integração num estado independente. Mas a Declaração também subordinou esse direito ao princípio da integridade territorial dos Estados: «[q]ualquer tentativa destinada à rutura total ou parcial da unidade nacional e da integridade territorial de um país é incompatível com os propósitos e os princípios da Carta da ONU» (parágrafo 6). Note-se que este parágrafo poderia ser interpretado por referência a uma época pré-colonial – e, nesse caso, dizer respeito à implantação territorial de uma etnia ou comunidade política –, ou poderia ser interpretado por referência às delimitações traçadas pelo poder colonial e, portanto, atuais e estritamente territoriais (Lopes, 2003: 63). Foi esta última a interpretação que vingou. A OUA fez dela lei (AHG/Resolução 16[I] de 1964) para as descolonizações em África, ao reconhecer a tangibilidade das fronteiras legadas pelo colonialismo e declarar a sua inviolabilidade, tendo tido a objeção apenas da Somália e de Marrocos, países justamente com pretensões de restaurar uma projetada unidade pré-colonial com base em argumentos étnicos e históricos.

*   *   *

No Saara, as fronteiras traçadas pelos poderes coloniais consistem em linhas simples e retas, que coincidem frequentemente com meridianos e paralelos. Isso mesmo acontece no Saara Ocidental, exceto uma linha curva na sua delimitação sudeste, desenhada para deixar à administração colonial da Mauritânia as minas de ferro de Zouerate (Dresch, 1981: 63). Ao contrário do que acontece no Magrebe mais a norte, em que se respeitaram fronteiras antigas e estáveis (Lacoste, 1981: 14), estas linhas no Saara não se basearam em quaisquer especificidades geográficas, antropológicas e/ou políticas autóctones que existissem à época em que foram traçadas. Dentro desta lógica, as fronteiras da colónia espanhola do Saara foram sendo definidas numa sucessão de tratados entre Espanha e França em 1900, 1904 e 1912.

No Tratado de 1912, toda a região conhecida por Faixa de Tarfaia – região compreendida entre o paralelo 27° 40' (que define a atual fronteira setentrional do Saara Ocidental) e o vale do Draa, mais a norte – havia sido cedida pela França a Espanha. Este território foi depois concedido por Espanha a Marrocos em 1958. Em virtude de uma cláusula imposta por França no Tratado de 1912, essa faixa territorial era considerada território marroquino sob protetorado espanhol, ao contrário do que acontecia com Saguía El Hamra e Río de Oro, mais a sul. Talvez por isso, não tem sido muito notado que se tratava, de facto, de uma fronteira ao mesmo tempo natural – no sentido de uma linha que segue um acidente topográfico – e antropo-geográfica – no sentido de uma linha que corresponde sensivelmente a delimitações espaciais entre grupos humanos (Lacoste, 1981: 13). Era, na verdade, a única fronteira deste género no Saara Espanhol – o vale do rio Draa foi secularmente reconhecido como correspondendo sensivelmente à linha que demarcava o xerifado marroquino do Saara, e as populações marroquinas das saarianas (Es-Sweyih, 2001: 27 ss; 2002). O próprio TIJ, contudo, aceita a interpretação de Espanha e de Marrocos de que, à época da colonização, essa região se incluía no xerifado marroquino (1975a: parágrafo 97).

Em todo o caso, no sentido moderno de uma fronteira que define pertença e exclusão, o território só muito recentemente entrou na cons-trução da identidade saaráui. A noção de fronteira política, enquanto linha que delimita soberanias e modos de organização social e que constrange movimentos e contatos, é estranha no interior do grande deserto até finais do século XIX (cf. Komorowski, 1975). Estes vastos espaços de nomadização, como é o caso do Saara, podem ser vistos como «espaços de interpenetração estratificada, e não espaços de exclusividade e de homogeneidade, como o tendem a ser os espaços estatais modernos» (Baduel, 1996: 5). Ruggie nota que a territoriali-dade pode ter a ver com o movimento e não com o lugar, justamente o que acontece com o nomadismo – a territorialidade não tem que ser fixa, é-o apenas no Estado vestefaliano (1993: 173). Para o TIJ,

> o facto de que [os] itinerários [de migração das tribos nómadas] se cruzavam e recobriam era em parte um elemento crucial da complexa situação prevalecente no Saara Ocidental [,...] [e] traduz a dificuldade de desemaranhar quais eram as diversas relações na região do Saara Ocidental no momento da colonização por Espanha (1975a: parágrafos 159-160).

A lógica do nomadismo é aqui o ponto e envolve pelo menos dois aspetos. Primeiro, os mesmos locais são habitados e explorados por várias pessoas, famílias e frações tribais. Não existia no Saara propriedade privada de territórios, pastos ou poços. Existia propriedade privada de gado e toda uma hierarquia de direitos e de obrigações no acesso àqueles recursos, mas mesmo essa era constantemente desafiada e modificada. Em segundo lugar, a própria dureza do meio ambiente e a escassez de recursos, que apenas possibilitava a pastorícia nómada, exigia que os limites traçados pelos europeus fossem largamente ultrapassados, em todas as direções. Todo o território do vasto deserto era Dar al-Islam (Terra do Islão) e as referências de identidade e autoridade a religião e a genealogia, não o território. Foi a entrada na modernidade, e a aspiração a uma independência no seio da comunidade internacional, o que tornou a territorialidade, associada a uma fronteira política, uma condição de liberdade e um critério de identidade.

Na sua fase mais embrionária, ainda anterior ao apoio argelino, a Polisário chegou a pensar numa nação independente com fronteiras que incluíam territórios tradicionalmente de nomadização saaráui e, portanto, não coincidentes com os do Saara Espanhol – uma ideia que já germinava, pelo menos, desde Bassiri. Uma carta deste ao governo espanhol lamenta a cedência de territórios saaráuis aos países vizinhos, incluindo Marrocos (Bárbulo, 2011: 176). El Ouali e outros membros da Polisário chegaram a apresentar a Khadafi um mapa do país que almejavam coincidente com as fronteiras do «país Reguibat», ainda que formulado sem qualquer referência tribal e denominado simplesmente de «Sahara». Nesse mapa, o país tinha a sua fronteira setentrional no vale do Draa e, para além do território do Saara Espanhol, envolvia ainda partes da Argélia, do Mali e da Mauritânia (Bárbulo, 2011: 177-178). Estas delimitações são as mesmas que, já em 1958, dissidentes do Exército de Libertação haviam referido num pedido de ajuda às autoridades francesas

(Hodges, 1983: 69), e coincidem com o chamado Trab el Bidan, ou Terra dos Brancos, o território onde se fala Hassania e que, para os saaráuis, era demarcado por aquilo a que chamavam a «linha do medo» ou «linha do perigo» – uma demarcação face ao domínio do sultão marroquino a norte, dos emiratos mauritanos a sul e das grandes dunas a leste (San Martín, 2010: 72). Que a Polisário lamentasse que as fronteiras não fossem outras que as do Saara Espanhol chegou a expressá-lo publicamente numa intervenção na ONU em 1975 (Hodges, 1983: 163 e 166, n. 37). Ainda hoje, alguns ativistas, sobretudo no território ocupado e no Sul de Marrocos, reivindicam o território que vai até ao Draa, com o slogan: «Primeiro El Aaiún, depois Tan-Tan» (Zunes e Mundy, 2010: 278 n.1).

Porém, todas as influências e apoios externos da Polisário, e sobretudo por parte da Argélia, foram e são no sentido de que a reivindicação de autodeterminação se circunscreva às fronteiras coloniais, no estrito cumprimento dos princípios da integridade territorial e da inviolabilidade das fronteiras legadas pelo colonialismo, o que aquela tem respeitado nas suas reivindicações e luta diplomática. Para além disso, a própria experiência colonial acabou por dotar de realidade sociológica e psicológica a fronteira do Saara Ocidental.

* * *

Fatores que contribuíram para a internalização das fronteiras coloniais e para a construção da consciência coletiva de serem um 'povo' e de formarem uma comunidade política referenciada ao território do oeste saariano – elementos base da sua luta anticolonial e da reivindicação de autodeterminação – foram, com alguma ironia, a pacificação que os poderes coloniais impuseram na sociedade saariana (tradicionalmente muito belicosa) em 1934 e, na década de 1960, a implementação de instituições de base tribal para a administração colonial do Saara Espanhol. Uma representação simbólica relativamente antiga do grande Saara é a de um espaço que, pela sua natureza, confere segurança e refúgio a pessoas perseguidas por motivos políticos e religiosos, retratada em histórias tradicionais e mitos fundadores (Hodges, 1983: 5; 1987: 1). No século XX, esta representação do grande Saara como espaço de refúgio restringiu-se especificamente ao Saara Ocidental, dado o caráter distinto dos colonialismos na região, fazendo-o um santuário para frações tribais insurgentes contra o colonialismo francês. Ao negar direito de perseguição às tropas francesas no interior das suas fronteiras, e tendo as próprias forças espanholas, até 1934, permanecido apenas nalguns pontos do litoral, o território do Saara Espanhol delineou-se progressivamente na consciência das populações saarianas como uma zona de refúgio para os que resistiam ao colonialismo francês (Caratini, 2006: 2). As próprias autoridades espanholas acabavam por, inadvertidamente, reforçar esta representação quando, em finais dos anos 1940, deportavam para a região do Río de Oro os insurgentes contra o domínio francês que, mais a norte, se refugiavam nas regiões marroquinas sob protetorado espanhol (Lacoste, 1988: 80).

Por outro lado, a partir do final da década de 1950, Espanha começou a estruturar uma governação indireta da colónia através das tribos, criando uma série de instituições administrativas que evocavam o sistema tradicional das *djemaas* a vários níveis: conselhos locais e conselhos municipais para as populações urbanas, conselhos de frações tribais para as populações nómadas, um conselho provincial para toda a colónia e, no topo, a *Djemaa*, ou Assembleia Geral do Saara, composta por representantes tribais, uma parte deles escolhida pelas autoridades coloniais de entre os chefes tribais, e a outra parte designada pelas *djemaas* das frações tribais. Em 1973, foram também incluídos representantes de grupos corporativos e membros a serem eleitos pelos saaráuis do sexo masculino detentores de um cartão de identificação de pertença a uma fração tribal.

A criação desta estrutura administrativa teve dois efeitos paradoxais. Por um lado, conduziu a uma deslegitimação local das instituições de base tribal, uma vez que detinham um tipo de poder que, pela sua institucionalização e centralização, não era costume na região (Cervelló, 1993: 401). Por outro lado, contudo, ao reunir saaráuis de diferentes afiliações genealógicas para discutirem problemas respeitantes ao território, vai contribuir para uma perceção geral do conjunto do Saara Espanhol como uma entidade política significativa, bem como para a generalização de um sentimento de pertencer a uma única comunidade, de carácter supratribal (Es-Sweyih, 2001: 24).

Mais tarde, no exílio, a Polisário reprimiu a questão genealógica, chegando a ser proibida qualquer referência a pertença tribal, incluindo referências a antepassados que pudessem indiciar tal pertença. Mais recentemente, surge um «discurso 'reparador'» (Caratini, 2003: 39) que reconhece os excessos daquela repressão, ao mesmo tempo que a justifica para efeitos de coesão social e à luz do contexto da época. Assim, e sobretudo depois de 1991, as questões tribais voltam a exprimir-se nas práticas sociais mais do foro familiar, sobretudo nas práticas de casamento, mas também na reativação de redes de comércio e de serviços. Correntes críticas saaráuis denunciam-nas também na distribuição de cargos públicos. Uma espécie de pacto, contudo, procura manter a questão tribal afastada dos olhares internacionais, em consonância com a tentativa de projeção da imagem de um povo moderno, pós-tribal, unificado e, portanto, preparado para se autogovernar, em linha com os princípios subjacentes ao direito internacional de autodeterminação, que é ainda o principal foco da narrativa pós-colonial, nomeadamente, dos Saaráuis refugiados em Tindufe (Isidoros 2018; Wilson 2016).

Foram vários os fatores que contribuíram para esta reemergência da genealogia na vida social saaráui contemporânea. Um deles foi a identificação dos eleitores para o referendo. Por insistência marroquina, e também porque os documentos de base, nomeadamente o recenseamento espanhol de 1974, o faziam, essa identificação acabou por adotar o critério tribal. Nos campos de Tindufe, durante o processo, a rádio da República Árabe Saaráui Democrática (RASD) chamava diariamente os indivíduos por sub-frações tribais para se registarem junto da MINURSO, colocando assim um ponto final no segredo sobre a genealogia de cada um. Para além disso, cada comissão de identificação era composta não só por funcionários da ONU, que detinham o poder de decisão final, e por observadores de Marrocos, da Polisário e da OUA, mas também por dois chefes tribais que davam pareceres sobre casos particulares, estatuto que reativou o poder social e político destes indivíduos. A própria Polisário criava, em 2000, um Conselho Consultivo com chefes tribais que participaram no processo de identificação para o referendo. Outro fator foram as transformações políticas nos campos de refugiados associadas ao termo da guerra, que revelaram graves violações dos direitos humanos, algumas com contornos tribais, que ocorreram de forma camuflada em certos setores da Polisário (García, 2001).

Podem-se considerar duas definições de 'saaráui': um indivíduo pertencente a uma tribo considerada saaráui e um indivíduo recenseado como habitante do território do Saara Ocidental. Como se articulam os entendimentos étnico e territorial da identidade saaráui? Segundo Caratini:

Para o conjunto dos mouros, incluindo hoje em dia, não é a fronteira que define os saaráuis, mas os limites entre os grupos de parentesco cujos territórios ancestrais tinham o seu centro no Río de Oro: para eles, todas as «gentes do Sahel», todas as tribos do noroeste, formam parte do povo saaráui. (Caratini, 2006: 3)

O termo 'saaráui' é o adjetivo árabe para saariano, ou seja, habitante ou pertencente ao Saara. Foi no contexto da resistência ao colonialismo espanhol e da luta pela independência que o termo adquiriu uma conotação política nacionalista, quando os indivíduos recusavam ser considerados saarianos espanhóis (asbani saaráui) e se assumiam como simplesmente saarianos (saaráui) (Zunes e Mundy, 2010: 111). Ainda que apenas reivindicando o território do Saara Espanhol, a Polisário abre logo de início o seu projeto de cidadania a qualquer saaráui, encetando uma política de contatos cautelosos e discretos dirigida a todos os «descendentes do Saara, estejam onde estiverem», com o objetivo de «os persuadir da sua pertença a esse povo e a esse território» (Briones, et al., 1997: 130).

Logo no início do século XX, a colonização iniciara todo um processo de partição das tribos, frações, sub-frações e famílias em «sujeitos franceses» e «sujeitos espanhóis». Mas os nómadas também manipulavam o processo (Caratini, 2003: 47) – por exemplo, muitos conseguiam arranjar dois e três cartões de identidade, o que os habilitava a circular por onde queriam no oeste saariano. Paradoxalmente, a situação agravou-se com as independências nacionais, a partir da década de 1950, as quais colocaram os saaráuis no imperativo de optar por uma única nacionalidade. No conjunto do oeste saariano, o resultado foi uma rigidificação das fronteiras e das identidades nacionais, uma vaga de sedentarização e a separação espacial entre os saaráuis. Depois, a invasão marroquina e mauritana de 1975 despoletou movimentações populacionais em vários sentidos. Do Saara Ocidental, de Marrocos, da Mauritânia e até mesmo de Tindufe para os campos da Polisário nessa região argelina; mas também, num sentido inverso, muitos dos habitantes do Saara Ocidental que optaram por partir fizeram-no para junto de familiares em território marroquino ou mauritano.

Hoje, a população saaráui encontra-se dispersa por vários territórios e contextos políticos: no Saara Ocidental sob ocupação marroquina, onde é já uma minoria; nos «territórios libertados»; na região argelina de Tindufe; nos campos de refugiados da Polisário em Tindufe; em Marrocos, sobretudo no sul e nas cidades universitárias; na Mauritânia, sobretudo em Zouerate e Nouadhibou; e na Europa, esmagadoramente em Espanha, mas com uma expressão significativa também em França. Em 1991, Marrocos fez massivas deslocações populacionais do sul do seu território, nomeadamente da Faixa de Tarfaia, para o Saara Ocidental, tendo em vista esse processo de recenseamento para o referendo[4]. Muitas destas deslocações foram involuntárias, e os colonos julgavam que, depois de votarem no referendo, em 1992, retornariam ao sul marroquino (Zunes e Mundy, 2010: 152). Trata-se, de facto, de populações já com um historial de décadas de destituição e opressão (Daure-Jouvin, 1977: 2289-2290), e cujas promessas marroquinas de ascensão social no Saara Ocidental não se materializaram, habitando grande parte dos subúrbios miseráveis das cidades no território. Podem hoje ser considerados como uma terceira comunidade, para além dos saaráuis que já aí estavam e dos colonos marroquinos propriamente ditos (Shelley, 2004: 85). Muitos deles têm vindo a aderir às manifestações no Saara Ocidental, sobretudo àquelas em que as questões socioeconómicas são o motivo explícito.

No sul de Marrocos, e também um pouco mais a norte, em Sidi Ifni, antigo enclave espanhol, têm ocorrido manifestações populares com reivindicações socioeconómicas, mas onde também se ouvem palavras de ordem sobre independência e de apoio à Polisário, o que não é coerente com o direito internacional e o reconhecimento internacional do direito de autodeterminação da população do Saara Ocidental. É de notar que Marrocos alimenta tal ambivalência com

---

[4] Há quem afirme que tais deslocações populacionais foram igualmente motivadas pela intenção do governo de «marroquinizar» Tan-Tan e toda a Faixa de Tarfaia (Shelley, 2004: 85).

políticas administrativas como, por exemplo, a de deixar de usar a fronteira colonial setentrional para efeitos de administração interna, juntando o sul do seu território com o território do Saara Ocidental, para compor as «Províncias do Sul» (Yara, 2008).

* * *

A questão da identificação dos indivíduos titulares do direito de decidir o destino institucional do Saara Ocidental é crucial. Aquando da identificação dos eleitores para o referendo, na década de 1990, Marrocos usou a complexidade da identidade saaráui para complicar esse processo, ao mesmo tempo que tentava promover a ideia de impossibilidade de demarcar objetivamente o povo saaráui e, portanto, a ideia de que o povo saaráui não existe, tão só existem um conjunto de tribos que não se circunscrevem ao território do Saara Ocidental e que, pela sua natureza sectária e conflituosa, não têm condições para formar um Estado moderno. Inversamente, seja para o manter praticável, seja para preservar a legitimidade que decorre da norma de autodeterminação como descolonização, a Polisário insistia que o processo tomasse o censo espanhol de 1974 como principal base de trabalho, em relação ao qual a inclusão de outros indivíduos seria excecional.

Mas Marrocos foi conseguindo, sucessivamente, a partir do critério tribal, incluir como votantes pessoas que não constavam no censo espanhol de 1974. A Polisário tentava resistir ao critério tribal, mas cedia, revelando-se intransigente apenas quanto à possibilidade de os próprios colonos provenientes do norte de Marrocos – etnicamente não saaráuis, portanto – poderem votar. A dada altura, este ponto tornou-se uma das razões do impasse do processo de paz, até que, em 2003, a Polisário tem a surpreendente atitude de aceitar essa possibilidade (para os residentes no território do Saara Ocidental desde 1999), no chamado Plano Baker II. Não foi suficiente para que o referendo se realizasse – foi depois Marrocos quem não aceitou o Plano – e, logo de seguida, ele foi posto de parte. Já em 2007, na expetativa de conseguir apoios para além da comunidade saaráui, a Polisário propôs cidadania e garantias políticas e económicas aos colonos marroquinos que venham a aderir a um Saara Ocidental independente (Zunes e Mundy, 2010: 264-265).

Para além de polémicas que suscitaram, estes dois gestos são reveladores de uma orientação para valores de modernidade e cidadania veiculados pelo entendimento que se faz da norma de autodeterminação no contexto das instituições capazes de reconhecer e legitimar aspirações de independência política. Que isso não seja suficiente para a concretização dessas aspirações, permanecendo a situação do território e a questão da autodeterminação do povo saaráui num impasse, é o resultado do confronto com outras lógicas, valores e poderes.

* * *

Este breve escurso pela identidade saaráui portadora de um projeto de independência política, nas suas dimensões territorial, populacional e institucional, procurou na constituição dessa identidade os reflexos da norma de autodeterminação. Esta análise, enformada pela perspetiva construtivista que coloca as normas no cerne da articulação entre o ator e o sistema, tem implicações para pensar a resolução do conflito.

A questão do conflito do Saara Ocidental tem conhecido um forte apelo a uma solução «realista», a qual pretende significar que qualquer processo de resolução deverá começar por aceitar a ocupação marroquina do território como efetiva (e.g. Pham, 2010). Um dos problemas desta abordagem é que parte de uma ontologia de atores institucionais previamente dados e não de *selves* numa relação mutuamente constitutiva com o sistema internacional. De igual modo, negligencia questões de poder que emanam de fatores intersubjetivos e normativos, por oposição aos fatores económicos e militares.

A abordagem realista subestima a questão da identidade institucional saaráui, as instituições que esta já criou, as dinâmicas de ação coletiva a que conduz e, *last but not least*, o poder produtivo que essa identidade e essa ação adquirem em virtude de se constituírem por referência à legalidade e legitimidade internacional, através da internalização da ideia de um inalienável direito de autodeterminação. Por outro lado, a reivindicação de autodeterminação é o que permite aos saaráuis construírem e assumirem uma identidade coerente com os princípios normativos da sociedade internacional de Estados e manter a sua luta num registo internacionalmente reconhecível e legítimo.

Referências bibliográficas

Baduel, Pierre Robert (1996) «L'international Sans Territoire», *Cultures & Conflits*, 21-22: 1-22.

Bárbulo, Tomás (2011) *La Historia Prohibida del Sáhara Español – Las Claves del Conflicto Que Condiciona las Relaciones entre España y el Magreb*. Barcelona: Ediciones Destino.

Barnett, Michael (1998) *Dialogues in Arab Politics – Negotiations in Regional Order*. New York: Columbia University Press.

Briones, Felipe, Ali, M. Limam Mohamed, and Salek, Mahayub (1997) *Luali – «Ahora o Nunca, La Libertad»*. Alicante: Universidad de Alicante.

Campos-Serrano, Alicia e Rodríguez-Esteban, Antonio (2017) «Imagined territories and histories in conflict during the struggles for Western Sahara, 1956e1979», *Journal of Historical Geography*, (55), pp. 44-59.

Caratini, Sophie (2003) *La République Des Sables – Anthropologie D'une Révolution*. Paris: L'Harmattan.

Caratini, Sophie (2006) *La Prisión Del Tiempo: Los Cambios Sociales en los Campamentos de Refugiados Saharauis*. Cuadernos Bakeaz 77, Octubre.

Cervelló, Josep Sánchez (1993) *A Revolução Portuguesa e a Sua Influência na Transição Espanhola (1961-1976)*. Lisboa: Assírio & Alvim.

Daure-Jouvin, Christine (1977) «Le Sahara Occidental, Un Processus Revolutionnaire Dans L'occident Arabe», *Les Temps Modernes*, 372: 2283-2300.

Dresch, Jean (1981) «Les Frontières Du Sahara», *Frontieres: Problèmes de Frontieres dans le Tiers-Monde*. Journées D'études des 20 et 21 Mars 1981. Paris: L'Harmattan, 59-65.

Es-Sweyih, Mohamed-Fadel uld Ismail Ould (2001) «El Primer Estado Del Sahara Occidental», (http://www.arso.org/1estadosaharaui.pdf) [14 junho 2019].

Es-Sweyih, Mohamed-Fadel uld Ismail Ould (2002) «Lettre À Mon Frère Marocain», (http://www.arso.org/Flettre2.pdf) [14 junho 2019].

Escarameia, Paula (1993) *Formation of Concepts in International Law. Subsumption under Self-Determination in the Case of East Timor*. Lisboa: Fundação Oriente e Centro de Estudos Orientais.

García, Alejandro (2001) *Historias Del Sahara – El Mejor y el Peor de los Mundos*. Madrid: Catarata.

Hodges, Tony (1983) *Western Sahara: The Roots of a Desert War*. Westport, Connecticut: Lawrence Hill & Company.

Hodges, Tony (1987) «Introduction», in R. Lawless and L. Monahan (org.), *War and Refugees – The Western Sahara Conflict*. London and New York: Pinter Publishers, 1-5.

Komorowski, Zygmunt (1975) «Formation de la Conscience Sociale Supratribale en Partant des Conditions Ethniques du Sahara Occidental», *Africana Bulletin*, 23: 95-123.

Kratochwil, Friedrich V. (1989) *Rules, Norms, and Decisions: On the Conditions of Practical and Legal Reasoning in International Relations and Domestic Affairs*. Cambridge: Cambridge University Press.

HRW (2018) *World Report – 2018*. Events of 2017: Human Rights Watch, (https://www.hrw.org/pt/world-report/2018) [14 junho 2019].

Isidoros, Konstantina (2018) *Nomads and Nation-Building in the Western Sahara. Gender, Politics and the Sahrawi*. London and New York: I.B. Tauris.

Lacoste, Yves (1981) «Typologie Geopolitique», *Frontieres – Problèmes fe Frontieres dans le Tiers-Monde*. Journées D'études des 20 et 21 Mars 1981. Paris: L'Harmattan, 9-16.

Lacoste, Yves (1988) *Questions de Geopolitique – L'islam, La Mer, L'afrique*. Paris: La Découverte.

Lopes, José Alberto de Azeredo (2003) *Entre Solidão e Intervencionismo: Direito de Autodeterminação dos Povos e Reacções de Estados Terceiros*. Porto: Universidade Católica.

Mundy, Jacob (2014) «Bringing the Tribe Back In? The Western Sahara Dispute, Ethno-history, and the Imagineering of Minority Conflicts in the Arab World», in W. Kymlicka and E. Pföstl (org.), *Multiculturalism and Minority Rights in the Arab World*. Oxford: Oxford University Press, pp. 127-150.

Onuf, Nicholas (1989) *World of Our Making: Rules and Rule in Social Theory and International Relations*. South Carolina: University of South Carolina Press.

Onuf, Nicholas (2015) «Constructivism: A User's Manual», in V. Kubálková, N. Onuf and P. Kowert (org.), *International Relations in a Constructed World*. Oxon and New York: Routledge, 58-78.

Pazzanita, Anthony G. (2006) *Historical Dictionary of Western Sahara*. Third Edition. Lanham, Maryland: The Scarecrow Press.

Pham, J. Peter (2010) «Not Another Failed State: Toward a Realistic Solution in the Western Sahara», *Journal of the Middle East and Africa*, 1(1): 1-24.

Pointier, Laurent (2006) «El Nacionalismo Saharaui entre los Paradigmas Endógenos y Exógenos», *Anales de Desclasificación*, 1(2): 599-624.

Ringmar, Erik (2007) «Empowerment among Nations: A Sociological Perspective», in F. Berenskoetter and M. J. Williams (org.), *Power in World Politics*. London and New York: Routledge, 189-203.

Ronen, Dov (1979) *The Quest for Self-Determination*. London: Yale University Press.

Ruggie, John Gerard (1993) «Territoriality and Beyond – Problematizing Modernity in International Relations», *International Organization*, 47(1): 139-174.

San Martín, Pablo (2005) «Nationalism, Identity and Citizenship in the Western Sahara», The *Journal of North Africa Studies*, 10(3-4): 565-592.

San Martín, Pablo (2010) *Western Sahara – The Refugee Nation*. Cardiff: University of Wales Press.

Shelley, Toby (2004) *Endgame in the Western Sahara – What Future for Africa Last Colony*. London: Zed Books.

TIJ (1975a) Sahara Occidental – Avis Consultatif du 16 Octobre 1975. Tribunal Internacional de Justiça.

TIJ (1975b) Sahara Occidental – Exposés Écrits et Documents. Volumes I, II, III. Tribunal Internacional de Justiça.

UNHCR. (2018) Sahrawi Refugees in Tindouf, Algeria: Total In-Camp Population. Official Report, (https://www.usc.gal/export9/sites/webinstitucional/gl/institutos/ceso/descargas/UNHCR_Tindouf-Total-In-Camp-Population_March-2018.pdf) [14 junho 2019].

Wilson, Alice (2016) *Sovereignty in Exile – A Saharan Liberation Movement Governs*. Philadelphia: University of Pennsylvania Press.

Yara, Ali Omar (2008) «Retour Actuel sur la Décolonisation Inachevée du Sahara Occidental». Les Actes du Colloque de L'université Nanterre, 29 de setembro.

Zunes, Stephen, and Mundy, Jacob (2010) *Western Sahara – War, Nationalism and Conflict Irresolution*. Syracuse, New York: Syracuse University Press.

DOI | https://doi.org/10.14195/978-989-26-1262-1_2

CAPÍTULO 2
O SURGIMENTO DE TIMOR-LESTE
COMO UMA EMERGÊNCIA INTERNACIONAL

Ramon Blanco[1]

Universidade Federal da Integração Latino-Americana, Brasil

ORCID: orcid.org/0000-0003-0330-6235

Resumo: Timor-Leste, uma ex-colônia portuguesa, restaurou sua independência legal, em 20 de maio de 2002, sob a égide da Organização das Nações Unidas (ONU). Este processo não foi curto nem calmo. Pelo contrário, Timor-Leste teve um caminho muito longo, tortuoso e violento para recuperar a sua independência legal. O processo de construção da paz, por parte da ONU, em Timor-Leste foi o instrumento usado pela comunidade internacional para lidar com a emergência internacional que o Timor-Leste se tornou ao longo dos anos. Este é o objetivo deste capítulo. O mesmo delineia este longo caminho que Timor-Leste teve até o processo de construção da paz da ONU e clarificar o processo pelo qual Timor-Leste emergiu no cenário internacional como uma emergência internacional. Para

---

[1] Este capítulo é uma versão em português do capítulo «The Emergence of Timor-Leste as an International Urgent Need» originalmente publicado em *Peace as Government: The Will to Normalize Timor-Leste*. Ramon Blanco. Lexington Books, 2020, todos os direitos reservados. O autor agradece o financiamento recebido para o desenvolvimento da pesquisa do qual este capítulo é parte. Tal financiamento foi recebido por parte da Fundação para a Ciência e Tecnologia – FCT, por meio do instrumento financeiro SFRH/BD/43498/2008, e por parte da União Europeia, por meio do instrumento financeiro ECOST-STSM-IS0805-050911-007628.

avançar a sua análise, o capítulo está estruturado em três seções. Primeiramente, o capítulo apresenta a trajetória de Timor-Leste até o referendo de 1999. Em seguida, o capítulo aborda os processos em que o Timor-Leste e a sua independência não apenas se tornaram parte da agenda internacional, mas também, e mais importante, se tornaram progressivamente relevantes no cenário internacional ao ponto de serem inevitáveis. Todos esses elementos combinados são partes importantes do processo pelo qual o Timor-Leste se tornou uma emergência no cenário internacional e a intervenção no país necessária.

Palavras-Chave: ONU; Peacebuilding; Timor-Leste

Abstract: Timor-Leste, a former Portuguese colony, restored its legal independence, on 20 May 2002, under the umbrella of the United Nations (UN). This process was neither short nor calm. On the contrary, Timor-Leste had a very long, tortuous and violent road towards regaining its legal independence. The UN peacebuilding process in Timor-Leste was the instrument used by the international community to deal with the international emergency that Timor-Leste became over the years. This is the point of this chapter. It delineates this long road that Timor-Leste had until the UN peacebuilding process and to clarify the process in which Timor-Leste emerged in the international scenario as an international emergency. In order to advance its analysis, the chapter is structured in three sections. Firstly, the chapter presents the trajectory of Timor-Leste until the referendum of 1999. Then, the chapter addresses the processes in which Timor-Leste and its independence not only became part of the international agenda, but also, and most importantly, became progressively relevant in the international scenario to the point of unavoidability. All those elements combined are important parts of the process in which Timor-Leste became an emergency within the international scene and the intervention in the country highly necessary.

Keywords: United Nations; Peacebuilding; Timor-Leste

No dia 20 de maio de 2002, sob o auspício e liderança da Organização das Nações Unidas (ONU), Timor-Leste restaurou a sua independência legal. Este processo foi longo, tortuoso e violento. De facto, o processo de (re)construção de Estados da ONU em Timor-Leste foi o instrumento utilizado pela comunidade internacional para tratar da emergência internacional na qual Timor-Leste havia transformado-se nos últimos anos. O processo de construção de uma paz liberal e de um Estado democrático em Timor-Leste foi algo que procurou pôr fim a um período de ocupação, violência e mortes naquela parte da ilha de Timor (Richmond e Franks, 2009: 83). Devido a sua abrangência, âmbito, e profundidade das atividades realizadas no campo, a atuação da ONU em Timor-Leste, de acordo com Oliver Richmond e Jason Franks, «representou um importante marco no processo liberal de construção de Estados» (2009: 83).

Neste sentido, este capítulo traça o longo caminho percorrido por Timor-Leste até ao processo de (re)construção de Estados levado a cabo pela ONU ser destacado para o país, clarificando assim o processo pelo qual Timor-Leste surge no cenário internacional como uma emergência internacional. Durante este processo, Timor-Leste e a sua independência não somente tornaram-se parte da agenda internacional, como também, e mais importante, tornaram-se progressivamente relevantes no cenário internacional ao ponto da inevitabilidade. Os elementos aqui analisados, em conjunto, são partes fundamentais do processo pelo qual Timor-Leste tornou-se uma emergência na cena internacional e a intervenção no país urgente. Este capítulo está dividido em três secções. A primeira apresenta a trajetória de Timor-Leste até o momento em que a luta e o desespero Timorenses começaram a tornar-se menos invisíveis internacionalmente. Esta secção aborda o caminho Timorense até a invasão, anexação e ocupação de Timor-Leste pela Indonésia. A segunda secção discute os episódios fundamentais relativamente ao princípio do processo do surgimento de Timor-Leste como uma emergência no cenário internacional durante a ocupação Indonésia. Mais ainda, aborda as negociações tripartidas do Referendo Timorense de 1999 e a grande violência que ocorreu antes deste. A terceira secção delineia Timor-Leste como uma emergência internacional. Esta discute a violência que ocorreu durante e depois dos resultados do referendo que levou ao destacar, em primeiro lugar, de uma força militar internacional para restaurar a segurança em Timor-Leste e, em segundo lugar, de um processo de (re)construção de Estados para lidar com a emergência internacional na qual o país havia tornado-se.

Timor-Leste como uma emergência invisível

Timor-Leste foi uma colónia Portuguesa desde o século XVIII[2] até meados dos anos 70. Contudo, a presença Portuguesa remonta ao século XVI, apesar de apenas fixarem-se no território durante a segunda metade do seculo XIX (Cristalis, 2009: xiii; Kingsbury, 2009: 28-30). Durante a Segunda Guerra Mundial, Timor-Leste, devido à sua posição estratégica, teve tropas estrangeiras no seu território, como as tropas Holandesas e Australianas. O ataque a Pearl Harbour, pelos Japoneses, levou os Holandeses e Australianos a enviarem tropas para Timor de modo a evitar uma possível invasão japonesa (Taylor, 1999: 13; Kingsbury, 2009: 38). Isto foi interpretado pelos Japoneses como uma clara indicação de que Timor-Leste já não era mais 'neutro' e que os aliados usavam a ilha como uma base militar na Guerra do Pacífico. Consequentemente, os Japoneses enviaram suas tropas e invadiram Timor (Taylor, 1999: 13; Kingsbury, 2009: 38).

---

[2] Para mais sobre a história de Timor-Leste, ver por exemplo (Taylor, 1999; Dunn, 2003; Magalhães, 2007; Kingsbury, 2009: Capítulo 2; Molnar, 2010).

A guerra levou a uma devastação massiva. James Dunn (2003) diz que estimativas oficiais sugerem que 40,000 Timorenses perderam a vida (Ibidem: 22). Contudo, usando a taxa de crescimento populacional Timorense, ele argumenta que o número pode chegar a 60,000 (Idem). Para António Magalhães (2007), isto podia representar entre 11,4% e 15% da população Timorense, um número somente comparável com os da União Soviética na Polónia (Ibidem: 9). Além disso, para além do número impressionante de mortes, não deve--se esquecer que as «principais vilas e aldeias foram destruídas, [e] o número de animais desceu para um terço do número existente em 1939 e a maior parte da população estava a morrer de fome» (Taylor, 1999: 14). Para Dunn (2003), a guerra levou o país para a «idade da pedra» (Ibidem: 23).

Depois da guerra, Timor-Leste voltou para o domínio Português (Kingsbury, 2009: 39) e apenas em 15 de dezembro de 1960 Timor-Leste entrou na agenda da ONU quando entrou para a lista de «territórios não-autónomos» (A/RES/1542). Em teoria, segundo o Capítulo XI da Carta da ONU, Portugal era requerido a promover «o bem-estar das populações» do território (UN, 1945: Artigo 73 Parágrafo B) e «desenvolver a autonomia e ter em conta as aspirações políticas» das pessoas (Idem). Para além disso, a Assembleia Geral da ONU, em dezembro de 1960, aprovou a Resolução 1514 sobre a «independência a territórios coloniais e às suas populações» onde declarava que a colonização era muito contrária à Carta da ONU (A/RES/1514). Tudo isto colocou Portugal em uma posição internacionalmente desconfortável (Kingsbury, 2009: 40). Contudo, na prática, Portugal mantinha que «os territórios administrados por Portugal anotados pela Assembleia, eram províncias ultramarinas de Portugal, e que estes territórios não se enquadravam no Capitulo XI» (UN, 1999) e continuou a administrar Timor-Leste até meados dos anos 70.

Em meados dos anos 70, Portugal viveu uma revolução, conhecida como a Revolução dos Cravos, que acabou com o seu regime autoritário. Nesta revolução, o Movimento das Forças Armadas (MFA), no dia 25 de abril de 1974, depôs Marcelo Caetano, que havia substituído Salazar em 1968. Um dos pilares deste movimento foi o descontentamento generalizado com as guerras coloniais. Portanto, depois da revolução o processo de independência das colónias Portuguesas tornou-se possível (Kingsbury, 2009: 43). A revolução na metrópole abriu uma janela de oportunidade para os Timorenses pensarem politicamente sobre o seu futuro e isto incluía pensar em independência. Encarando esta oportunidade de independência politica, os ativistas políticos Timorenses formaram três partidos políticos, que perseguiam três caminhos diferentes para Timor: (1) a Associação Popular Democrática Timorense (Apodeti), que pretendia a integração com a Indonésia; (2) a União Democrática Timorense (UDT), que desejava manter a relação com Portugal; e (3) a Associação Social-Democrata Timorense (ASDT), mais tarde renomeado de Frente Revolucionária de Timor-Leste Independente (Fretilin), que queria independência total para Timor-Leste (Ibidem: 43-44).

A invasão e incorporação de Timor-Leste pela Indonésia

Em meados de janeiro de 1975, a UDT e a Fretilin concordaram com uma coligação. Dois meses depois, a coligação acordou com Portugal em formar um governo de transição, de três anos, que culminaria na independência total de Timor-Leste (Taylor, 1999: 39). Porém, esta janela de oportunidade rapidamente fechou-se. Nesta altura, a Indonésia já havia decidido anexar Timor-Leste. Esta decisão tinha a concordância das potências regionais e globais como a

Austrália, a Nova Zelândia, o Reino Unido e os Estados Unidos da América (EUA) (Kingsbury, 2009: 48).

Sob o que ficou conhecido por Operação Komodo, agentes Indonésios começaram a divulgar informações falsas por todo o Timor-Leste (Dunn, 2003: 73; Kingsbury, 2009: 48). Eles divulgaram, por exemplo, informações hostis à Fretilin dentre apoiantes da UDT o que naturalmente reforçou o argumento contrário à coligação entre os partidos. Consequentemente, a coligação terminou em 27 de maio de 1975 (Kingsbury, 2009: 48). Devido à estratégia Indonésia de desinformação, a UDT foi induzida a acreditar que a Fretilin faria um golpe de estado em 10 de agosto. Com o intuito de antecipar-se a este movimento, a UDT fez o seu próprio golpe. Apoiada pelos militares mais novos e pela maioria das tropas locais, a Fretilin respondeu a esse golpe. Isto resultou em uma breve guerra civil em Timor-Leste (Ibidem: 49). No final de agosto, o braço militar da Fretilin, reorganizado como Forças Armadas de Libertação e Independência de Timor-Leste (Falintil), conseguiu reestabelecer a ordem em Timor-Leste (Idem).

Neste difícil contexto, os membros da UDT e da Apodeti procuraram auxílio Indonésio. Eles apresentaram este pedido de apoio como se este fosse o desejo da população Timorense (Taylor, 1999: 51). Este pedido levou à invasão de Timor-Leste pelas tropas Indonésias. Em 24 de novembro, a Fretilin apelou ao Conselho de Segurança (CS) pedindo a saída das tropas Indonésias de Timor-Leste (Taylor, 1999: 63). Ao observar que uma ampla invasão Indonésia parecia eminente, a Fretilin pensou que uma declaração de independência podia pesar a seu favor. Pensava-se que um Estado independente aumentaria as probabilidades de sucesso em duas frentes – no plano externo e interno. No plano externo, pensava-se que a ONU estaria mais inclinada a ajudar um país independente. No nível interno, baseado nos sentimentos vindos da frente militar, sentia-se que uma declaração de independência motivaria os soldados, pois pensava-se que se estes fossem morrer, prefeririam morrer pelo seu país. Assim, em 28 de novembro de 1975, a Fretilin declarou a independência do território. O novo país seria a República Democrática de Timor-Leste (Taylor, 1999: 63).

Apesar de Timor-Leste ter sido reconhecido como um Estado independente por alguns países, estes Estados não tinham grande influência no cenário internacional (Kingsbury, 2009: 49). No dia seguinte, os membros da UDT e Apodeti, com o apoio das autoridades Indonésias, assinaram em Bali na Indonésia (e não em Balibo em Timor-Leste) a Declaração de Balibo. Neste documento argumentava-se que a população Timorense pedia a integração à Indonésia (Magalhães, 2007: 213). Contudo, este documento foi assinado sem qualquer consulta popular, e o mesmo era na realidade um pretexto Indonésio para invadir Timor-Leste. É o que ocorre, em 7 de dezembro, no que ficou conhecida como Operação Lotus. Este avanço foi bem-vindo pelas potências internacionais e regionais, como os EUA, o Reino Unido e a Austrália (Dunn, 2003: 243; Magalhães, 2007: 186-187).

No próprio dia da invasão, Portugal cortou relações diplomáticas com a Indonésia e mais tarde apresentou um apelo no Conselho de Segurança da ONU. O apelo foi aceite e o Conselho condenou a invasão militar Indonésia pedindo ao país para «retirar sem demora todas as forças do Território» (S/RES/384). Porém, não foi tomada qualquer ação concreta (Magalhães, 2007: 285-286). Em poucos dias, a Indonésia tinha setenta mil soldados no terreno (Kingsbury, 2009: 50) e em 16 de julho de 1976 Timor-Leste tornou-se a 27ª província Indonésia sob o nome oficial de Timor Timur (Magalhães, 2007: 211). A invasão Indonésia foi extremamente violenta (Kingsbury, 2009: 50), precipitando assassinatos em massa por todo o país. Magalhães (2007) estima o número de mortes variando entre 180,000 a 308,000 (cerca de 30 a 45% da população Timorense) e uma destruição de acima de 80% da agricultura e do gado. Para além dos milhares de pessoas que morreram, muitas mais foram torturadas e violadas (Ibidem: 215). James Dunn (2003) argumenta que após quatro anos de invasão, Timor-Leste era um «campo de morte (…) comparado com os piores casos no mundo contemporâneo, pior que a Bósnia, por exemplo» (Ibidem, 2003: 292). Para Magalhães (2007), a invasão a Timor-Leste foi, sem dúvida, uma das piores tragédias humanas do seculo XX (Ibidem: 215). Contudo, apesar da violenta invasão e ocupação Indonésia, o governo Indonésio conseguiu, com sucesso, o silêncio dos media do ocidente através de algumas ações como: o assassinato de alguns jornalistas, a obstrução total do acesso ao território, atendendo aos interesses dos estados poderosos envolvidos, e através de uma grande estratégia de desinformação. Sem tudo isto, o enorme silêncio, e invisibilidade, sobre o caso Timorense seria simplesmente impossível (Magalhães, 2007: 217). Magalhães (Ibidem: 219-228) argumenta que durante treze anos Timor-Leste estava quase absolutamente fechado para o mundo exterior. O governo Indonésio cuidadosamente escolhia os jornalistas e as agências humanitárias que teriam acesso a Timor-Leste.

Esta falta de informação sobre a realidade Timorense era certamente do interesse Indonésio. Desse modo, o governo Indonésio podia enquadrar a realidade de modo a favorecer a sua posição. Este escudo informativo levou a uma total invisibilidade e silêncio sobre a crítica situação de Timor-Leste e as inúmeras mortes que estavam a acontecer no país. Por isso, apesar de a condição Timorense ser grave, na altura não surgiu um processo internacional destinado a lidar com a situação no país. A situação em Timor-Leste era certamente emergencial. Porém, esta não era percecionada como uma emergência internacional. Por causa deste bloqueio informativo, a situação em Timor-Leste não aparecia nas notícias e, não aparecendo nas notícias, era como se, praticamente, Timor-Leste não existisse.

A construção de Timor-Leste como uma emergência internacional

A invisibilidade de Timor-Leste no cenário Internacional só começou a mudar quase duas décadas após a invasão Indonésia. Uma série de eventos tornou a situação Timorense não somente visível na cena internacional mas, sobretudo, em uma emergência internacional que deveria ser lidada. Alguns destes eventos incluem: o massacre de Santa Cruz (1991), o Prémio Nobel da Paz atribuído a José Ramos-Horta e ao Bispo D. Carlos Filipe Ximenes Belo (1996), o jantar entre Nelson Mandela e Xanana Gusmão no palácio Presidencial em Jakarta (Indonésia), assim como a violência antes e depois do referendo. Certamente, cada um destes eventos é muito relevante isoladamente. Contudo, entendidos em conjunto, estes foram definitivamente decisivos na construção de Timor-Leste como uma emergência internacional. Com esta nova visibilidade da situação Timorense, não só a intervenção foi percecionada como inevitável mas também o processo de (re)construção de Estados foi considerado o instrumento mais adequado a ser levado a cabo no país.

O massacre de Santa Cruz

O escudo de informação Indonésio foi rachado na visita Papal a Díli em 12 de outubro de 1989. Pode-se dizer que o Papa João Paulo II, de certa forma, pôs Timor-Leste no mapa dos media internacionais com a sua visita. Os jovens Timorenses e a resistência procuraram beneficiar-se do facto de, pela primeira vez, haver um número grande de jornalistas no país devido à cobertura da visita do Papa. Eles poderiam organizar a sua primeira manifestação pública e o mundo inteiro iria vê-la (Magalhães, 2007: 390). Se este escudo informativo foi de algum modo rachado com a visita do Papa, este ficou completamente estilhaçado depois do Massacre de Santa Cruz em novembro de 1991. O Massacre de Santa Cruz, onde cerca de 270 pessoas morreram (Kingsbury, 2009: 62), não foi o pior massacre conduzido pelos militares Indonésios em Timor-Leste. Porém, «não foi até novembro de 1991 que o mundo em geral teve uma visão do calvário de Timor-Leste» (Dunn, 2003: 292). Em outubro de 1991, uma delegação Portuguesa tinha agendado uma visita a Díli. Essa visita foi cancelada pelo Governo da Indonésia, o que levou a uma manifestação no dia 28 de outubro (Kingsbury, 2009: 61). Um dos organizadores do protesto, Sebastião Gomes Rangel (dezoito anos), foi identificado pelo governo Indonésio e assassinado na igreja de Motael (Magalhães, 2007: 401).

No dia 12 de novembro, muitas pessoas dirigiam-se em procissão para o cemitério de Santa Cruz em homenagem a Sebastião Gomes. Duas mil pessoas reuniram-se no cemitério aproveitando a presença dos jornalistas para manifestarem-se pacificamente contra a ocupação da Indonésia e expor o desejo Timorense por autonomia (Magalhães, 2007: 401). Eles pensaram que a presença do enviado especial da ONU em Díli impediria o governo Indonésio de utilizar a violência contra eles. Apesar disto, o exército cercou o cemitério, bloqueou a entrada e atirou sobre os 2,000 manifestantes, pacíficos e desarmados, dentro do cemitério de Santa Cruz. Nos dias seguintes, outros assassinatos seguiram-se (Magalhães, 2007: 401; Kingsbury, 2009: 61).

Estes assassinatos em massa não passaram despercebidos e foi a filmagem do jornalista Britânico Max Stahl que acordou o mundo e mostrou um retrato da cruel situação de Timor-Leste (Magalhães, 2007: 402-403). A filmagem foi enviada de Timor-Leste e chegou às emissões televisivas e ganhou proeminência pelo globo e «foi reproduzida várias vezes. Este filme da carnificina em Santa Cruz tornou-se a imagem de marca de Timor-Leste para as audiências televisivas mundiais» (Idem). Esta estava em grande contradição com o discurso Indonésio de que a relação Timor-Indonésia era tranquila (Magalhães, 2007: 402-403; Kingsbury, 2009: 61).

O massacre de Santa Cruz definitivamente deu um novo ímpeto à campanha de solidariedade mundial para com Timor-Leste. Houve várias manifestações em todo o mundo, incluindo Portugal e Austrália (Magalhães, 2007: 403; Kingsbury, 2009: 63). A partir de novembro de 1991, Timor-Leste e as atrocidades que aconteciam lá já não estavam restritas a poucas pessoas. A miséria e a pobreza em que a população Timorense vivia, juntamente com a sangrenta brutalidade dos Indonésios, já não eram invisíveis aos olhos do resto do mundo. Isto representou um ponto de viragem em relação à ocupação Indonésia em Timor-Leste. Este foi o momento onde Timor-Leste e, a grave situação de sua população, começaram a tornar-se não somente uma preocupação internacional, mas também a surgir como uma emergência internacional a ser abordada.

A cerimonia do Prémio Nobel e o jantar no Palácio Presidencial

José Ramos-Horta, juntamente com Xanana Gusmão, é um dos líderes mais conhecidos da resistência Timorense. Apesar de Timor-Leste só tornar-se membro da ONU em 2002, sua população e resistência já estavam representadas na organização; principalmente por meio do trabalho de Ramos-Horta que várias vezes integrou as missões de Moçambique e Vanuatu. Este trabalho foi essencial para agregar aliados e simpatizantes da causa Timorense (Magalhães, 2007: 437). Ele também desenvolveu, sem sucesso, uma campanha para que fosse atribuído ao Bispo Timorense Ximenes Belo o Prémio Nobel da Paz em 1995. Porém, no ano seguinte, o Prémio Nobel da Paz foi atribuído ao Bispo Ximenes Belo e a Ramos-Horta (Nobel Foundation, 1996). De certa maneira, o Prémio representou um significativo reconhecimento internacional da importância da luta Timorense. Além disso, o Prémio não só reconheceu a luta como também associou-a à uma noção forte mundialmente – a 'paz'. Este sinal simbólico trouxe consequências que foram para além do simbolismo do gesto, que já era importante em si mesmo. O mesmo trouxe também uma consequência muito prática – o Prémio Nobel da Paz foi uma cerimónia transmitida pela maioria das televisões pelo mundo (não na Indonésia), o que deu à causa Timorense uma grande repercussão internacional, associando-a à paz e à busca desta (Magalhães, 2007: 438-439).

Para além do Prémio Nobel da Paz atribuído a Ramos-Horta e Ximenes Belo, é necessário mencionar outro evento que também foi crucial para elevar a causa Timorense globalmente e delineá--la como uma emergência internacional – o jantar entre Nelson Mandela e Xanana Gusmão no palácio presidencial em Jacarta (Indonésia). Numa visita de Estado à Indonésia, o Presidente Sul-Africano Nelson Mandela expressou o seu desejo de encontrar-se com Xanana Gusmão, o líder da resistência Timorense, que estava na prisão desde 20 de novembro de 1992 (Kingsbury, 2009: 63). Incapaz de recusar um desejo do Presidente Mandela, um dos mais prestigiados líderes políticos do mundo, o Presidente Suharto concedeu o pedido de Mandela. No dia 15 de julho de 1997, Suharto autorizou Xanana Gusmão a sair da prisão de Cipinang e visitar Mandela na casa de hóspedes do palácio Presidencial em Jacarta (Magalhães, 2007: 441).

Este jantar teve consequências práticas e simbólicas. Em termos práticos, o jantar mudou a situação de Xanana Gusmão na Indonésia. Até aquela altura, ele era tratado pelas autoridades Indonésias, e pela imprensa, como um prisioneiro comum. O jantar no Palácio Presidencial tornou esta atitude simplesmente insustentável a partir daquele momento. No lado simbólico, através do simples ato de jantar com Xanana Gusmão, Mandela estava a dar-lhe grande prestígio internacional. Mais do que isso, estando Mandela em uma posição semelhante – um prisioneiro a liderar uma luta de resistência – no passado recente, antes de tornar-se Presidente da África do Sul, Mandela indicava claramente não só a importância de Xanana Gusmão, mas que ele poderia de facto tornar-se presidente de um Timor-Leste independente. Simbolicamente, o jantar com Mandela enquadrou Xanana Gusmão como o Mandela Timorense (Magalhães, 2007: 440-441).

O caminho para o referendo Timorense

Por volta do ano de 1996, a situação Indonésia começou a mudar. A comunidade financeira, que tinha apoiado o «milagre económico» do Presidente Suharto durante quase trinta anos, deixou de apoiar o governo militar Indonésio (Magalhães, 2007: 445-450). No ano de 1997, uma crise económica e financeira afetou o Sudeste Asiático em geral, mas esta crise foi mais severa na Indonésia em particular (Ibidem: 450). Desde agosto de 1997, a economia Indonésia estava quase a colapsar, com a Rupia, a moeda Indonésia, a entrar num processo de rápida desvalorização. No início de 1998 a Rupia estava em queda livre, o que levou a eventos importantes, como: (1) o desaparecimento das poupanças da classe media; (2) a inflação dos preços dos alimentos básicos; e (3) o desaparecimento, em poucos meses, dos ganhos económicos auferidos durante a liderança de Suharto (Kingsbury, 2009: 65). O desempenho económico era o maior pilar de apoio do regime militar Indonésio. Portanto, quando este pilar desintegrou-se, uma parte significativa da sociedade Indonésia começou a retirar o seu apoio ao regime militar (Ibidem: 66). A crise económica e financeira foi tão severa que o Presidente Suharto demitiu-se a 21 de maio de 1998. Isto não somente pavimentou um caminho sólido para a democratização

Indonésia, como também abriu uma janela de oportunidade para uma séria reconsideração da questão Timorense (Martin e Mayer-Rieckh, 2005: 126; Magalhães, 2007: 451).

Bacharuddin Jusuf Habibie, vice-presidente da Indonésia, sucedeu a Suharto e começou a ponderar o facto de Timor-Leste ter um estado especial de autonomia dentro da Indonésia. Portanto, ele entrou em conversações com Portugal, que ainda detinha a autoridade legal sobre Timor-Leste, sob a mediação da ONU. Nos finais de janeiro de 1999, na véspera de uma negociação de alto nível entre Portugal, Indonésia e oficiais da ONU, Junus Yosfiah, Ministro da Informação Indonésio, anunciou a decisão do Presidente Habibie de iniciar um processo de consulta ao povo Timorense relativamente a uma autonomia especial dentro da Indonésia ou à sua independência (Magalhães, 2007: 462). Em termos práticos, isto significava, de facto, que foi decidido que se a população Timorense, após um referendo, rejeitasse a proposta de autonomia, a Indonésia concederia a independência ao país. A consulta seria feita através do voto universal e direto, sob os auspícios da ONU, e sem a presença de uma missão de manutenção da paz (Teles, 1999: 389). Indonésia, Portugal e ONU concordaram, no dia 11 de março de 1999 que a ONU seria responsável por organizar e supervisionar o referendo, que devia ser feito naquele ano, prova-velmente em julho ou agosto[3] e incluía tanto a população Timorense no país quanto as diásporas (Ibidem: 390).

Assim, no dia 5 de maio de 1999, Portugal e a Indonésia, sob os auspícios da ONU, assinaram em Nova Iorque três acordos sobre o referendo Timorense. No primeiro acordo, ficou estabelecido que a ONU seria responsável pela organização de uma missão para realizar a consulta popular. O segundo acordo teve a ver com a forma da consulta. Este incluía aspetos como, por exemplo: a data

---

[3] O Referendo foi inicialmente acordado para ser realizado no dia 8 de agosto, mas só aconteceu no dia 30 de agosto.

da consulta; as perguntas a serem feitas; e quem teria o direito ao voto (Portugal e Indonesia, 1999b). O terceiro acordo estava centrado na questão de segurança e especificava que a Indonésia seria a principal responsável pela manutenção geral da lei e ordem, assim como a segurança do pessoal da ONU (Portugal e Indonesia, 1999c). Além disso, os acordos tinham como base um entendimento, compartilhado pelas partes envolvidas, pelo Secretário-Geral da ONU (S/1999/862) e pelo Conselho de Segurança (S/RES/1262), que todo o processo do Referendo era composto por três fases (Teles, 1999: 417). Depois da fase I, que era a consulta em si, haveria uma fase interina (Fase II) composta pelo período «entre a conclusão da consulta popular e o início da implementação dos resultados» (S/1999/862). Mais tarde, a Fase III seria a implementação dos resultados do referendo. No caso da proposta de autonomia ser aceite, por um lado, a Indonésia teria que iniciar o arranjo constitucional para acomodar este novo enquadramento legal; por outro lado, Portugal teria que iniciar o processo de remoção de Timor-Leste da lista da ONU de Territórios não-autónomos e retirar a questão de Timor-Leste das agendas da Assembleia Geral e do CS (Portugal e Indonesia, 1999a; Artigo 5). Porém, se pelo contrário, os Timorenses rejeitassem a proposta de autonomia, a Indonésia teria que iniciar as medidas legais para restaurar o estatuto que Timor-Leste tinha na lei Indonésia antes da anexação, e ambos, Indonésia e Portugal, transaferiam a autoridade sobre Timor-Leste para a ONU. A ONU, por sua vez, teria que desencadear o processo de auxiliar Timor-Leste a iniciar o processo de independência (Portugal e Indonesia, 1999a; Artigo 6).

Desse modo, no dia 11 de junho de 1999 com a resolução 1246 (S/RES/1246), o CS estabeleceu, até 31 de agosto 1999,[4] a UNAMET

---

[4] A missão seria renovada duas vezes: sob a resolução 1257 (S/RES/1257) até 30 de setembro de 1999, e sob a resolução 1262 (S/RES/1262), até 30 novembro de 1999.

(United Nations Mission in East Timor). O objetivo principal da UNAMET era «organizar e conduzir uma consulta popular (...) baseada em eleições diretas, secretas e universais, para determinar se o povo de Timor-Leste aceita o quadro constitucional proposto» (S/RES/1246) pela Indonésia.

A violência antes do referendo

A decisão de deixar ao encargo Indonésio a questão securitária era vista como um risco desde o primeiro momento do processo de negociação (Magalhães, 2007: 466). Porém, na altura, foi também percebido que esta estreita janela de oportunidade de se fazer um referendo devia ser aproveitada; mesmo que isto implicasse deixar a Indonésia encarregada pela segurança das eleições (Idem). Porém, deixar a Indonésia responsável pela provisão de um ambiente seguro era, no mínimo, negligente e esta decisão viria de facto a comprovar-se catastrófica. Desde o massacre que aconteceu a 16 de novembro de 1998 em Alas, onde quase cinquenta Timorenses foram assassinados, ficou claro que o exército Indonésio estava a apoiar milícias de modo a manter o controlo e aterrorizar a população Timorense (Magalhães, 2007: 468). As milícias faziam o trabalho de repressão e violência que os militares não queriam fazer explicitamente (Idem). As milícias eram constituídas maioritariamente por elementos da polícia, do exército, de pessoas a favor da integração e também por pessoas a favor da independência que através de ameaças de morte foram obrigados a integrar os grupos armados (Ibidem: 474).

A violência protagonizada pelas milícias, apoiadas pelo exército, ganhava impulso. De janeiro a abril, muitos ativistas pró-independência foram mortos, torturados e as suas casas saqueadas e destruídas (Martin, 2001: 25). No fim de janeiro de 1999, outro massacre, desta vez liderado pelas milícias de Mahidi, em Ainaro, resultou na morte de cerca de trinta pessoas (Magalhães, 2007: 468). Porém o massacre de Liquiçá iria tornar-se o exemplo mais emblemático da violência das milícias e da concordância do exército Indonésio. No dia 6 de abril de 1999, as milícias BMP, apoiadas pelo exército e assistidas pela polícia, cercaram uma igreja na cidade de Liquiçá onde ativistas pró-independência estavam abrigados, depois de suas casas terem sido queimadas nos dias anteriores (Kingsbury, 2009: 69). Perto do meio-dia, a polícia atirou gás lacrimogénio para dentro da igreja forçando a quem estava no interior a sair (Idem). Quando as pessoas saíam, as milícias, apoiadas pelo exército, entraram na igreja disparando sobre as pessoas e atacando com catanas (Idem). Apesar do número oficial de mortes ter sido sessenta e um, a perceção generalizada é que cerca de duzentas pessoas morreram neste massacre (Idem). Este foi o pior massacre desde Santa Cruz em 1991 (Martin, 2001: 25). No dia seguinte, mais dezasseis pessoas foram mortas em Ermera e outras quinze em Maliana em 14 de abril (Magalhães, 2007: 470). Em 17 de abril, em um grande encontro das milícias e apoiantes da integração, Eurico Guterres, que era o comandante da milícia Aitarak, de Díli, falou juntamente com João Tavares, chefe da milícia Halilintar, de Bobonaro, e literalmente incitou «todas as milícias a favor da integração (...) a capturar e matar se necessário» (citado em Martin, 2001: 25). A situação em Timor-Leste era bastante violenta.

Timor-Leste como uma emergência internacional

Foi neste ambiente que foi acordado deixar a dimensão securitária sob a responsabilidade da Indonésia no dia 5 de maio. Como não havia um ambiente seguro para prosseguir com a campanha pró-independência, o Secretário-Geral da ONU consultou Xanana

Gusmão se devia ou não cancelar a consulta e este estava confiante que os Timorenses iriam escolher a independência. Para ele, desde que o registo continuasse, os apoiantes da independência iriam ganhar (Magalhães, 2007: 470-473). Apesar de toda a intimidação e violência cometidas por parte das milícias, o registo incluiu 98% dos possíveis votantes (Magalhães, 2007: 473). Isto representava mais de 450 mil Timorenses dentro e fora do território (Kingsbury, 2009: 70). A organização do referendo continuou em um ambiente caracterizado pela violência, destruição e intimidação. Isto, juntamente com alguns problemas operacionais, atrasou a votação para 30 de agosto (Kingsbury, 2009: 72). A onda de terror e ameaças estava claramente a aumentar com a aproximação do referendo (Idem). Existia a ameaça real de guerra civil no caso da proposta pró-autonomia fracassasse (Magalhães, 2007: 477). O comandante militar de Timor-Leste, Coronel Noer Muis alertou, inclusive, para um banho de sangue caso o movimento pró-independência saísse vitorioso (Idem). De facto, sinais claros de violência vinham da liderança das milícias. Eurico Guterres, chefe da Aitarak, por exemplo, foi bastante claro sobre transformar Timor-Leste num mar de fogo no caso da vitória pró-independência (Magalhães, 2007: 477; Kingsbury, 2009: 72). Nessa altura, as milícias já estavam consistentemente a provocar tumultos, destruição, mortes, e queimando casas para intimidar os Timorenses (Magalhães, 2007: 478). A questão era até discutida no Conselho de Segurança dias antes das eleições (S/PV.4038). Isto levou a quase sessenta mil Timorenses a abandonar as suas casas e refugiarem-se nas montanhas a apenas uns dias antes das eleições de modo a evitar esta onda de violência (Magalhães, 2007: 478).

Considerando toda a violência cometida durante anos de ocupação e a espiral crescente manifesta nos dias anteriores à votação, o dia da votação em si foi relativamente calmo (Magalhães, 2007: 478; Kingsbury, 2009: 72). Houve alguns casos de violência, mas desde cedo havia longas filas nos postos de votação (Idem). Muitos Timorenses caminharam longas distâncias durante a noite para que as suas vozes fossem ouvidas e muitos deles vestiam as suas melhores roupas, em um claro sinal da importância da ocasião (Magalhães, 2007: 478-479; Kingsbury, 2009:72-73). Cerca das nove horas da manhã, quase 50% dos votantes registados já tinham votado (Teles, 1999: 406). Apesar de toda a intimidação e violência perpetrada pelas milícias, o processo de consulta teve a excelente participação nas urnas de 98.6% (Martin, 2001: 160). O resultado era claro – houve uma indiscutível indicação dos Timorenses para a independência com 78.5% rejeitando a proposta de autonomia enquanto 21.5% apoiavam-na (S/1999/944).

No dia seguinte à votação, a situação de segurança deteriorou-se novamente e depois de anunciarem os resultados a situação tornou-se extremamente violenta. As milícias pró-autonomia e o exército Indonésio, apoiados pela inação da polícia, iniciaram uma campanha de destruição em grande escala. Na verdade, era uma campanha de «terra arrasada». Apesar de desmentir o apoio às milícias, o General Wiranto disse que o exército não ia parar as milícias (Kingsbury, 2009: 73). Elas queriam minar as bases de qualquer possibilidade de um Estado Timorense independente. Segundo Teles (1999: 411), a primeira metade de setembro foi palco de uma política sistemática de desaparecimentos, violações, assassínios, saques, deslocações forçadas, deportações e todo tipo de destruição de infraestruturas e casas. Num curto período de tempo, estima-se que dois mil Timorenses foram mortos, cerca de 230,000 foram forçados a fugir para Timor Ocidental, e várias centenas de milhares foram internamente deslocados (Beauvais, 2001: 1103). Além disso, mais de 70% da infraestrutura do território foi completamente destruída (Kingsbury, 2009: 73).

Certamente, esta violência generalizada não foi o resultado de eventos aleatórios. Ela estava coerentemente direcionada a locais e pessoas específicas. Este entendimento de um sistemático planeamento deliberado de assassinatos foi avançado por um relatório desenvolvido pela Comissária da ONU para os Direitos Humanos, Mary Robinson, onde esta afirma que o que aconteceu em Timor-Leste foi uma série de «assassinatos sistemáticos, deslocamentos, destruição de propriedade e intimidação feita por milícias e elementos das forças de segurança» (E/CN.4/S-4/CRP.1; Parágrafo 50). Além disso, ela constatou que havia a indicação de que os deslocamentos forçados eram «deliberados e com ações planeadas com grande antecedência» (Ibidem; Parágrafo 29). Robinson termina o relatório concluindo que havia «evidências avassaladoras que Timor-Leste presenciou uma propositada, maldosa e sistemática campanha de flagrantes violações dos direitos humanos» (Ibidem; Parágrafo 47). Este entendimento era compartilhado pelo Conselho de Segurança. Sua missão destacada para Jacarta e Díli, para investigar a tragédia, concluiu que havia «uma forte evidência de abusos da lei humanitária internacional» (S/1999/976; Parágrafo 21). Para a missão, toda esta violência simplesmente não poderia ter acontecido sem o envolvimento de oficiais superiores tanto do exército Indonésio quanto da polícia (Ibidem; Parágrafo 19). Relativamente ao grau de destruição de Timor-Leste, o relatório da UNAMET é bastante claro quando afirma que há muita evidência de «nada menos que a implantação sistemática da política de 'terra queimada' em Timor-Leste, sob a liderança do exército Indonésio» (Ibidem; Anexo, Parágrafo 1).

Timor-Leste como uma ameaça à paz e segurança

Esta grande violência levou a uma grande revolta internacional, o que resultou em uma série de manifestações e grandes campanhas mundiais de solidariedade como, por exemplo, as manifestações vocalizadas pelos governos Australianos e Português e suas populações (Kingsbury, 2009: 74). Tornou-se claro nessa altura que o meio mais eficaz de resposta rápida seria uma intervenção multilateral sancionada pela ONU (Martin e Mayer-Rieckh, 2005: 131). Porém, nenhum país estava preparado para intervir sem o consentimento Indonésio e do Conselho de Segurança. Este, por sua vez, dependia da anuência da China e da Rússia, que só aprovariam este tipo de intervenção depois da concordância Indonésia. Portanto, obter o consentimento Indonésio era o elemento central para este processo de intervenção.

A Indonésia estava sujeita a uma crescente pressão diplomática por vários lados liderada, sobretudo, pelo Secretário-Geral da ONU Kofi Annan e pelo Primeiro-Ministro Australiano, John Howard (Idem). A onda de violência perturbou os Estados Unidos que juntaram-se à pressão diplomática à Indonésia, que canalizou-se, essencialmente: (1) militarmente pelo Comandante Superior das Forças Americanas no Pacífico, Almirante Dennis Blair, que disse ao General Wiranto, em 9 de setembro em Jacarta, que as relações militares entre os dois países poderiam ser suspensas; (2) priva-damente dentro do Fundo Monetário Internacional com os oficiais Americanos a dizer que o Fundo podia negar assistência financeira ao país, o que nessa altura era crítico para a recuperação Indonésia da crise financeira; e (3) através de oficiais dos EUA (Kingsbury, 2009: 74). Entre estes estava o Presidente Bill Clinton que disse publicamente que «se a Indonésia não acabar com a violência, deve convidar – deve convidar – a comunidade internacional a ajudar a restaurar a segurança [em Timor-Leste]» (citado em Kingsbury, 2009: 74; ênfase no original). Com toda esta pressão, a Indonésia acabou por aceitar uma missão de paz no dia 12 de setembro de 1999. A 15 de setembro, no CS, a situação em Timor-Leste foi reconhecida como uma ameaça para a paz e segurança internacionais. Assim, sob a resolução 1264 (S/RES/1264), que «determina que a situação atual em Timor-Leste constitui uma ameaça para a paz e segurança»

(S/RES/1264), o CS autorizou a criação de uma força multinacional para intervir em Timor-Leste – a Força Internacional em Timor-Leste (INTERFET em inglês). Ao abrigo do Capítulo VII da Carta da ONU, a força foi criada, para «reestabelecer a paz e segurança em Timor-Leste, proteger e apoiar a UNAMET a desenvolver as suas funções e, dentro das suas capacidades, facilitar as operações humanitárias» (Idem). A INTERFET, liderada pelo Major Australiano, General Peter Cosgrove, foi autorizada para «tomar todas as medidas necessárias para cumprir o seu mandato» (Idem), que é a linguagem diplomática para a autorização do uso da força.

A implantação da INTERFET representou um ponto de viragem relativamente à condição de Timor-Leste na agenda internacional, não tanto pela operação em si, mas por aquilo que representou. É verdade que Timor-Leste era parte da agenda da ONU desde dezembro de 1960 quando foi inserido na lista de «territórios não-autónomos» (A/RES/1542). Além disso, também é verdade que a situação em Timor-Leste era emergencial. Contudo, é igualmente verdade que Timor-Leste não era entendido, durante muito tempo, como uma emergência internacional. Como consequência da visibilidade que Timor-Leste já tinha e a longa história de violência, naquele momento, a intervenção em Timor-Leste já não podia ser evitada.

Contudo, a intervenção podia ser feita sem alterar o estatuto que Timor-Leste tinha no cenário internacional. Porém, certamente este não foi o caso e o enquadramento legal no qual a intervenção ocorreu é instrutivo. O facto da ONU, através dos Bons Ofícios do Secretário-Geral estar a supervisionar as negociações entre a Indonésia e Portugal, e o facto de as Nações Unidas destacarem uma missão para organizar o referendo indica que Timor-Leste já era parte das preocupações internacionais. Entretanto, não deve-se esquecer que a INTERFET foi destacada sob o Capítulo VII da Carta da ONU. Este Capítulo é bastante claro relativamente à sua função dentro do cenário internacional; este trata de ameaças à paz e segurança internacionais. Seu primeiro parágrafo é explícito ao dizer que capítulo guia as ações direcionadas «a manter ou reestabelecer a paz e segurança internacional» (UN, 1945: Capítulo VII, Parágrafo 39). Evocando o Capítulo VII ao destacar a INTERFET, a ONU não está apenas simbolicamente mas, sobretudo, legalmente enquadrando a situação em Timor-Leste como uma ameaça para a paz e segurança internacionais. Por isso, destacar a INTERFET sob o Capítulo VII da Carta da ONU representa precisamente o pico do processo de surgimento de Timor-Leste como uma emergência internacional. Este é o momento onde Timor-Leste tornou-se mais do que 'apenas' uma preocupação internacional e, de facto, ficou cristalizado como uma emergência securitária no cenário internacional.

Na chegada da INTERFET a situação em Timor-Leste era de grande destruição. Não só havia milhares de pessoas deslocadas, mas também a maioria dos prédios e casas foram queimados pelo exército Indonésio e milícias (Kingsbury, 2009: 75). No primeiro relatório da INTERFET, de 29 de setembro (S/1999/1025), foi relatado que «apesar das melhorias a situação da segurança em Díli, a situação geral em Timor-Leste continuava debilitada» (Ibidem; Parágrafo 11). Para além disso a «infraestrutura civil estava seriamente degradada e não havia administração eficaz» (Ibidem; Parágrafo 22). Por último o relatório salientava a importância da implementação da Fase III dos acordos de 5 de maio, dada a perceção de haver um vácuo de poder e autoridade no terreno (Teles, 1999: 419) Por isso, com a cristalização de Timor-Leste como uma emergência internacional, e considerando a situação em Timor-Leste como «uma ameaça a paz e segurança», em 25 de outubro de 1999, sob a resolução 1272 (S/RES/1272), a ONU cria a Administração Transitória das Nações Unidas em Timor-Leste (UNTAET em inglês). A missão tinha algo inédito – seria «dotada com a responsabilidade total para a administração de Timor-Leste e terá o poder de exercer a autoridade legislativa e executiva, incluindo a administração da justiça» (S/RES/1272).

Claramente, a cristalização de Timor-Leste como uma emergência internacional despoleta o destacar de um profundo processo de (re)construção de Estados para o país. Mais do que isso, este processo de (re)reconstrução de Estados teria uma característica bastante particular. De acordo com Richmond (2011), «a retirada Indonésia e o conflito que sucedeu entre os apoiantes da independência e os pró-Indonésia, forneceu a plataforma para um programa liberal padrão de construção de Estados» (Richmond, 2011: 84). Este programa de (re)construção de Estados, como muitos outros em várias partes do mundo, «focava no estabelecimento de um estado neoliberal em um dos territórios mais longínquos e mais pobres» (Richmond, 2011: 84) do globo. Afinal de contas, naquele momento, Timor-Leste já estava cristalizado como uma emergência internacional, e nada mais 'racional' e 'natural' do que o destacar de um processo liberal de (re)construção de Estados e a sua implantação em Timor-Leste.

Conclusão

Este capítulo traça o caminho pelo qual Timor-Leste tornou-se uma emergência dentro do cenário internacional. No caso de Timor-Leste, o país viveu uma longa história de violência e desespero. Isto foi consequência do facto de ter sido uma colónia portuguesa, invadida pelo Japão durante a Segunda Guerra Mundial e anexada pela Indonésia em dezembro de 1975. Porém todo este processo era simplesmente invisível para o resto do mundo. Esta situação começou a mudar e Timor-Leste começou a surgir como uma emergência internacional como resultado de vários acontecimentos, como o massacre de Santa Cruz, o Prémio Nobel entregue a José Ramos Horta e ao Bispo D. Carlos Ximenes Belo, o jantar entre Nelson

Mandela e Xanana Gusmão no Palácio Presidencial em Jacarta, e a violência antes e depois do referendo. Estes eventos não só colocaram Timor-Leste no mapa dos media internacionais, como foram também partes centrais do processo de surgimento do país como uma emergência no cenário internacional. Este processo chegou ao seu auge com o referendo em 1999 e o destacar da INTERFET, depois do massacre de Liquiçá, ao abrigo do Capítulo VII da Carta da ONU. A implantação da INTERFET simbolica e legalmente cristalizou Timor-Leste como uma ameaça à paz e segurança internacional, e como uma emergência internacional que devia ser lidada. É precisamente neste momento em que o processo de (re)construção de Estados, baseado em um enquadramento liberal, emerge como o instrumento mais adequado para a tarefa de lidar com a emergência internacional que Timor-Leste havia cristalizando-se.

Referências bibliográficas

(A/RES/1514) Declaration on the Granting of Independence to Colonial Countries and Peoples – A/RES/1514 12th December 1960, (http://daccess-dds-ny.un.org/doc/RESOLUTION/GEN/NR0/152/88/IMG/NR015288.pdf?OpenElement) [20 janeiro 2010].

(A/RES/1542) Transmission of Information under Article 73 of the Charter – A/RES/1542 (XV), 15 dezembro 1960, (http://www.un.org/ga/search/view_doc.asp?symbol=A/RES/1542(XV)&Lang=E&Area=RESOLUTION) [22 fevereiro 2013].

(E/CN.4/S-4/CRP.1) Report of the High Commissioner for Human Rights on the Human Rights Situation in East Timor – E/CN.4/S-4/CRP.1, 17 setembro 1999, (http://www. unhchr.ch/Huridocda/Huridoca.nsf/(Symbol)/E.CN.4.S-4.CRP.1.En?Opendocument) [21 junho 2011].

(S/1999/862) Question of East Timor – Report of the Secretary-General – S/1999/862, 9 agosto 1999, (http://daccess-dds-ny.un.org/doc/UNDOC/GEN/N99/231/60/PDF/N9923160.pdf?OpenElement) [15 janeiro 2012].

(S/1999/944) Letter from the Secretary-General Addressed to the President of the Security Council – S/1999/944, 3 setembro 1999, (http://www.undemocracy.com/S-1999-944.pdf) [21 junho 2011].

(S/1999/976) Report of the Security Council Mission to Jakarta and Dili, 8 to 12 September 1999 – S/1999/976, 14 setembro 1999, (http://daccess-dds-ny.un.org/doc/UNDOC/GEN/N99/262/20/PDF/N9926220.pdf?OpenElement) [21 junho 2011].

(S/1999/1025) Letter from the Secretary-General Addressed to the President of the Security Council – S/1999/1025, 4 outubro 1999, (http://daccess-dds-ny.un.org/doc/UNDOC/GEN/N99/285/78/PDF/N9928578.pdf?OpenElement) [21 junho 2011].

(S/PV.4038) UN Security Council 4038th Meeting – S/PV.4038, 27 agosto 1999, (http://www.un.org/peace/etimor99/9985696e.htm) [21 junho 2011].

(S/RES/384) UN Security Council Resolution 384 – S/RES/384, 22 dezembro 1975, (http://daccess-dds-ny.un.org/doc/RESOLUTION/GEN/NR0/782/32/IMG/NR078232.pdf?OpenElement) [8 junho 2012].

(S/RES/1246) UN Security Council Resolution 1246 – S/RES/1246, 11 junho 1999, (http://daccess-dds-ny.un.org/doc/UNDOC/GEN/N99/174/13/PDF/N9917413.pdf?OpenElement) [20 junho 2011].

(S/RES/1257) UN Security Council Resolution 1257 – S/RES/1257, 3 agosto 1999, (http://daccess-dds-ny.un.org/doc/UNDOC/GEN/N99/226/69/PDF/N9922669.pdf?OpenElement) [20 junho 2011].

(S/RES/1262) UN Security Council Resolution 1262 – S/RES/1262, 27 agosto 1999, (http://daccess-dds-ny.un.org/doc/UNDOC/GEN/N99/247/47/PDF/N9924747.pdf?OpenElement) [20 junho 2011].

(S/RES/1264) UN Security Council Resolution 1264 – S/RES/1264, 15 setembro 1999, (http://daccess-dds-ny.un.org/doc/UNDOC/GEN/N99/264/81/PDF/N9926481.pdf?OpenElement) [2 agosto 2011].

(S/RES/1272) UN Security Council Resolution 1272 – S/RES/, 25 outubro 1999, (http://daccess-dds-ny.un.org/doc/UNDOC/GEN/N99/312/77/PDF/N9931277.pdf?OpenElement) [23 abril 2010].

Beauvais, Joel C. (2001) «Benevolent Despotism: A Critique of UN State-Building in East Timor», *New York University Journal of International Law and Politics*, 33(4): 1101-1178.

Cristalis, Irena (2009) *East Timor – A Nation's Bitter Dawn*. London and New York: Zed Books.

Dunn, James (2003) *East Timor – A Rough Passage to Independence*. Double Bay: Longueville Books.

Kingsbury, Damien (2009) *East Timor – The Price of Liberty*. New York: Palgrave Macmillan.

Magalhães, António Barbedo de (2007) *Timor-Leste – Interesses Internacionais e Actores Locais*. 3 Volumes. Porto: Afrontamento.

Martin, Ian (2001) *Self-Determination in East Timor: The United Nations, the Ballot, and International Intervention*. Boulder: Lynner Rienner Publishers.

Martin, Ian; Mayer-Rieckh, Alexander (2005) «The United Nations and East Timor: From Self-Determination to State-Building», *International Peacekeeping*, 12(1): 125-145.

Molnar, Andrea Katalin (2010) *Timor Leste – Politics, History and Culture*. New York: Routledge.

Nobel Foundation (1996) The Nobel Peace Prize 1996, (http://www.nobelprize.org/nobel_prizes/peace/laureates/1996/) [21 fevereiro 2013].

Portugal; Indonesia (1999a) Agreement between the Republic of Indonesia and the Portuguese Republic on the Question of East Timor, 5 maio 1999, (http://www. usip.org/files/file/resources/collections/peace_agreements/east_timor_05051999. pdf) [19 junho 2011].

Portugal; Indonesia (1999b) Agreement Regarding the Modalities for the Popular Consultation of the East Timorese, 5 maio 1999, (http://www.usip.org/files/file/ resources/collections/peace_agreements/east_timor_05051999mod.pdf) [19 junho 2011].

Portugal; Indonesia (1999c) East Timor Popular Consultation Agreement Regarding Security, 5 maio 1999, (http://www.usip.org/files/file/resources/collections/ peace_agreements/east_timor_05051999sec.pdf) [19 junho 2011].

Richmond, Oliver (2011) *A Post-Liberal Peace*. Abingdon and New York: Routledge.

Richmond, Oliver; Franks, Jason (2009) *Liberal Peace Transitions – Between Statebuilding and Peacebuilding*. Edinburgh: Edinburgh University Press.

Taylor, John G. (1999) *East Timor: The Price of Freedom*. London and New York: Zed Books.

Teles, Patrícia Galvão (1999) «Autodeterminação em Timor Leste: dos acordos de Nova Iorque à consulta popular de 30 de Agosto de 1999», *Boletim Documentação e Direito Comparado*, 79-80: 379-423.

UN, United Nations (1945) Charter of the United Nations, 24 outubro 1945, (http:// www.un.org/en/documents/charter/index.shtml) [23 dezembro 2010].

UN, United Nations (1999) The United Nations and East Timor: A Chronology 1999, (http://www.un.org/peace/etimor99/chrono/chrono_frame.html). [20 janeiro 2011].

DOI | https://doi.org/10.14195/978-989-26-1262-1_3

CAPÍTULO 3
A PAZ DOS «PEQUENOS NADAS»: UM OLHAR DESDE OS «LABORATÓRIOS DE PAZ» NA COLÔMBIA[1]

Miguel Barreto Henriques

Universidad de Bogotá Jorge Tadeo Lozano,

Observatorio de Construcción de Paz, Facultad de Ciencias Sociales

ORCID: https://orcid.org/0000-0003-0176-438X

Resumo: Este capítulo aborda os Laboratórios de Paz na Colômbia, iniciativas de construção de paz desde a base desenvolvidas por organizações não governamentais em diversas regiões periféricas do país. Analisa um tipo de construção de paz que as visões dominantes e tradicionais sobre a paz e a resolução de conflitos tendem a ignorar e subvalorizar – a construção de paz a partir da sociedade civil em comunidades locais. Procura desenvolver uma perspetiva crítica sobre as abordagens realistas de gestão de conflitos e enfatizar em que medida, em processos sociais locais como os desenvolvidos pelos Laboratórios de Paz, emergem diferentes conceções de paz e a sua construção. Sugere-se que estas seguem uma lógica distinta, mais social que política ou militar, e que se manifesta a nível micro.

---

[1] Este texto foi previamente publicado em castelhano em Barreto Henriques, Miguel (2012) «La paz de los 'pequeños nadas': una mirada desde los Laboratorios de Paz en Colombia», *Revista Javeriana*, Octubre, nº 789, Año 79, Bogotá, pp. 64-77.

Palavras-Chave: Laboratórios de Paz; Colômbia; sociedade civil; conflito armado; construção de paz; paz quotidiana

Abstract: This chapter focuses on the Peace Laboratories in Colombia, peacebuilding initiatives from below developed by non-governmental organizations in several peripheral regions of the country. It analyzes a type of peacebuilding that traditional and dominant views about peace and conflict resolution tend to ignore and undervalue – grassroots peacebuilding based on civil society and local communities. It aims to give a critical outlook on conventional realist conflict management approaches and to emphasize to what extent, under local social processes such as the ones developed by the Peace Laboratories, different conceptions of peace and peacebuilding arise. It is suggested that these follow a distinct logic, one that is more social than political or military, and manifest on a micro level.

Keywords: Peace Laboratories; Colombia; civil society; armed conflict; peacebuilding; «everyday peace»

> «A vida é feita de pequenos nadas.»
> Sérgio Godinho

Introdução

A guerra e a paz, a violência e os conflitos, são elementos centrais na condição humana (Dunn, 2005: 27) que acompanham e marcam indelevelmente muitas áreas da atividade social e política. São, assim, temas que captam, há muito, a atenção das Ciências Políticas e Sociais, razão pela qual existem inúmeras abordagens teóricas relativamente à compreensão dos conflitos e à construção da paz (Deutsch, 1991: 26). Conceptualizou-se e interpretou-se a paz e as suas vias de concretização de diferentes formas e modalidades, tanto do ponto de vista académico, como político. Da mesma maneira, definiram-se diversos agentes e protagonistas na construção da paz e resolução dos conflitos e atribuíram-se diferentes papéis e valorações à sociedade civil neste processo. Na Colômbia, os discursos sobre a paz e a violência e a discussão dos caminhos para a superação do conflito são um tema quotidiano, que atravessa desde as mais altas instâncias políticas, à mais simples conversa de café. Não obstante, as perceções e visões da paz são múltiplas e diferenciadas e neste mesmo fator reside um dos eixos estruturadores deste conflito armado.

Neste capítulo pretende-se colocar a ênfase numa visão da paz e da sua construção que não costuma ser objeto de atenção dos media, nem chegar às manchetes dos jornais – a paz como entendida, desenvolvida, apropriada e construída a partir de comunidades camponesas cercadas pelo conflito armado. Procurar-se-á analisar: Como se processa no quotidiano a construção da paz nos territórios marginalizados colombianos? De que forma se materializa a paz? Que formas e expressões assume? O que é a «paz pragmática» a nível local (Barnes, 2005: 19)? O capítulo centrar-se-á no estudo de caso dos «Laboratórios da Paz», iniciativa desenvolvida por organizações da sociedade civil em distintas regiões da Colômbia, com o apoio político e financeiro da cooperação europeia.

Esta é uma investigação eminentemente empírica, que teve como base o trabalho de campo nas regiões de Cauca, Nariño, Magdalena Medio e Oriente Antioqueno, através de entrevistas com participantes e atores dos Laboratórios de Paz e da observação participante em inúmeros eventos e iniciativas. Parte da análise dos projetos e processos, das iniciativas, esperanças, sonhos, dificuldades e angústias de quem sofre na pele a violência de um conflito armado e busca, através do seu suor, construir a paz nessas regiões e demonstrar que outro país é possível.

A paz e as suas lentes: os caminhos e atores da construção da paz

As perspetivas tradicionais e dominantes sobre a paz e gestão de conflitos atribuíram aos Estados e aos agentes políticos uma quase exclusividade de funções e competências nesta matéria. O Realismo, paradigma político dominante, que determina em larga medida o enfoque «convencional» e hegemónico face aos conflitos armados (internacionais e internos), não apenas na Colômbia, mas também a nível internacional, é fundamentalmente estado-cêntrico. Os atores subestatais e transestatais são considerados pelos realistas como atores marginais no âmbito internacional, tendo pouca influência ou significado. Consequentemente, esta é uma escola de pensamento político que atribui muito pouca importância à sociedade civil e aos agentes locais na resolução de conflitos, desvalorizando o seu papel na construção da paz. Apenas os «atores que contam» devem ser incluídos no processo de gestão de um conflito (Wallensteen, 2002: 48). Como afirmam Marchetti e Tocci (2009: 10), «o valor das organizações sociais é secundário, marginal ou não existente».

O Realismo é, na sua essência, uma abordagem elitista, baseado num processo vertical de decisão e que se orienta exclusivamente ao que a bibliografia anglo-saxónica chama de «nível um» (*track one*) da resolução de conflitos, ou seja, as atividades e diplomacia desenvolvidas por agentes oficiais, em detrimento dos atores não oficiais (nível dois) (Nan e Strimling, 2004). Somente os atores estatais e as elites armadas cabem nesta conceção de gestão de conflitos. Para esta tradição política, as atividades de «construção» da paz são concebidas como um processo conducente a um acordo de paz. Negociações baseadas no poder e nos interesses aparecem como «a única alternativa prática à violência intergrupo» (Morgenthau, 1985 apud Rubenstein, 2001). Esta corrente de pensamento centra--se principalmente no modo de obter a «paz negativa», isto é, o cessar das hostilidades ou da violência direta entre as partes em conflito. A ênfase está em juntar as partes envolvidas no conflito em torno de uma mesa de negociações e nos procedimentos neste processo uma vez que os agentes se encontrem reunidos. Não é tido em linha de conta o tratamento dos problemas que estão na raiz do conflito ou encontrar soluções criativas para estes. Foca-se exclusivamente no caráter bélico do conflito e em como fazê-lo chegar ao fim (Wallensteen, 2002).

Para os seguidores desta corrente teórica resolver ou transformar os conflitos é tido como irrealista, dadas as diferenças irreconciliáveis de interesses e valores entre as partes; somente é viável geri-los ou contê-los, razão pela qual as intervenções devem focar-se na obtenção de acordos políticos, particularmente mediante o recurso ao poder político e militar para influenciar cada uma das partes (Miall, 2004: 3). Esta perspetiva marcou as abordagens históricas para a paz e o conflito na Colômbia, condicionando as estratégias de guerra e as políticas oficiais para a paz nos últimos 50 anos. Não obstante, esta perspetiva «clássica» e «convencional» de gestão dos conflitos foi sendo posta em causa, tanto do ponto de vista teórico, como político.

Galtung, um dos pioneiros da Investigação para a Paz (*Peace Research*) fez, ainda nos anos 1960, uma rutura radical com esta premissa, mediante o desenvolvimento dos conceitos de «paz negativa» e «paz positiva». Este autor ampliou o significado de paz, tida apenas como a antítese de guerra, e reconceptualizou a noção de violência, no seu sentido e conotação tradicionais – violência física – para lhe conferir um significado mais amplo. Desde esta perspetiva, a paz não é somente a ausência de guerra, estes não são elementos equivalentes. O que a anima é uma visão da paz, não como antónimo de guerra, senão de violências (Pureza, 2008: 3). Para este autor, um mundo sem guerra não seria necessariamente um mundo em paz. Galtung concebe uma paz definida positivamente, o que implica uma reestruturação profunda das relações humanas. Logo, é evidente que Galtung define e transmite um conceito amplo e denso de paz, que implica muito mais que o silenciar das armas. Baseia-se numa visão integral da paz e dos conflitos, que estabelece um vínculo claro e forte entre o desenvolvimento, a justiça social, os direitos humanos, e os temas da paz.

A definição ampla de Galtung da paz abriu assim espaço para uma definição e compreensão mais abrangentes da construção da paz. As atividades que enfrentam e abordam os aspetos estruturais e culturais da violência obtêm um novo sentido e significado. A construção da paz aparece associada à geração de processos, atitudes, relações, valores e estruturas mais inclusivas e sustentáveis (ECP, 2006: 6). Esta perspetiva atribui um papel de relevo a outros protagonistas que não apenas os agentes políticos tradicionais na resolução dos conflitos, conferindo particularmente um papel de grande importância à sociedade civil. Galtung tem uma perceção plural de paz. Sustenta que não se deve pensar em Paz, mas em «Pazes» (Galtung, 1996: 13). É uma perspetiva que dá sentido à profunda diversidade e heterogeneidade de situações e experiências sociais de construção da paz desde a base. Para Galtung, a paz depende cada vez mais das pessoas que fazem as suas próprias «políticas de paz», a uma microescala individual e familiar, e não das decisões das elites (Galtung, 1996: vii). De forma análoga a Galtung, John Paul Lederach, outro autor de suma importância ligado à Peace Research, propôs um conceito de construção de paz como um processo dinâmico e contínuo de busca e cimentação da paz. Para este autor, o termo «processo de paz» adquire um significado totalmente novo, que vai muito além do seu significado convencional como «negociações de paz». Enquanto um processo de paz, num sentido convencional, se foca nos atores em confrontação bélica, tem como base os seus ritmos, agendas e posicionamentos políticos, e como objetivo a obtenção de um acordo entre eles, como solução para pôr termo à violência (ECP, 2006: 6); um processo de paz, segundo Lederach (1997: 63), é um processo contínuo, complexo e multifacetado de papéis, funções e múltiplas atividades interdependentes que contribuem para a transformação construtiva dos conflitos. É, fundamentalmente, um processo de construção de paz. Trata-se de muito mais que negociações feitas por dirigentes políticos e mediadores, que um cessar-fogo, mas também mais do que o entendimento convencional das Nações Unidas de atividades de *peacebuilding* e *peacemaking*. Este autor entende fundamentalmente a construção da paz como transformação e reestruturação de relações (Lederach, 1997: 71). Estas argumentações teóricas deram um significado especial ao que geralmente a bibliografia anglo-saxónica apelida de *peacebuilding from bellow*, a construção da paz desde a base, com o apoio das comunidades. Geraldine McDonald (1997: 1,2) define este conceito como

> tanto uma prática, como uma atitude. Enquanto prática significa uma construção da paz comprometida a nível local com as pessoas que vivem no meio da violência. Como uma atitude, centra-se na suposição que os mais afetados pela violência, que entendem e têm de viver com as suas consequências, são aqueles que melhor estão posicionados para encontrar as soluções apropriadas para ela.

Esta é uma perspetiva que teve uma importância crescente, tanto na comunidade académica, como nas instituições internacionais. O potencial de paz das comunidades locais tem sido enfatizado cada vez mais por vários autores que sublinham que

> processos de construção de paz eficazes e sustentáveis devem basear-se não apenas em acordos de paz desenvolvidos e assinados por elites, mas, de modo igualmente importante, na potenciação das mesmas comunidades assoladas pela guerra que devem,

elas próprias, construir a paz desde a base. (Ramsbotham et al, 2005: 215)

A construção da paz deve partir e enraizar-se no mesmo solo onde o conflito se desenvolveu (Lederach, 1997: 107) e só se conseguirá mediante a participação dos protagonistas e das vítimas da violência em cada território e localização do conflito (McDonald, 1998: 93). Aqueles que são mais afetados pela violência têm um conhecimento profundo dos seus problemas e necessidades reais. Como afirma Catherine Barnes (2005: 7), «as pessoas e sociedades devem criar os seus próprios sistemas para lidar com as suas diferenças. Enquanto os governos devem desempenhar um papel crucial neste processo, as pessoas são a chave para a transformação dos conflitos a longo prazo». Nesta nova visão de paz a solução não vem de fora, trazida por terceiros, nasce e emerge dos recursos populares (Woodhouse, 1999: 24). Todos os atores sociais são veículos fundamentais de estratégias e processos de paz. Os processos de transformação operam-se a diferentes níveis. Passam por mudar as estruturas e as pessoas. A transformação da sociedade é o resultado indireto da transformação dos indivíduos e não só da reestruturação institucional e as reformas sociais e políticas (Bush e Folger, 1996: 20 apud Mitchell, 2002:12). A mudança social passa pela consciencialização dos indivíduos, elemento que dá significado e relevância aos processos de construção da paz desde a base, por mais circunscritos que sejam. De facto, o papel da sociedade civil na construção da paz relaciona-se fundamentalmente com um fator – a sustentabilidade da paz. Um processo de paz só é sustentável se for apropriado pela população (Jeong, 2006: 33 apud Mouly, 2011: 304). Para que a paz se consolide e ganhe raízes há que criar paz entre vizinhos e no seio das comunidades. A sustentabilidade da paz só pode ser endógena. Se Clemeanceau disse um dia que a guerra era demasiado grave para confiá-la apenas aos militares, poderia também dizer-se que hoje a paz é demasiado importante para confiá-la apenas aos políticos. As pessoas são a chave para desenvolver uma infraestrutura e uma cultura de paz. Assim, qualquer estratégia a longo prazo para uma paz sustentável tem que passar pela sociedade civil. O papel das organizações sociais é fundamental para ampliar e consolidar os processos de construção da paz (Mouly, 2011: 304).

O caso colombiano: Um contexto de múltiplas violências e «pazes»

Na Colômbia a violência adota diversas modalidades, formas e expressões, que não se esgotam nos grupos armados em si, e se cruzam com questões sociais, políticas, étnicas e culturais, razão pela qual, mais do que violência, estamos perante «violências». Nesta medida, erradicar a violência dos grupos armados é insuficiente para a paz no país. A construção da paz passa pela transformação da ordem social em muitas regiões do país, pelo desenvolvimento de mecanismos e instituições legais de resolução de conflitos, pela inclusão de setores sociais de risco, tradicionalmente marginaliza-dos, e pelo fomento de uma cultura de paz. Assim, o modelo elitista de negociações que se desenvolveu historicamente na Colômbia configura uma abordagem para a paz frágil e de alcance limitado. Dificilmente pode trazer uma paz sustentável e duradoura a um país cuja violência é um fenómeno particularmente complexo e multidi-mensional e não se circunscreve à existência de grupos armados. A natureza multidimensional da violência e suas causas na Colômbia inviabiliza abordagens para a paz conduzidas exclusivamente pelas elites e implica que estas sejam, também elas, multidimensionais.

Na realidade, além de processos de negociação com grupos armados, a Colômbia evidencia um panorama de grande eferves-cência de iniciativas de paz da sociedade civil. Nos últimos 25 anos tem-se assistido neste país a um «boom» de mobilização social para a paz, com experiências como as Assembleias Constituintes, as Comunidades de Paz, as mingas indígenas e os Programas de Desenvolvimento e Paz (PDP).

Demonstram o que Mauricio García-Duran (2006: 150) designa de um contraste entre uma «crise nacional e dinamismo local» no campo da construção da paz na Colômbia. A emergência nas últimas décadas de um alto número de iniciativas de construção da paz da sociedade civil mostra outro lado e dimensão do conflito e configuram este país como um cenário simultaneamente de guerra e paz (ou «pazes»). Neste quadro, os chamados «Laboratórios da Paz» destacam-se como uma das mais interessantes, ambiciosas e originais iniciativas de construção de paz nascidas na sociedade civil na Colômbia.

Os «Laboratórios da Paz»: Uma abordagem singular para a paz na Colômbia?

Situados em diversas regiões de conflito do país e intimamente ligados aos PDP, os Laboratórios de Paz constituíram programas multidimensionais de construção de paz desde a base, sustentados pela sociedade civil, com o apoio e participação da União Europeia (UE) e do Estado colombiano. Conceberam-se como verdadeiros «laboratórios de paz», na medida em que procuravam novos caminhos e fórmulas alternativas para a paz a nível local e regional. Foram uma experiência piloto e exploratória que se pretendia como um cenário instigador para construir novas relações e transformações e formular propostas de saída a uma microescala (Castillo, 2008). Funcionaram como uma espécie de «laboratórios sociais», nos quais os habitantes das diversas regiões eram os investigadores (Moncayo, 1999) e os motores do processo de transformação do conflito e construção coletiva da paz. Sustentaram-se num conjunto complexo de processos sociais, culturais, económicos e políticos de base que procuravam integrar os territórios marginalizados e periféricos e as camadas sociais tradicionalmente excluídas da população colombiana e aproximá-los das instituições, do desenvolvimento e da democracia. Procurava-se incidir sobre as causas profundas da conflitualidade na Colômbia, gerar uma cultura de paz e mecanismos de participação.

Acima de tudo, os Laboratórios de Paz foram uma tentativa de criar condições sociais, económicas, políticas e culturais para a paz e incidir sobre os fatores que sustentam e causam o conflito localmente. Partiam do princípio que a construção da paz passa por criar novas condições de vida, pela inclusão das populações rurais e pelo desenvolvimento socioeconómico das comunidades (Saavedra e Ojeda, 2006: 32). Neste sentido, direcionavam-se a criar postos de trabalho para os camponeses, alternativas para os jovens e a transformar a atividade económica no sentido da paz e do desenvolvimento humano (De Roux, 2008). Em causa estava, fundamentalmente, remover mão-de-obra e espaço social ao conflito armado (Bertolini, 2007).

A filosofia e o propósito dos Laboratórios de Paz, com base na conceção original do Programa de Desenvolvimento e Paz de Magdalena Medio (PDPMM), era, de certa forma, reconciliar as duas «Colômbias», a Colômbia da Avenida Sétima de Bogotá, dos grandes centros urbanos, com a Colômbia excluída, dos territórios «onde a menor manifestação do Estado se encontra a vários dias de distância, seja por rio ou a cavalo» (González et al. 2003: 218,219); procurava-se aproximar as regiões mais remotas do território nacional à institucionalidade, ao Estado de Direito, ao desenvolvimento; trazer a democracia e uma cultura de cidadania aos trilhos mais ermos; proporcionar serviços públicos; ajudar a preencher o profundo vazio institucional; repartir o bem-estar e os dividendos do desenvolvimento regional entre todos sem exceções; diminuir o fosso entre centro e periferia; ajudar a superar as fronteiras geográficas, políticas, sociais e económicas. Em certa medida, era uma forma de construção de Estado e de Nação e uma proposta regional de desenvolvimento humano integral e sustentável como meio para a paz.

Do mesmo modo, os objetivos dos Laboratórios da Paz passavam por criar transformações numa microescala, isto é, tanto individualmente, como nas comunidades. Procurava-se criar sujeitos de paz (Vargas, 2007), que corporizassem valores éticos e democráticos, assim como as transformações desejadas para a região e as condições políticas para uma solução pacífica do conflito. Pretendia-se instruir politicamente os cidadãos, gerar emancipação social, construir cidadania, fazer evoluir o imaginário dos seus habitantes (Katz, 2008). De certa forma, procurava-se construir o que Lederach (1997: 94) designa como uma «circunscrição de paz», assim como desenvolver uma cultura de paz na região. De igual forma, a filosofia dos Laboratórios da Paz sustentava-se numa metodologia participativa. A fórmula dos Laboratórios baseava-se nas pessoas, na convicção que a sociedade civil pode e deve ter um papel ativo na construção da paz na Colômbia e que a paz, para que seja sustentável, tem que representar mais do que acordos formais entre os líderes insurgentes e o Estado. Em consonância com a sua filosofia, os Laboratórios propunham fomentar processos participativos com as camadas da população historicamente marginalizadas, como os jovens, as mulheres, os pescadores, os mineiros e, sobretudo, os camponeses. Tentavam construir plataformas com os setores excluídos da população, aspirando a dar voz aos que não têm voz, dando alento e ajuda a construir propostas sociais, económicas e políticas alternativas. Consideravam que estes são, não só as principais vítimas da violência na Colômbia, mas também atores essenciais para a construção de um país em paz (Barreto Henriques, 2009: 559).

De facto, os Laboratórios funcionaram essencialmente como micro plataformas de inclusão das populações rurais e outros atores sociais, em termos socioeconómicos, produtivos e políticos. De certa forma, o que pretendiam os Laboratórios era ser instrumentos de construção de uma democracia direta e reconfigurar a cultura política do país, de modo a que se torne mais inclusiva e participativa (Barreto Henriques, 2009: 559). Propunham-se fazer com que os cidadãos se vissem a si mesmos como donos e senhores do seu próprio destino, promover o desenvolvimento humano através de uma economia controlada pela população e alcançar a paz através da reorganização da vida política e do controlo dos cidadãos dos recursos públicos (Rudqvist e Van Sluys, 2005: 4,5). Correspondiam a uma determinada conceção de paz e desenvolvimento inclusivo e humanista, nos quais os próprios atores sociais e as comunidades assumem o volante do processo de construção da paz. Para o PDPMM, organização na base do Laboratório da Paz de Magdalena Medio, «o desenvolvimento são as pessoas», como proclama um dos seus princípios (PDPMM, 2010). A paz e o desenvolvimento ou se constrói com todos ou não passa de uma miragem que facilmente se pode desvanecer. O processo centrava-se na participação e «empoderamento dos cidadãos e cidadãs» (PDPMM, 2010).

Os Laboratórios defendiam que a paz «não nasce por uma oferta ou petição governamental» (De Roux, 2002: 17) e não deve ser manipulada exclusivamente a partir do governo central. Representa um interesse e bem coletivo, o que implica a ampla participação da população (Saavedra e Ojeda, 2006: 34). O projeto concebia a paz não como um simples tema das elites, nem como o resultado de negociações entre as partes em contenda. Assumia que a paz não é um tema exclusivamente estratégico, de negociação e correlação de forças e poder, mas um tema de transformação dos seres humanos e das estruturas sobre as quais se cimentam os conflitos (Vicenti, 2008).

A Paz dos «pequenos nadas» – uma construção de paz a nível local?

Os Laboratórios da Paz configuraram, nas suas componentes um amplo, multidisciplinar e multidimensional conjunto de projetos, processos sociais, programas e iniciativas, que procuravam aplicar a sua filosofia e abordagem para a paz nos territórios e regiões. Representavam um macro projeto de paz que se desdobrava num leque de micro projetos que se focalizam em diversos aspetos e elementos de construção da paz, sob uma abordagem integral e um conceito amplo da paz. Eram uma iniciativa localizada concetual e fisicamente numa escala micro. Tinham os pés bem assentes na terra, no cerne do conflito. A experiência era intrinsecamente local: nasceu a nível local, estruturou-se a nível local, desenvolveu-se a nível local. A sua essência era a construção da paz a nível regional. Eram programas de construção da paz desde a base concebidos como experiências de descentralização da transformação do conflito. Correspondiam a um *peacebuilding from below*, uma construção da paz desde base. O seu trabalho inseria-se numa micro territorialidade. Esta era necessariamente a escala de atuação dos Laboratórios da Paz e dos seus projetos. Procurava-se transformar a uma microescala, a partir da especificidade de cada região e dos atores e dinâmicas sociais de cada território, as condições políticas, socioeconómicas e culturais que sustêm o conflito e gerar vias próprias e alternativas para a paz. Pretendia-se que cada projeto fosse uma micro plataforma para a transformação do conflito, ou uma micro transformação de expressões diferentes do conflito e um espaço de negociação, conciliação e diálogo entre diferentes setores e interesses (PDPMM, 2005: 6). No quadro destes processos sociais a nível local, emergia uma conceção de paz e de superação do conflito que se diferenciava, em larga medida, do modelo e visão hegemónicos de gestão do conflito como fruto de um acordo de paz e de um processo de negociação entre o Estado e as fações armadas ilegais. A construção da paz para as comunidades e organizações envolvidas nos Laboratórios da Paz revelava-se como um processo que se ia construindo quotidianamente a partir das áreas mais remotas das regiões. Esta perspetiva é comprovada nas palavras de Pascual Silva (2007) membro do PDPMM,

> Nós não vemos a paz tanto como um discurso ou cátedra, mas como levamos as pessoas a construir uma referência de autonomia, de sustentabilidade, de independência, que lhes permita construir alternativas, de modo a não entrarem nos círculos dos grupos armados.

Os projetos e processos dos Laboratórios da Paz eram essencialmente expressões de «pequenas pazes», «micro pazes» construídas e desenvolvidas pela transformação de expressões do conflito numa microescala. Nesta medida, permitiam pensar a paz e a sua construção sob uma lógica diferente, mais social do que política, mais horizontal do que vertical, mais local do que nacional. Este entendimento da paz está bem representado nas palavras de Guillermina Hernandéz (apud Blanco, 2008) diretora da organização «Merquemos Juntos», com sede em Barrancabermeja, que assinalava que «a paz não é somente que não nos matemos, a paz é aspirar a uma vida melhor, como obter as coisas que precisamos». De forma similar, esta conceção da paz como vivida pelas populações manifestava-se nas palavras de Juan Dios Castilla (2007), que coordenava o projeto «Comunas[2], território de não-violência», em Barrancabermeja. Sublinhava que

---

[2] Bairros de lata.

os companheiros das comunas fazem uma diferenciação entre a paz política, a paz que se pode dar nas mesas de negociação e a paz construída pelas comunidades. Eles dizem: Olhe, a paz não é algo exterior a nós, estamos a construí-la todos os dias a partir do nosso lar, a paz não é esperar que se sentem algures em Ralito, Havana ou Caracas, ou onde se queiram sentar, porque isso não é mais do que uma parte do conflito que deflagra na Colômbia; há uma paz gerada pelas comunidades e é isso que elas têm construindo permanentemente, tanto nas comunas populares, como em toda a região. A paz está ligada a essa experiência de poderes dizer não a todos os atores da guerra, dizer que não queremos nem guerrilha, nem paramilitares, queremos criar comunas de não violência.

A paz aqui adquire múltiplas cores, sabores e cheiros. Surge como um conceito conjugado no plural. Parte de processos sociais dos mais diversos tipos e dimensões. Mais do que uma paz, estão em causa «pazes». Nestes processos a paz constrói-se, concebe-se e percebe-se de diferentes formas pelas comunidades e adquire significados e materializações próprias; não se confunde necessariamente com a paz política e a ausência de guerra, no sentido político-militar, que veicula o Realismo político e as abordagens de gestão de conflitos. Nos casos apresentados pelos processos de base dos Laboratórios da Paz, para alguns, paz é ter que comer, para outros é ter tranquilidade, ou ser escutado; outros associam a paz a uma «democracia real» (Ausecha, 2008) ou, como no caso dos indígenas da região de Cauca, a uma identidade cultural.

Para uns, a paz passa pela união das comunidades face aos grupos armados. Como apontaram os participantes de um Espaço Humanitário do Laboratório de Paz de Magdalena Medio, «juntando os nossos medos, somos mais» (apud Paéz, 2007: 16). Procurava-se criar símbolos coletivos de solidariedade e afirmação da dignidade que permitissem aos habitantes ser mais fortes e ter mais instrumentos e capacidade de resistência e diálogo com os grupos armados, de maneira que se possam fazer respeitar e garantir a não intervenção destas fações (PDPMM, 2010).

Como refere Alfredo Molano (2009: 56) relativamente ao PDPMM, a sua virtude foi fundamentalmente «manter viva a esperança», faceta que não é quantificável em termos de impacto, mas que tem uma enorme importância no contexto de horror de um conflito armado. Portanto, os Laboratórios de Paz revestem não só uma dimensão política e social, mas também simbólica e utópica. Permitiram a diversas comunidades, em várias regiões, acalentar o sonho de uma vida melhor, e de uma região e de um país em paz, assim como poder ter um horizonte no meio do desespero e das violências que assumem diferentes formas e expressões; resgataram valores ameaçados pelas trevas da violência, como a dignidade, a tolerância, a solidariedade; e recuperaram o valor da vida humana na sua dimensão simbólica, económica e espiritual. Neste sentido, são pequenos passos no caminho da paz.

De facto, em vários casos, a voz de setores sociais marginalizados, como as mulheres, os jovens e os camponeses, foi pela primeira vez escutada nestes processos sociais, ao permitir que marcassem presença na cena política e social e nos circuitos económicos, e, mediante estes processos, se convertessem, pela primeira vez, nos atores responsáveis pelo seu próprio futuro e desenvolvimento. Como refere Bayona (2007), «as pessoas voltaram a acreditar nas suas próprias iniciativas e que estas poderiam levá-las mais longe». Permitiu às pessoas recuperar a confiança, individual e coletivamente. O processo ajudou-as a encontrar a sua própria voz e a ter fé nas suas capacidades, independentemente do seu estatuto social ou condição económica. De resto, uma das frases mais escutadas entre os participantes destas iniciativas foi «sim, é possível», muito antes da campanha em torno da expressão *yes, we can* protagonizada por Barack Obama. Um dos grandes êxitos destes processos é acender uma luz numa situação de marginalização a vários níveis. É um processo de emancipação social que se reveste de uma enorme importância. As comunidades embarcaram progressivamente num processo de saída da sua condição de exclusão política e social e de assunção de um estatuto de cidadãos portadores de direitos e deveres. O facto de reunir as pessoas, de elas se exprimirem e ouvirem é um processo de recuperação de esperança e expetativas e, em certa medida, de reconquista da dignidade e humanidade perdidas no contexto da guerra, mas também no cenário de abandono e violência estrutural. Os processos de base dos Laboratórios da Paz foram, nalguns casos, um porto de abrigo para as populações e comunidades excluídas.

De igual forma, o facto de se terem desenvolvido redes, não apenas sociais, mas económicas, «que as pessoas se reúnam para falar do seu cacau, dos seus frangos» (Páez, 2007) é um fator de construção de paz. A guerra corta os vínculos sociais e os laços afetivos e de solidariedade. Como refere o Padre Hermes (2007), do Espaço Humanitário de Cienaga del Opón, cada um se restringe às suas dores e medos, a tónica é «a lei da selva, cada um que se defenda como pode». Estes processos resgatam as ilusões, os sonhos e valores como a fraternidade, a generosidade, o carinho; são uma forma de oxigenação e reconstrução do tecido social. Assim, preservam e mantêm vivo o que Jenny Pearce (2007: 28) apelida de «espaço de participação no meio da violência».

São micro processos de construção de paz nos quais a via do diálogo e da negociação se sobrepõe à violência e a dignidade sobressai face ao medo e à humilhação. Constituem em grande medida o que Mary Kaldor (1999 apud Kurtenbach, 2005: 10) chama de «ilhas de civismo», isto é, comunidades locais em zonas de guerra que apresentam um desafio político à violência armada, ao reconstruir a legitimidade e uma visão política positiva, cosmopolita e ligada ao estado de direito. Estes processos permitiram, em pequenas escalas, o desenvolvimento de espaços de liberdade e convivência pacífica, no meio do confronto armado, nalgumas das áreas mais remotas fustigadas pela violência. Configuram exercícios e expressões de civismo no meio do conflito (Páez, 2007: 18), mas também uma forma de transformar o conflito a partir da sua base e propiciar bolsas de cultura de paz. De facto, como é reconhecido pela socióloga Elise Boulding (2002 apud Ramsbotham et al., 2005: 217) as culturas de paz podem sobreviver em pequenos espaços e «nichos», ainda que no mais violento dos conflitos, como é o caso do conflito colombiano. É deste modo que se explica que integrantes de base destes processos sociais se tenham referido aos Laboratórios como uma «bênção de Deus» (Hérnandez, 2008) ou um «salva-vidas» (Castrillón, 2008).

Noutros processos postos em marcha pelos Laboratórios da Paz, a paz traduziu-se num modo diferente de fazer política e viver a democracia, com base numa relação distinta e mais próxima entre o cidadão e o poder político, que incorpora em si o ideal de democracia participativa. Com estes projetos e processos de base procurou-se promover um novo modelo de democracia local e de relação entre o poder e os cidadãos (Vincenti, 2008) que possa ultrapassar a desconfiança das pessoas face às instituições e ao Estado e construir um sentido de autoridade legítima na região. Têm em vista ampliar a participação direta da população na vida política, na tomada de decisões e no desenho das políticas públicas. Em causa está a construção do que Teresa Castrillón (2008), uma líder de base de Puerto Berrio, apresenta como um município «para todos e todas, não para os que sejam amigos do Presidente da Câmara ou familiares dos vereadores,» isto é, que haja uma plena democraticidade e uma inclusão política das populações. Em larga medida, constitui uma forma de construção do Estado e de uma institucionalidade democrática numa microescala.

Para outras comunidades envolvidas nos Laboratórios da Paz, a paz passava por transformações e processos a nível cultural. Grande parte das iniciativas desenvolvidas pelos Laboratórios correspondiam a processos que se situam num plano de transformação cultural (individual e coletiva) a longo prazo. Estimulavam-se as mudanças na forma de pensar, atuar e organizar-se. Incidia-se em fatores intangíveis que passam por complexos processos de transformação das crenças, valores, visões, interesses e relações (Tocci, 2008: 19) e que assumem uma profunda importância para a construção da paz positiva e sustentável. Procurava-se contribuir para que «as pessoas vejam a vida desde outro ponto de vista» (Ibarra, 2008). Como refere Gustavo Montenegro (2008) coordenador de um projeto de rádio em Nariño «quando um camponês dedicado apenas ao seu trabalho e à sua vida quotidiana de um momento para o outro começa a fazer rádio e diz 'este projeto mudou-me vida!' – Aqui passou-se algo». É um sinal do profundo potencial deste tipo de projetos. A construção dos alicerces da paz começa pelo processo intrapessoal de transformação de cada um.

Como assinala Lederach (2003: 17), o sistema de relações é o espaço do qual emergem os conflitos e, da mesma forma, o núcleo e o motor dos processos de transformação a longo prazo. Em larga medida, os Laboratórios da Paz constituíram um espaço de transformação das relações humanas nas suas diversas vertentes, da intrapessoal à económica, da política à cultural. Os Laboratórios geraram fundamentalmente micro processos de transformação que são, simultaneamente, individuais e sociais. As mudanças partem do nível intrapessoal e da transformação de pequenos grupos e comunidades como base para dinâmicas políticas e sociais mais amplas e para a projeção a nível regional ou nacional. Como sustenta Francisco Iván, membro de uma organização cafeicultora de Nariño, «este foi o nosso contributo: rapazes para a paz». Outro exemplo descrito por Myriam Villegas (2008), relativo ao município de San

Pablo, na região de Magdalena Medio, dá um poderoso testemunho desta dinâmica de transformação cultural:

> As pessoas de San Pablo são muito agressivas, porque é uma cultura da coca, uma cultura muito dura do 'salve-se quem puder' e nada mais; ali não havia solidariedade. Então, quando chegámos a San Pablo e começámos a trabalhar lá, uma assembleia da organização terminava à facada, em desastre, as pessoas insultavam-se e brigavam umas com as outras. Hoje em dia continuam agressivos, mas conversam e a organização pensa solidariamente; estão tranquilos, organizados e a pensar como vai ser o desenvolvimento para todos. Para mim isso é paz. Isso é paz...

Na realidade, os Laboratórios desenvolveram um trabalho valiosíssimo no sentido de gerar uma nova cultura nas regiões e mudar os paradigmas de pensamento das comunidades. Em diversos casos, e como o demonstra este episódio, estas experiências configuram «uma paz das pequenas coisas» (Pureza, 2009: 9), dos «pequenos nadas»; são micro expressões da transformação de diferentes modalidades e manifestações do conflito. A construção da paz aqui é entendida como a exploração e desenvolvimento, desde o quotidiano, de novas formas de relação e inter-relação que superem a polarização do conflito armado, construam alternativas à violência e gerem inclusão em termos sociais, económicos, políticos e culturais. Passa pelo fomento e desenvolvimento de atitudes e processos direcionados à transformação positiva de conflitos, conducentes a relações sociais mais inclusivas que possam gerar mais equidade nos diferentes escalões e níveis das relações humanas (ECP, 2005: 6).

Outro episódio ocorrido na região de Montes de María é relatado pelo Padre Rafael Castillo (2008) e demonstra, com um profundo simbolismo, como os processos de mudança interior que se desenvolvem ao nível psicológico podem ser significativos e dar frutos.

Uma senhora minha amiga a quem mataram o marido e o filho ia com a neta ao cemitério e eu cumprimentei-a. Então acompanhei-as ao cemitério e, quando lá chegámos, ela pediu-me que fôssemos à campa do marido. Eu fui e rezei; depois levou-me até à campa do filho; também rezei e a menina ia pondo flores; depois ela deteve-se com o ramo de flores e a senhora disse 'Padre, vamos ali rezar a outra campa' e eu respondi 'está bem!' e a pequena dispôs as flores, trouxe água e tudo mais. Eu disse a oração e perguntei 'quem é o morto?' E diz a senhora, 'foi quem matou o meu marido e o meu filho... E eu trago a minha netinha para que, assim como reza com a mesma fé ao seu avô e ao seu pai, reze pela alma desta pessoa, porque não posso permitir que a minha neta cresça com ódio, rancor e sentimentos de vingança. (Castillo, 2008)

Este episódio, de uma carga simbólica fortíssima, evidencia a necessidade de romper com a espiral da violência e as dinâmicas de ódio e vingança que alimentam o conflito armado. Este é um gesto individual de forte simbolismo no sentido da não legitimação da violência cultural reinante. Esta pessoa teve consciência que para o ódio não se perpetuar de geração em geração e para que a sua neta «cresça em paz» consigo mesma, teria primeiro que estar em paz com os outros, incluindo os carrascos do seu pai e avô. Esta é uma dimensão fundamental da construção de uma cultura de paz, que é necessariamente um processo simultaneamente intrapessoal e estrutural e que se insere tanto numa escala micro e macro. De facto, como demonstra o episódio mencionado, as dimensões afetiva e cultural são dois pilares da formação dos indivíduos e, uma vez que tanto a guerra como a paz «nascem na mente dos homens» (UNESCO: 1945), são parte integrante e essencial da construção de paz.

Noutros casos, a paz emerge como a possibilidade de gerar processos de desenvolvimento. Face à exclusão socioeconómica, os

Laboratórios de Paz procuraram responder com um amplo grupo de projetos económicos visando gerar um desenvolvimento humano inclusivo e sustentável. Neste quadro, conseguiu-se construir e preservar espaços de economia lícita e integrar as comunidades e setores sociais com o risco potencial de cair nas malhas do narcotráfico ou da violência armada; conferiram-se alternativas de ocupação económica e novas oportunidades de vida aos jovens dos bairros de lata de Barrancabermeja ou aos camponeses do sul do departamento Bolívar, incidindo de alguma forma sobre a violência estrutural e direta que se faz sentir sobre a população mais excluída da região. Mediante estes processos subtraíram-se homens à guerra, mas também espaço político e social. Contribuiu-se para uma deslegitimação cultural e social da guerra e do recurso à violência e mostrou-se que é possível incidir sobre os problemas estruturais do país através de meios pacíficos.

Desta forma, os Laboratórios da Paz puseram em evidência diversas limitações, fissuras e ausências das abordagens dominantes de gestão de conflitos. Fundamentalmente, mediante o seu exemplo e experiência política e social concreta no terreno, destacaram um protagonista na área da construção da paz e da resolução de conflitos tradicionalmente vedado ou relegado para um segundo plano pelas perspetivas realistas de gestão de conflitos – a sociedade civil. Assim, este caso empírico contribui para o debate teórico sobre quem são os agentes de mudança e os atores de construção da paz. De certo modo, estas iniciativas a nível local deram visibilidade ao que estava oculto no caso colombiano – processos sociais de construção de paz desde a base; e demonstraram em que medida a sociedade civil pode desempenhar um papel decisivo na construção da paz, mediante o trabalho de comunidades e organizações sociais a nível local e regional. Visibilizaram espaços e processos sociais capazes de gerar novas formas, estruturas e pautas de relação (Lederach, 2008: 99).

Os Laboratórios da Paz mostraram como se ganha espaço civil ao conflito, mediante processos sociais, culturais, políticos e económicos que afastam as pessoas das opções de violência armada, que integram setores sociais excluídos na economia lícita e geram relações sociais pacíficas e uma cultura de paz, através da apropriação por parte das comunidades de valores de solidariedade, tolerância e humanismo, de espaços de participação cívica e democrática e de mecanismos e processos de diálogo e de resolução pacífica de conflitos (Hernández, 2002: 179).

Estes processos configuram «pazes locais»[3], isto é, micro espaços e expressões de paz nos quais os valores de civismo e solidariedade se sobrepuseram às dinâmicas da violência. Como ficou patente nos relatos dos processos dos Laboratórios da Paz em Magdalena Medio e no Maciço Colombiano, existe uma «paz das pequenas coisas» (Pureza, 2009: 9) e dos «pequenos nadas»; ou o que Richmond (2008: 109) chamou de *everyday peace* (paz quotidiana) e Moura (2005) de «novas pazes». São contextos de construção de paz usualmente considerados à margem e formas alternativas e pós vestefalianas de resposta aos conflitos, desenvolvidas geralmente em micro espaços sociais, que evidenciam um potencial de emancipação, correspondendo não só aos interesses, aspirações e cálculos de segurança do Estado, mas de todo o tipo de atores (Richmond, 2008: 109). Assim, estas experiências e processos de construção de paz desde a base põem em causa o centralismo, o elitismo e a verticalidade das abordagens de gestão de conflitos, que ocultam a dimensão interpessoal e o nível micro social da violência; desafiam o paradigma realista e as noções tradicionais de segurança, demonstrando que há outras vias para a paz e outros espaços, níveis e «frentes» político-sociais

---

[3] Esta realidade vai ao encontro do conceito de Mitchell e Allen-Nan (1997) de *«zones of peace»* (zonas de paz), ou seja, microespaços territoriais, onde se acordaram e estabeleceram algumas formas de regulação e limite aos efeitos destrutivos de um conflito em determinada área e/ou período de tempo.

na superação de um conflito. Põem em evidência que cada um tem um papel a desempenhar na construção da paz num país, que a paz se constrói no dia-a-dia e que os indivíduos e comunidades são, em última instância, os recetáculos das transformações necessárias para a paz positiva e sustentável.

Além do mais, mostram que a paz, em determinados contextos, se constrói contra o Estado, os atores políticos e protagonistas do conflito armado, pondo em causa as suas lógicas, dinâmicas, perceções e leituras do conflito e sublinhando outros elementos, valores e vias para a sua transformação. Da mesma forma, outro elemento que fica estampado na experiência dos Laboratórios da Paz em diversas regiões da Colômbia é a importância da micro territorialidade na construção da paz. Contrariamente ao modelo convencional de gestão de conflitos, que oculta a diversidade no interior dos conflitos armados, tanto em termos territoriais, como sociais, sob o rolo compressor das dinâmicas de poder e a leitura do conflito ao nível das elites políticas e militares, os Laboratórios da Paz mostram a diversidade na unidade. Põem em evidência a existência de dinâmicas regionalmente diferenciadas e de micro conflitos no interior de um macro conflito e que cada território tem as suas próprias características e problemáticas no que toca à construção da paz. Mostram a complexidade e diversidade no terreno e que uma solução política e militar para um conflito não pode ser necessariamente aplicada de forma homogénea e linear ao longo de um território ou a uma população.

Conclusão

Um dos contributos fundamentais dos Laboratórios da Paz para a discussão política e académica sobre a paz, tanto no quadro colombiano, como internacional, é ter enfatizado e posto na agenda outros níveis de violência e outras dimensões e horizontes temporais da construção de paz que as abordagens realistas de gestão de conflitos tendem a desvalorizar ou insistem em não reconhecer. Se Gill Scott Heron cantou um dia *the revolution will not be televised*, o mesmo se pode aplicar ao final de um conflito. A construção da paz é um processo longo, subtil e, por vezes, invisível, que passa pela mudança de cada um, pela transformação das relações sociais e pela mudança das estruturas políticas, económicas e culturais.

Não se pretendeu apresentar a mobilização social para a paz a nível local como uma panaceia. A sociedade civil também encontra várias limitações em termos de construção da paz e transformação de conflitos. Há limites para a capacidade e alcance das organizações e iniciativas da sociedade civil para incidir sobre a dinâmica dos conflitos (Barnes, 2005: 21) e as estruturas que os sustentam, razão pela qual necessitam integrar-se em esforços de transformação a uma escala mais ampla, isto é, a um nível macro. Os governos e os atores de nível superior são fundamentais na resolução e transformação de conflitos. Como observa Jenny Pearce (2007: 29), «sem o apoio ativo de uma autoridade política legítima, as organizações da sociedade civil per si enfrentam grandes dificuldades para conseguir mudanças contextuais mais amplas». Na realidade, a construção de paz desde a base é muito importante para uma paz positiva e sustentável, porém não constitui um substituto para o mais alto nível político de decisão e para negociações nacionais envolvendo o Estado e os grupos armados. A sociedade civil depende em larga medida do Estado e não pode suplantá-lo (Fischer, 2006: 21). Além do mais, as bolsas de paz que criam não são impermeáveis ao ambiente de conflito e à violência cultural que as circundam. A sociedade civil é frequentemente um espelho da sociedade e do Estado onde se insere. Constitui um agente independente de mudança, mas também como um produto das estruturas existentes, razão pela qual é permeável aos seus vícios (Marchetti e Tocci, 2011: 13). Os Laboratórios da

Paz não representaram ilhas de paz, o conflito permeou os seus processos. De facto, como refere Ramsbotham et al. (2005: 229) a construção da paz desde a base está sujeita aos mesmos constrangimentos e dilemas que a construção da paz ao nível das elites e não evita, de nenhuma forma, a complexidade da resolução do conflito.

Portanto, as iniciativas postas em marcha pelos Laboratórios da Paz devem ser entendidas fundamentalmente como micro espaços de experimentação e ação em termos políticos, sociais e económicos e como processos de desenvolvimento e democracia (Econometria, 2007: 13). O seu contributo fundamental é de natureza simbólica e social enquanto instrumentos para manter a esperança viva e abrir caminhos de paz alternativos no meio do conflito e da adversidade. Demonstraram que há outros níveis e vias para a resolução de um conflito para além da assinatura mediática de acordos de paz, que cada um tem um papel na construção da paz e que esta adquire significados, valorações e apropriações distintas em diferentes contextos sociais e territoriais. Puseram em evidência que a paz não tem somente uma dimensão política, militar e nacional, mas também uma componente social, cultural, simbólica e territorial. Há uma pluralidade de «pazes» e de possibilidades de transformação de um conflito; há uma paz a um macro nível e uma paz dos «pequenos nadas».

Desta forma, manifestaram, tanto do ponto de vista concetual, como da prática social, que a construção da paz não se restringe ao centralismo do Estado, aos grupos armados e aos processos de negociação a nível nacional, mas que tem uma expressão social no quadro de processos postos em marcha pelas comunidades (Hernández, 2002: 179), configurando pazes locais com cores, expressões, dimensões, rostos, âmbitos e escalas distintas. Acima de tudo, deve ter-se em conta que a sustentabilidade da paz e da transformação do conflito implica a participação de amplos setores da sociedade. Passa por todas as esferas das relações sociais. Tem uma dimensão macro e micro, estrutural e individual. Utilizando uma metáfora de Lederach (2007: 37), construir a «casa da paz» (*house of peace*) requer um trabalho, tanto no teto, como nos alicerces, tanto no topo, como na base da pirâmide do conflito; todos os níveis são igualmente importantes para que esta se sustenha e não caia (Barreto Henriques, 2011: 174).

Referências bibliográficas

Barnes, Catherine (2005) «Weaving the Web: Civil-Society Roles in Working with Conflict and Building Peace», in Togeren, Van Paul et al. (org.), *People Building Peace II: Successful Stories of Civil Society*. London: Lynne Rienner Publishers, pp. 7-24.

Barreto Henriques, Miguel (2009) «El Laboratorio de Paz del Cauca/Nariño: una salida indígena para la paz en Colombia?», in Restrepo, Jorge; Aponte, David (org.), *Guerra y violencia en Colombia: herramientas e interpretaciones*. Bogotá: Editorial Javeriana.

Barreto Henriques, Miguel (2011) «'Peacebuilding from below' in Colombia: the Peace Laboratories' case-study», in Marchetti, Raffael; Tocci, Nathalia (org.), *Conflict Society and Peacebuilding*. New Delhi: Routledge.

Barreto Henriques (2012) «'Laboratorios de Paz' en territorios de violencia(s) – ¿Abriendo caminos para la paz positiva en Colombia?», Tese de Doutoramento em Política Internacional e Resolução de Conflitos, Universidade de Coimbra, abril.

Blanco, Jesús (2008) «Colombia: ¿Laboratorio? de paz?», *Revista de Periodismo Preventivo*, 9 novembro.

De Roux, Francisco (2002) «Francisco De Roux: una opción por la vida», Entrevista, in Orozco, Cecilia (org.), *Y ahora qué?: Conversaciones con Cecilia Orozco*. Bogotá: El Áncora Editores.

Deutsch, Morton (1991) «Subjective Features of Conflict Resolution: Psychological, Social and Cultural Influences», in Vayrynen, Raimo (org.), *New Direction in Conflict Theory: Conflict Resolution and Conflict Transformation*. London: Sage Publications.

Dunn, David (2005) *The First Fifty Years of Peace Research: A Survey and Interpretation*. Hampshire: Ashgate.

Econometría (2007) «Informe Final: Evaluación de Resultados e Impactos Tempranos del Programa de Paz y Desarrollo y Laboratorio de Paz», Bogotá, março.

Escola de Cultura de Pau (ECP) (2006) «Construyendo Paz en medio de la guerra», dezembro.

Fischer, Martina (2006) «Civil Society in Conflict Transformation: Ambivalence, Potentials and Challenges», Berghof Research Center for Constructive Conflict Management, outubro.

García Durán, Mauricio (2006) *Movimiento por la paz en Colombia, 1978-2003*. Bogotá: CINEP.

Galtung, Johan (1996) *Peace by peaceful means: Peace and Conflict, Development and Civilization*. London: Sage Publications.

González, Fernán; Bolívar, Ingrid; Vázquez, Teófilo (2003) *Violencia Política en Colombia: De la nación fragmentada a la construcción del Estado*. Bogotá: CINEP.

Hernández, Esperanza (2002) «La paz y la no violencia adquieren significado propio en Colombia», *Reflexión Política*, 4(8), UNAB, Colombia.

Kurtenbach, Sabine (2005) «Europe and the Colombian Conflict», *Andean Working Paper*, Inter-American Dialogue, junho.

Lederach, John Paul (1997) *Building Peace. Sustainable Reconciliation in Divided Societies*. Washington DC: United States Institute of Peace Press.

Lederach, John Paul (2003) *The Little Book of Conflict Transformation*. New York: Good Books.

Lederach, John Paul (2008) *La imaginación moral: el arte y el alma de construir la paz*. Bogotá: Grupo Editorial Norma.

Marchetti, Raffaele; Tocci, Nathalie (2009) «Conflict society: understanding the role of civil society in conflict», *Global Change, Peace & Security*, 21(2): 201-217.

McDonald, Geraldine (1997) *Peacebuilding from below. Alternative perspectives on Colombia's peace process*. London: Catholic Institute for International Relations.

McDonald, Geraldine (1998) «Alternative Perspectives on Building Peace in Colombia and El Salvador: An appraisal of the peace processes with special reference to peacebuilding from 'below'». PhD Thesis, Department of Peace Studies, University of Bradford.

Miall, Hugh (2004) «Conflict Transformation: A Multi-Dimensional Task», Berghof Research Center for Constructive Conflict Management.

Mitchell, Christopher (2002) «Beyond Resolution: What Does Conflict Transformation Actually Transform?», *Peace and Conflict Studies*, 9(1), maio.

Mitchell, Christopher; Nan, Susan Allen (1997) «Local peace zones as institutionalized conflict», *Peace Review*, 9(2), junho.

Molano, Alfredo (2009) «30 años de construcción de paz en el Magdalena Medio», Corporación Colombiana de Proyectos Sociales, abril.

Moncayo Javier (1999) «Los proyectos en el PDPMM: Un laboratorio de paz», *Controversia*, 174, junho.

Mouly, Cécile (2011) «Peace Constituencies in Peacebuilding: The Mesas de Concertación in Guatemala», in Pugh, Michael; Cooper, Neil; Turner, Mandy (org.) *Whose Peace? Critical Perspectives on the Political Economy of Peacebuilding*. Houndmills: Palgrave Macmillan.

Moura, Tatiana (2005) «Novíssimas guerras, novíssimas pazes: desafios conceptuais e políticos», *Revista Crítica de Ciências Sociais*, 71: 77-96.

Nan, Susan; Strimling, Allen; Strimling, Andrea (2004) «Track I – Track II Cooperation» Beyond Intractability. Conflict Research Consortium, University of Colorado, (http://www.beyondintractability.org/essay/track_1_2_cooperation/) [13 maio 2009].

Páez, José Antonio (2007) «Los Espacios Humanitarios: Una pedagogía en la vida para la vida» in PNUD, *Sistematización de los procesos de desarrollo económico y social adelantados por el PDPMM entre 1996 y 2006*, Barrancabermeja.

PDPMM (2005) Informe de la Primera Fase del Laboratorio de Paz, Barrancabermeja. PDPMM (2010) (http://www.pdpmm.org.co/FAQs.asp) [21 abril 2010].

Pearce, Jenny (2007) «Violence, Power and Participation: Building Citizenship in Contexts of Chronic Violence», IDS Working Paper 274, Institute of Development Studies, março.

Pureza, José Manuel (2008) «Para que servem os Estudos para a Paz?», Ponencia en el Colóquio Internacional «Caminhos de Futuro: Novos Mapas para as Ciências Sociais», Centro de Estudos Sociais, Coimbra, 21 junho.

Pureza, José Manuel (2009) «Construções Teóricas da Paz», Relatório da Unidade Curricular do Programa de Doutoramento em Política Internacional e Resolução de Conflitos, Coimbra: Faculdade de Economia da Universidade de Coimbra.

Ramsbotham, Oliver; Woodhouse, Tom; Miall, Hugh (2005) *Contemporary Conflict Resolution: The prevention, management and transformation of deadly conflicts*. 2ª ed. Cambridge: Polity Press.

Richmond, Oliver (2008) *Peace in International Relations*. Londres: Routledge.

Rubenstein, Richard (2001) «Basic Human Needs: The Next Steps in Theory Development», *The International Journal of Peace Studies*, 6(1), primavera.

Rudqvist, Anders; Van Sluys, Fred (2005) «Informe Final de Evaluación de Medio Término Laboratorio de Paz del Magdalena Medio», ECO, fevereiro.

Saavedra, María del Rosario; Ojeda, León Diego (2006) Trabajo en Red: Imaginarios conceptuales de paz, desarrollo y región en los programas de la Red Prodepaz, Documentos Ocasionales n. 74, Bogotá: CINEP.

Tocci, Nathalie (2008) «The European Union, Civil Society and Conflict Transformation», MICROCON Policy Working Paper 1, julho.

UNESCO (1945) Acta Constitucional de la Organización de las Naciones Unidas para la Educación, la Ciencia y la Cultura, Paris.

Wallensteen, Peter (2002) *Understanding Conflict Resolution: War, Peace and the Global System*. Londres: Sage Publications.

Woodhouse, Tom (1999) «International Conflict Resolution: Some Critiques and a Response», Centre for Conflict Resolution Working Paper 1, Department of Peace Studies, University of Bradford, junho.

Entrevistas

Ausecha, René (2008) Diretor da ONG COSURCA. Popayán, 15 fevereiro.

Bayona, Manuel (2007) ex Subdirector Técnico do PDPMM. Bogotá, 25 agosto.

Bertolini, Nicola (2007) ex Conselheiro de Cooperação da Delegação da Comissão Europeia na Colômbia. Bruxelas, 27 setembro.

Castilla, Juan de Dios (2007) Diocese de Barrancabermeja. Barrancabermeja: 13 dezembro.

Castillo, Rafael (2008) Sacerdote, Laboratorio de Paz de Montes de María. Bogotá: 26 agosto.

Castrillón, Teresa (2008) Movimiento de Víctimas Ave Fénix, Puerto Berrio: 28 agosto.

De Roux, Francisco (2008) Padre Jesuíta, ex director do PDPMM. Cartagena: 23 janeiro.

Hermes, Aparicio (2007) Espacio Humanitario de Ciénaga del Opón. Barrancabermeja: 12 dezembro.

Hernández, Guillermina (2008) ONG «Merquemos Juntos». Barrancabermeja: 3 setembro.

Katz, Mauricio (2008) ex subdirector do PDPMM. Bogotá: 27 fevereiro.

Montenegro, Gustavo (2008) Fondo Mixto de Cultura de Nariño. Pasto: 10 outubro.

Silva, Pascual (2007) PDPMM. Barrancabermeja: 11 dezembro.

Vargas, Marco Fidel (2007) investigador do CINEP, Bogotá: 23 abril.

Villegas, Miriam (2008) PDPMM, Bogotá: 8 setembro.

Vincenti, Francesco (2008) Asistencia Técnica Internacional ao Segundo Laboratorio de Paz, Bogotá: 26 fevereiro.

DOI | https://doi.org/10.14195/978-989-26-1262-1_4

CAPÍTULO 4
O DIREITO PELA PAZ. CONTRIBUTO PARA A SUPERAÇÃO DA «SÍNDROME DAS DUAS CULTURAS» ENTRE RELAÇÕES INTERNACIONAIS E DIREITO INTERNACIONAL

Mateus Kowalski[1]

Ministério dos Negócios Estrangeiros; Observare |
Universidade Autónoma de Lisboa;
Faculdade de Direito da Universidade Nova de Lisboa
Portal DeGóis: http://www.degois.pt/visualizador/curriculum.
jsp?key=8734750898055045

Resumo: A paz (construída a partir do campo das Relações Internacionais) e o Direito são conceitos e domínios de teorização e construção social antigos. A sua autonomização científica, o seu desenvolvimento concetual ou a sua aquiescência académica e prática nunca foram, nem nunca serão, absolutamente gémeos. O argumento subjacente ao presente estudo é o de que a superação da crise de relacionamento entre a paz e o Direito Internacional exige a visualização da relação por uma perspetiva teórica que receba os impactos da incapacidade de resposta das teorias da paz liberal e dos seus correspondentes no Direito Internacional e que arranque daí para um exercício que,

---

[1] As opiniões expressas neste texto vinculam unicamente o autor e não podem ser atribuídas ou confundidas com as posições de qualquer outra pessoa ou entidade.

por ser feito de outras paisagens – mais micro e em que a emancipação tem um papel central – desafiará o Direito Internacional a ir também em busca de outros referentes. O que poderá resultar numa narrativa pós-positivista do «Direito pela paz».

Palavras-chave: Direito Internacional; Relações Internacionais; paz; Direito pela paz

Abstract: Peace (from the field of International Relations) and Law are old concepts and fields of theorization and social construction. Their scientific autonomy, their conceptual development or their academic and practical acquiescence were never, and never will be, absolutely twins. The argument underlying the present study is that overcoming the crisis of the relationship between peace and international law requires viewing the relationship from a theoretical perspective that receives the impacts of the inability to respond to theories of liberal peace and their correspondents in the International Law. In this way it starts from there for an exercise that, because it is made from other landscapes - more micro and in which emancipation has a central role - will challenge International Law to also look for other referents. This could result in a post-positivist narrative of the «Law for peace».

Keywords: International Law; International Relations; peace; Law for peace

Introdução

A «insularidade académica» entre Relações Internacionais e Direito Internacional (Beck, 1996) redunda no que Young apelidou de «síndrome das duas culturas» (1992). Ambos os domínios científicos sofrem de um certo desalinhamento promovido pelo discurso de autores de cada um dos ramos do saber e também da prática político-diplomática que tende (embora de forma mais moderada) a ter uma perspetiva cartesiana entre discursos diplomáticos jurídicos e políticos. Do lado das Relações Internacionais, em particular no que respeita à teoria da paz, certos autores tendem a olhar para o Direito Internacional como marginal ou como um mito perigoso (Kewenig, 1973). A supremacia dos Estados e a falta de estatuição normativa por impossibilidade de garantir a aplicação de sanções tornariam a normatividade jurídica irrelevante. Outros interrogam--se sobre o verdadeiro contributo do Direito para a paz (Boasson, 1968), designadamente no que respeita à atividade dos tribunais penais internacionais (Meernik, 2005) ou às convenções sobre direitos humanos (Hafner-Burton e Tsutsui, 2007).

Também existe o discurso oposto: a ordem internacional só será verdadeiramente uma ordem, e a sociedade internacional só será uma comunidade quando as relações sociais internacionais forem adequadamente reguladas pelo Direito (Tomuschat, 1994; Fassbender, 1998). Abbott (2005) chega mesmo a descrever os jusinternacionalistas como «arquitetos da governação global». Pelo lado do Direito Internacional, é um facto que as Relações Internacionais são por vezes perspetivadas como um discurso político de contemplação e sem vocação para edificar ou transformar, antes se cingido à apologia da análise *ad nauseam* das relações entre os Estados e das relações de poder a que aqueles estariam condenados a participar. Ainda, é a espaços referido que sendo que a história do Direito pode ser traçada com algum rigor até ao Direito Romano e do Direito Internacional até aos «teólogos juristas» e Grócio nos séculos XVI e XVII, as Relações Internacionais são um domínio novo e ainda imaturo dos anos 1950. Numa perspetiva mais subjetiva, todo este discurso alimenta igualmente um ascendente corporativo pelos cultores do Direito Internacional relativamente às Relações Internacionais. O que, por sua vez, reforça uma reação pelos cultores das Relações Internacionais acenando com a irrelevância do Direito Internacional. Em todo o caso, e conforme observa Pureza, esta «'síndrome das duas culturas' encontra alicerces consistentes na distinta focagem que cada um dos dois olhares perfilha: expositivo e analítico, o das Relações Internacionais, prescritivo ou normativo, o do Direito Internacional» (1998a: 79-80).

A paz (construída a partir do campo das Relações Internacionais) e o Direito são conceitos e domínios de teorização e construção social antigos. A sua autonomização científica, o seu desenvolvimento concetual ou a sua aquiescência académica e prática nunca foram, nem nunca serão, absolutamente gémeos. Contudo, as suas ambições são semelhantes: o bem-estar material e emocional dos seres humanos. Os debates entre realismo e idealismo/liberalismo têm informado pelo menos nos últimos cem anos quer o discurso de Política Internacional e as Relações Internacionais (Richmond, 2008) quer o Direito Internacional (Koskenniemi, 1992), incluindo no domínio das construções teóricas da paz. No que concerne à paz, este é um conceito material estruturado e extraordinariamente multifacetado. Já no que respeita ao Direito Internacional, o seu vasto âmbito material e pessoal, bem como o elevado grau de imperatividade de algumas das suas normas indicam o caminho em direção a um «Direito da Humanidade» (Pureza, 2002). A paz é um conceito que tem evoluído desde a noção da mera paz negativa até à mais atual paz positiva e estruturada (Galtung, 1975; Richmond, 2008). Paz esta, que é composta por vários elementos dos mais diversos domínios e que traduz uma aspiração de bem-estar holístico num ambiente de não-violência. O Direito Internacional pode desempenhar um papel de normatização dos elementos da paz e de garantia da sua efetiva e justa concretização.

O argumento subjacente ao presente estudo é, então, o de que a superação da crise de relacionamento entre a paz e o Direito Internacional exige a visualização da relação por uma perspetiva teórica que receba os impactos da incapacidade de resposta das teorias da paz liberal e dos seus correspondentes no Direito Internacional e que arranque daí para um exercício que, por ser feito de outras paisagens – mais micro e em que a emancipação tem um papel central – desafiará o Direito Internacional a ir também em busca de outros referentes. O que poderá resultar numa narrativa pós-positivista do «Direito pela paz». Esta expressão encerra vários significados. Em primeiro lugar implica uma inversão de perspetiva relativamente à conhecida teoria da «paz pelo Direito» de Kelsen (2008[2]). Depois, e na sequência, indica a paz como referente do Direito Internacional (segundo a paz). Finalmente revela a intencionalidade do Direito como elemento de construção da paz (para a paz).

Assim, num primeiro momento, serão abordadas as dinâmicas contemporâneas entre as narrativas liberais sobre a Paz e sobre o Direito Internacional, descrevendo-as e enunciando alguns dos seus desafios e insuficiências mais decisivos. Num segundo momento, será feita proposta da narrativa do «Direito pela Paz» como alternativa teórica àquela dinâmica liberal, desta feita enquadrada por uma perspetiva pós-positivista radicada essencialmente na teoria crítica. Uma proposta que pode ser um contributo para a superação da «síndrome das duas culturas» entre Relações Internacionais e Direito Internacional.

Dinâmicas contemporâneas entre a paz e o Direito Internacional

A paz liberal enquanto mainstream

Com o final da guerra fria vários autores e políticos declararam a vitória do liberalismo político e económico de matriz ocidental. Fukuyama, representante desta linha de pensamento, chamou-lhe o «fim da história»: *the end point of mankind's ideological evolution and the universalization of Western liberal democracy as the final*

---

[2] A edição original da obra data de 1944.

form of human government (1989: 3). Estava dado o mote para a acoplagem da abordagem liberal à governação global. Mais de vinte anos depois, a ideia de que as democracias liberais são a forma final de governo permanece no pensamento mainstream (Fukuyama, 2010). A narrativa da paz liberal é a construção teórica da paz atualmente dominante e com maior implementação, quer ao nível doutrinal quer em termos de programa político (Richmond, 2005). É a *world's orthodoxy*, na expressão de Mandelbaum (2002: 38). A sua implementação é encarada como não sendo apenas possível mas também desejável. A paz é representada como um processo e um resultado definido por uma grande teoria universal, desenvolvida e implementada de uma forma linear e racional (Richmond, 2008). Um discurso de «fim da história» que aponta para uma muito atrativa «verdade única» universal – a da paz liberal – assente na utilização de conceitos dicotómicos como «paz/guerra» ou «progresso/tragédia», orientando subliminarmente a legitimidade da narrativa. Por outro lado, promete a verdadeira descrição objetiva da realidade e, logo, aponta os elementos da paz única, certificados por um processo de dedução racional.

O otimismo relativamente à capacidade do ser humano em promover uma paz positiva, que não se resuma, portanto, a uma circunstancial ausência de violência armada (como argumenta o realismo), radica não tanto numa mera interpretação idealista da natureza bondosa do ser humano, mas mais na crença na possibilidade de se reunirem condições políticas, económicas e sociais que permitam a paz. Para tanto é necessário que os Estados e as organizações internacionais consigam organizar a ordem pública internacional de forma eficaz para garantir a ausência de violência física e estrutural, num misto de liberdade e coação. Inspirada no pensamento kantiano, a narrativa advoga que tal será melhor conseguido num contexto onde impere o princípio democrático e a economia de mercado, ao nível estadual e também internacional.

O realismo ou mesmo o estruturalismo não desapareceram. Com o final da guerra fria, a «paz liberal» conceptualizada em torno de noções como «democratização», «Estado de Direito», «direitos humanos», «desenvolvimento» ou «segurança» no contexto de um quadro económico globalizado gerido por atores liberais hegemónicos, acaba por sintetizar as preocupações centrais de cada uma daquelas abordagens teóricas à paz (Richmond, 2008). O conceito universal de uma «forma ideal» de paz converteu-se a partir de vários discursos implícitos anteriores sobre a paz num discurso único, explícito e realizável. Este discurso combina vários elementos das várias narrativas da paz, tais como a «paz dos vencedores», a paz enquanto emancipação estrutural ou a paz segundo a abordagem liberal da guerra fria. Registaram-se vários esforços para ir além deste hibridismo da «tradição», como por exemplo, a «paz através da sociedade internacional» (Bull, 2002), as «dimensões normativas da paz» (Beitz, 1979), a «paz institucional» (Keohane, 1984), a «construção social da paz» (Wendt, 1999), a «política económica internacional, integração regional e globalização» (Krasner, 1996), ou o «discurso ambientalista sobre a paz» (Low e Gleeson, 1998). Estes, para além do importantíssimo contributo dos Estudos para a Paz[3].

A paz liberal identifica igualmente uma grande diversidade de atores relevantes para a prossecução da sua agenda. Incluem-se as organizações internacionais, os Estados e diversos atores não-estaduais que intervêm na implementação da paz, incluindo o indivíduo, movimentos da sociedade civil, ou mesmo empresas transnacionais. O indivíduo, titular de direitos ínsitos à sua quali-

---

[3] O contributo dos Estudos para a Paz foi importante para dar à paz do liberalismo – uma narrativa tradicionalmente implícita – as ferramentas académicas e políticas necessárias à sua imposição enquanto forma explícita e dominante de paz. Funcionaram, assim, como uma alavancagem de uma versão ampla e ambiciosa da paz liberal que pudesse ser descrita, modelada e aplicada. Vide, como referência, Galtung (1969).

dade humana, passa a ser um elemento relevante no discurso da paz liberal (embora sem se sobrepor ao Estado). Precisamente, a abordagem liberal à paz foi o ponto de partida de vários autores para o desenvolvimento do seu pensamento na nova era que se iniciou com o final da guerra fria. A preposição de que os regimes democráticos podem significar uma grande evolução nas relações sociais internacionais tornou-se numa premissa essencial do discurso liberal. Ikenberry argumenta que na formação de uma nova ordem o principal problema é resolver as assimetrias de poder emergentes (2001). Já Duffield assinala a radicalização do desenvolvimento no contexto da paz liberal que implica uma transformação das sociedades em desenvolvimento (2001). Para Held, a democracia liberal consegui uma vitória histórica sobre outras formas alternativas de governo (1995), sustentando assim o caminho para uma paz liberal cosmopolita. Por seu turno, Clark defende que a ordem do pós-guerra fria assenta numa espécie de ajuste de paz (2001). Para o autor, a agenda da paz liberal inclui elementos como os direitos humanos, a economia global ou a segurança internacional. Esta paz é possível, mesmo que por vezes esteja assente no uso da força. Por sua vez, Kaldor (2006) assinala as «novas guerras», caracterizadas pelo surgimento de novas ameaças e novos atores com novos meios e novos métodos (Correia, 2002), que ameaçam a paz liberal cosmopolita.

A dimensão liberal do Direito Internacional

O poder estruturante desta nova ideologia liberal que se desenvolve a partir do pós-guerra fria e que hoje assume uma tendência *mainstream* tem expressão atual no Direito Internacional (Koskenniemi, 2005), enquanto pensamento, normas e instituições. Direito Internacional que tem hoje uma tendência universalista e expansionista que serve de suporte à agenda liberal, contribuindo para a sua normativização, incluindo no que respeita à criação de estatuições, sanções e instituições que transportem e deem aplicação àquela agenda.

A doutrina do constitucionalismo global (e suas derivações) é uma forma apologética de ordem pública global, sendo um exemplo paradigmático e atual do pensamento liberal de Direito Internacional. O constitucionalismo global é porventura a mais importante alteração estrutural dos últimos tempos no âmbito da teoria do Direito Internacional, tendo vindo a marcar de forma prevalecente o debate na disciplina (Machado, 2006; Schwöbel, 2010). Esta doutrina do Direito Internacional, hoje bastante difundida, é uma emanação da abordagem universalista de racionalidade objetiva, o que permite uma análise de expressões proeminentes deste discurso de matriz liberal. O constitucionalismo global é, pois, e antes de mais, uma resposta jurídica à globalização. Especialmente após o final da guerra fria, a proposta começou a ser encarada como um corte com o discurso jurídico de perspetiva imediata e ainda centrado na segurança dos Estados, e como um novo fôlego para a construção de uma nova ordem mundial mais ambiciosa: *based on such values as peace, societal well-being, democratization, and human and ecological solidarity*, nas palavras de Falk (1993: 13).

O (res)surgimento desta doutrina acontece num momento de globalização dos fenómenos humanos e de aceleração da história, bem como da deslocalização do processo governativo para níveis além do Estado. É perante a necessidade de complementar o constitucionalismo nacional, numa adequação à realidade globalizada, que surge a proposta do constitucionalismo global. A diluição do poder do Estado noutros níveis políticos para além dele, a exigência cada mais forte da globalização da democracia, do desenvolvimento e do respeito pelos direitos humanos, acorrentada à prática da «boa governação», provocam novas pulsões constituintes, complementando e fazendo infletir as ordens constitucionais nacionais. No fundo, a proposta do constitucionalismo global oferece uma compensação normativa para os défices constitucionais estaduais induzidos pela globalização (Peters, 2009).

Ao se estabelecer uma comparação com o tipo ideal de ordem constitucional – por referência primeira, diga-se, com as ordens jurídico-políticas dos Estados ocidentais de matriz democrática liberal – ao Direito Internacional caberia então, segundo esta doutrina, a função constitucional de limitar o poder ao nível global e controlar a ação política, assegurando igualmente a proteção dos direitos fundamentais dos seus membros, em particular os dos seres humanos. Contudo, aplicar um discurso tão poderoso a um tal sistema de governação global significa atribuir uma aparente autoridade global a instituições como a Organização Mundial do Comércio ou o Conselho de Segurança das Nações Unidas que, na realidade, não reúnem condições de legitimidade constitucional – como sejam a democracia, a garantia de efetivação dos direitos fundamentais ou a separação e interdependência de poderes. Revelar o constitucionalismo global observando o estadual é, portanto, um processo que se arrisca a redundar numa promessa falhada para o Direito Internacional, até porque não é possível estabelecer um paralelo entre as preocupações e os mecanismos de resposta de um e de outro (Uruena, 2009). Trata-se de um discurso que não apenas serve de enquadramento jurídico da globalização como também aproveita a boleia da globalização para refundar o Direito Internacional. Uma refundação que assim fica intimamente ligada à perspetiva liberal que guia a globalização e que induz a produção de Direito Internacional que promova a liberalização (Trachtman, 2009). O que por sua vez faz desequilibrar a balança em favor da atividade industrial e comercial internacional em desfavor do ambiente ou dos direitos humanos. Valerá aqui a pena invocar a crítica mordaz tecida por Zolo na sua obra *Cosmopolis: Prospects for a World Govenment* (1997) à tese que apelidou de «cosmopolitismo jurídico». O autor chama a atenção para o facto da disparidade entre a elite dos poucos países poderosos e ricos e a massa dos países débeis e pobres não poder ser resolvida somente com recurso aos *instruments of institutional engineering and still less through those of 'global constitutionalism'* (1997: 121). Zolo sublinha que mesmo a mais liberal e democrática forma de constitucionalismo global permanecerá uma ficção uma vez que os órgãos com poder coercivo no contexto da ordem internacional coincidem com a estrutura militar constituída por um pequeno grupo de potências que se encontram isentas de qualquer controlo jurisdicional.

No atual quadro das relações sociais internacionais, o projeto arrisca-se a potenciar a dinâmica de lógicas de poder, que já influenciam os mecanismos mais ou menos institucionalizados, mais ou menos informais, das relações sociais internacionais. Neste caso, a intenção da doutrina do constitucionalismo global de limitar o poder e de criar uma dinâmica internacional com primado no Direito pode antes ver-se cooptada – porventura ingenuamente – por outro tipo de interações de poder dominantes. Nomeadamente no que respeita aos interesses das potências, estaduais e não-estaduais, em contextos de desenvolvimento económico elevado ou pelo menos de acentuado crescimento económico. Estes poderes tornar-se-iam monstros Leviatãs ocultados por um manto de legitimidade conferido pelo Direito Internacional. A prevalência do liberalismo traduz-se na estruturação das relações sociais internacionais segundo uma lógica estatocêntrica hierarquizada que evolui num quadro de assimetria de poder. Os reais atores do liberalismo, a elite dos poucos poderosos e ricos a que Zolo se referia (1997), procura influenciar a governação global em função de interesses próprios, formando um «bloco hegemónico» a que já Gramsci (2000) aludia.

Estas conceções liberais refletem uma dupla preocupação no sentido de assegurar um equilíbrio entre Direito e poder, entre legitimação e resistência (Krisch, 2005): por um lado, assegurar um distanciamento entre o Direito e a realidade política que evite a apologia política e a liberdade absoluta do Estado; por outro, a aproximação do Direito à realidade política que evite a utopia de soluções sem correspondência social (Koskenniemi, 2005). Esta, assim assumida, dupla dimensão do Direito Internacional transformou-o num imediato instrumento dos Estados e, cada vez mais, num fator essencial de conformação da sociedade internacional. O facto de o enquadramento ser de assimetria de poder leva a que também aqueles dois eixos de referência se relacionem de forma desequilibrada: a dimensão ético-normativa cede perante as relações de poder. Neste quadro, ao anunciar a legitimidade do equilíbrio, o Direito Internacional acaba afinal por contribuir para a assimetria. É neste sentido que Goldsmith e Posner (2005) argumentam que o Direito Internacional tem pouca relevância no comportamento dos Estados na medida em que estes acabarão sempre por prosseguir os seus interesses individuais. Sem prejuízo do pessimismo exagerado que preside a este juízo, é no entanto indesmentível que os Estados mais poderosos procuram afastar-se das normas que impeçam a prossecução dos seus interesses nacionais, ou não aderindo a elas ou através de interpretações e justificações hábeis mas pouco fundamentadas. O caso da invasão do Iraque em 2003 é um exemplo acabado disso mesmo.

Uma ordem pública internacional plena constrange essa «liberdade» de agir indexada aos seus interesses e ao poder de que disponham. Por isso, um quadro teórico ortodoxo que legitime e perpetue uma desordem internacional controlada interessa aos que depositem a sua segurança e bem-estar no seu poder individual. Na expressão de Wendt, *anarchy is what states make of it* (1992: 391). E grave é que, conforme refere Foucault (1980), o poder e a verdade se alimentam mutuamente.

Uma alternativa: O Direito pela paz

A paz segundo a Teoria Crítica

As abordagens pós-positivistas marcam uma rutura de paradigma com a «tradição» (no sentido de «positivista» ou «ortodoxa», incluindo o realismo, o estruturalismo e o liberalismo). O impulso destas abordagens aplicadas às Relações Internacionais vem beber a outras ciências sociais onde a teoria social crítica se encontra mais desenvolvida e mais presente (George, 1994). Este é, porventura, um dos mais importantes desenvolvimentos na teoria contemporânea das Relações Internacionais: o abandono da apologia do eterno presente e a procura de uma maior riqueza teórica (Pureza, 1999). A paz segundo esta abordagem pós-positivista emerge no contexto de uma ética cosmopolita. Contudo, a perceção da paz através das lentes da teoria crítica (numa linha neokantiana) inclui mas estende-se igualmente além do pensamento da «tradição». O que faz com que as Relações Internacionais, assumindo a sua vertente de ciência social no contexto da teoria crítica, recebam com maior naturalidade os impulsos culturais, sociais, comunicacionais e discursivos como fatores implícitos de paz. A paz construída segundo uma perspetiva pós-positivista, em particular no contexto da teoria crítica, é uma paz emancipadora, do quotidiano e de empatia, assente numa abordagem pós-vestefaliana. Trata-se de uma paz pós-soberana, apesar de absorver aspetos do idealismo, liberalismo e estruturalismo (um sistema comum de paz e emancipação), para produzir uma crítica dura e de amplo espectro. O foco nas questões sobre a marginalização, na inclusão ou na dominação e hegemonia confere à narrativa sobre a paz uma orientação desconstrutiva e emancipatória.

A construção teórica da paz radicada naqueles postulados desenvolve-se, pois, a partir de uma crítica às narrativas de paz da «tradição». Atualmente, a crítica incide em especial sobre a paz liberal – a construção teórica da paz dominante – que atingiu o seu limite de capacidade transformadora devendo agora, e por isso mesmo, ser procuradas alternativas que a superem e deem respostas às atuais necessidades humanas. A teoria crítica, ao desconstruir o discurso da paz liberal, revela o discurso imaginário e até certo ponto falacioso criado pela narrativa liberal com o único propósito de implementar a sua agenda. A abordagem pós-positivista da teoria crítica alerta para a facto de o discurso da paz liberal ser, também ele e como qualquer outro, dotado de subjetividade. A «verdade única» universal anunciada pelo discurso liberal não tem, assim, fundamento epistemológico. Para a teoria crítica, a «tradição» ou a modernidade representam uma epistemologia positiva de paz, que pretende a construção de uma paz positiva descurando os aspetos mais sombrios da modernidade. Neste sentido, o discurso crítico da paz emancipatória obriga a uma complexa consideração de dinâmicas, sujeitos e tópicos que vão para além de um discurso de dicotomias gerido pela ação diplomática (Hoffman, 1987). O contributo da abordagem pela teoria crítica abriu novos horizontes para a teoria da paz através de uma abordagem interdisciplinar centrada numa ontologia de emancipação, transformação e empatia. Uma narrativa que pretende superar definitivamente a «paz do cemitério» como se lhe referia Gramsci (Hoare e Nowell-Smith, 1971).

Na narrativa da teoria crítica sobre a paz sobressaem um conjunto de elementos da paz que podem alimentar de forma sustentada uma abordagem pós-positivista às Relações Internacionais. Um primeiro contributo é a ideia de emancipação como luta pela liberdade contra qualquer forma de hegemonia – uma estrutura social, económica e política que se expressa em normas e mecanismos universais, sejam intergovernamentais ou privados (Devetak, 2009). A noção de emancipação de inspiração pós-positivista assume uma nova dimensão de grande relevância: a de autodeterminação pessoal, i.e. a autoemancipação para além da simples emancipação atribuída por terceiros (Richmond, 2008). A sua importância decorre do seu potencial para a libertação de indivíduos e grupos fragilizados ou marginalizados das condições que os impedem de alcançar a liberdade (Spegele, 2002). Qualquer ser humano pode, em teoria e por referência a diferentes constrangimentos, integrar aquela categoria. Ou, dito de outra forma mais próxima do pensamento da Escola Frankfurt nos seus primórdios, trata-se de um compromisso com a autonomia da humanidade e a negação de qualquer sofrimento humano (Brincat, 2012).

A sua concetualização procura precisamente a libertação da hegemonia que mantém refém uma paz emancipatória. Emancipação que se desenvolve no quotidiano e requere relações de empatia. Adaptando o conhecido adágio de Wendt (1992)[4], poder-se-á dizer que «a paz é o que as elites fazem dela». Este é um aspeto fundamental num processo de crítica e transformação. Os movimentos sociais, bem como o indivíduo – ele próprio ou em grupo – têm uma importante função contra-hegemónica. Neste sentido, a ação comunicativa contempla uma racionalidade comunicativa que permita assegurar um discurso ético entre sujeitos e um acordo para a harmonização de entendimentos sobre o mundo. A perspetiva pós-positivista sobre a paz salienta a pertinência na elaboração do discurso assente numa matriz e num diálogo interdisciplinar. Neste quadro, o Estado soberano é encarado como um obstáculo à emancipação, o que convida à procura de uma abordagem pós--soberanista (Devetak, 2009).

Um segundo contributo a salientar resume-se, pois, na perspetiva pós-soberanista das abordagens pós-positivistas. As relações sociais não se limitam ao Estado. As próprias relações de poder também não: os Estados competem com outros atores, como sejam

---

[4] Que corresponde ao título do seu artigo publicado em 1992 *«Anarchy is what States make of It»* (Wendt, 1992).

os indivíduos, movimentos sociais, empresas transnacionais ou organizações internacionais. Assim, torna-se necessário estender a análise das relações de poder para além do plano do Estado, na medida em que atualmente as relações interestaduais não aglutinam todos os feixes do poder. A própria dicotomia nacional/internacional por referência ao Estado adquire hoje menor importância. A teoria multinível de Habermas (1984, 1987), que foi sendo desenvolvida num sentido pluralista, constitui uma importante base para pensar a organização social no contexto mundial em que se insere o ser humano, combinando níveis de participação diferentes – local, transnacional e global – e assumindo a comunicação de base ética como forma de ligação entre os vários níveis. Estruturas como o Estado e as organizações internacionais não deixam de manter um papel relevante, embora na perspetiva da sua reforma e num quadro subjetivo mais amplo, em que o nível local é mais valorizado assumindo-se como o ponto de partida do discurso.

Um terceiro contributo da abordagem da teoria crítica à paz traduz-se na rejeição do argumento da existência de uma razão universal – a ideia de universalidade radica antes no reconhecimento de diferenças não-redutíveis a partir da qual se desenvolve (Kowalski, 2012). Ou seja, a universalidade não pode por em causa essas diferenças não redutíveis, sendo antes pautada pelas seguintes proposições conjugadas: diferenças não-redutíveis e fenómenos comuns a toda a humanidade que exigem uma resposta coletiva de potencial universal (por exemplo, as alterações climáticas). A questão de saber se as diferentes comunidades sociais estão obrigadas a participar num discurso universal é menos importante do que os debates sobre a natureza de um diálogo autêntico e o seu âmbito subjetivo (Linklater, 1998). A noção de diálogo existe nas diferentes culturas, o que não significa que tenha sempre o mesmo resultado. O universalismo é simultaneamente «tudo o que nos separa e tudo o que nos une». O que deve ser questionado é:

«universalismo» relativamente a quê? A «tradição» responde com as verdades determinadas pela razão. Por seu turno, a teoria crítica, introduzindo o elemento subjetivo, defende que é relativamente a princípios morais que possam ser operacionalizados através da capacidade comunicativa do ser humano, incluindo no quadro de uma arquitetura institucional que poderá ter âmbito universal. O respeito pela diversidade é, pois, da mesma relevância que a solidariedade que decorre da capacidade e necessidade dos seres humanos viverem juntos apesar de todas as suas diferenças. Até porque nenhum grupo consegue a sua emancipação sem a solidariedade de outros (Min, 2005).

Tal como defende Hoffman, a teoria crítica é capaz de resistir ao universalismo enquanto forma de hegemonia procurando antes no conhecimento um caminho para uma forma de universalismo mais representativo (1988). O problema não está, pois, no universalismo em si. Está no uso que pode ser feito do conceito e a apropriação que dele pode ser feita por estruturas de poder, em particular a partir do modelo ocidental de matriz liberal. E a verdade é que a recusa do universalismo assenta as mais das vezes no medo pelo risco que pode comportar ou na falta de confiança na transformação – uma tese trágica, de medo e conspiração própria do realismo, mas também presente em abordagens pós-positivistas. A premissa colocar-se-á a priori de qualquer medo, num sentido positivo: é a existência de uma efetiva base ética comum sobre o ser humano que deve ser reconhecida e preservada. Ela existe, pois, nos seus próprios limites que não devem ser artificialmente ampliados de forma hegemónica para além da diversidade e do pluralismo da realidade social. Logo, é necessária uma resistência ao universalismo racional enquanto forma hegemónica. O que não significa recusar *ab initio* uma forma de interação de pendor universal organizada por estruturas sociais. Existe, assim, relevância na construção de uma base normativa comum relativamente a princípios e factos que tenham expressão coletiva regional ou global.

Finalmente, um outro contributo a salientar, assenta na atitude crítica que tem por objeto essencial a abordagem positivista ao modo de ser da «tradição». Assim, um aspeto epistemológico relevante das abordagens pós-positivistas é o da sua adesão à desconstrução enquanto processo analítico (num quadro evidentemente mais amplo de metodologias aplicáveis no âmbito pós-positivista). A capacidade de crítica aos fundamentos de teorias ou discursos é ampliada através de um processo de desconstrução. A desconstrução tem um alcance particular de rutura com a modernidade ao procurar o significado para além de oposições binárias como bem/mal, verdadeiro/falso ou causa/efeito, entre outras. Burman e MacLure, com inspiração em Derrida, ajudam a perceber do que se trata a desconstrução ao definirem-na como

> *the act of bringing pressure to bear on the cherished oppositions that are woven into texts, forcing/allowing them to reveal their blind spots [...] where the integrity of the oppositions is fatally compromised.* (Burman e MacLure, 2005: 285)

Donde resulta que a desconstrução permite que um dado domínio científico possa ser interpretado como um texto, dando aso a um debate sobre o seu significado, conhecendo de antemão os problemas que decorrem da abordagem positivista sobre a razão e sobre o discurso formado por oposições binárias (George, 1994). A crítica está certamente comprometida com a desconstrução, mas também o deve estar com a reconstrução (Nunes, 2012). Ou seja, a desconstrução não deve significar a desagregação dos elementos do discurso no sentido da sua eliminação. Trata-se antes de analisar o discurso em todo o seu âmbito e profundidade, desocultar afloramentos de poder para então construir um discurso que clarifique e se oponha a relações assentes no poder e interesses egoístas, e assim voltado para a emancipação. Posto isto, verifica-se então que é possível identificar na narrativa sobre a paz da teoria crítica um conjunto de referentes que sirvam de base para confrontar e transformar outros discursos, em particular sobre o Direito Internacional. Referentes ontológicos e epistemológicos que podem efetivamente conferir maior solidez e abertura a outras narrativas a partir da variável paz.

Uma nova dinâmica do Direito pela paz

Estes novos impulsos teóricos nas Relações Internacionais e, em particular, na teoria da paz, podem ser uma base para novos impulsos ao nível do Direito Internacional, na medida em que ambos são ciências que têm por objeto a política e a organização da sociedade internacional. A concetualização da paz segundo um modo pós--positivista, por via da teoria crítica alimentada por elementos do pós-estruturalismo, e as suas representações justapõem-se e estendem as conceções de paz da «tradição», oferecendo, assim, uma abordagem mais sofisticada à construção teórica da paz. Alicerçada deste modo, poderá tornar-se na ontologia das Relações Internacionais (Richmond, 2008). Porventura, poderá ainda assumir-se como elemento estruturante da ontologia de um novo Direito Internacional, ou talvez melhor, de um novo Direito internacionalizado. Em refluxo, este Direito pode ser um projeto ético-normativo transformador que transporte a agenda da paz de pendor pós-positivista, sabendo que o Direito é um poderoso fator de explicitação do comportamento social e da sua normatização. Como recorda Luhmann, «o direito é, enquanto elemento indispensável da estrutura social, sempre e simultaneamente causa e efeito» (1985: 227).

O Direito Internacional contemporâneo precisa de se transformar e as perspetivas da paz segundo uma abordagem pós-positivista oferecem referentes para uma ontologia e uma epistemologia ambiciosas e sedutoras, subordinadas a uma teoria que é informada por postulados que dão ao Direito Internacional pontos de referência para a resposta às suas insuficiências teóricas. Elementos ontológicos do discurso crítico sobre a paz como a ideia de «comunidade moral internacional» (Linklater, 1996) servem como alavanca de afirmação do elemento ético no contexto de um Direito Internacional universal em processo de institucionalização, socialização e humanização (Carrillo Salcedo, 1984), e que encerra um enorme potencial transformador. De igual modo, a densificação do conceito de «património comum da humanidade» traduz uma mudança no paradigma liberal da apropriação nacional do que é comum para uma solução comunitarista do património material e ético da humanidade (Pureza, 1998b). Por seu turno, do ponto de vista epistemológico, será de rejeitar uma análise unicamente racional e objetiva, que priorize os factos, própria das ciências experimentais. Antes, importa analisar um contexto e abri-lo a perceções e representações diversas que permitam levá-lo além da verdade única e encontrar «outra verdade» normativa. A professa racionalidade neutra do Direito Internacional contradiz a própria *raison d'être* do Direito: a regulação social que espelhe num dado momento histórico os valores e as opções sociais. Pelo contrário, existe uma ideologia e um contexto axiológico--normativo que o legislador e o aplicador desse Direito devem ter bem presentes, na altura de legislar ou de aplicar o Direito – o que desfaz o mito da neutralidade.

O vasto campo teórico em que se situam esta paz e este Direito de inspiração pós-positivista, bem como o seu descomprometimento com orientações políticas pré-estabelecidas permitem a construção de um quadro teórico novo radicado em ideias orientadoras e estruturantes, com uma ontologia transformadora e uma hermenêutica jurídica específica afastada da obsessão pela procura da verdade única e universal. Identificados e acolhidos os referentes de uma narrativa da paz de teor pós-positivista, trata-se, pois, de a acoplar ao Direito Internacional numa intenção de emancipação e de dinamização do progresso – de que as relações sociais internacionais atuais tanto carecem – cuja validade e legitimidade enquanto ciência jurídica já não são aferidas em função de uma pura racionalidade universal. As ideias passam a adquirir uma relevância primordial como fator explicativo das relações sociais da humanidade por contraponto ao recurso aos conceitos de poder e de interesse nacional, tão caros ao realismo e ainda bem presentes no liberalismo (embora de forma mais discreta). Assim também, num outro Direito de dimensão internacional – pensamento, normas e instituições – as dimensões ética e axiológica assumirão uma acrescida relevância como fator de análise, explicação e transformação. A realidade não é fixa e imutável, indexada a um eterno estado de natureza. Depende, antes, largamente, do contexto social num dado momento histórico.

Este novo paradigma jurídico-internacional assenta numa base ética de mínimo comum a toda a humanidade. A base ética de mínimo comum traduz-se em valores, princípios jurídicos e direitos presentes de forma transversal nas várias comunidades socioculturais, onde, salvo alguma anomalia individual, são aceites (Kowalski, 2014). A denominação, o conteúdo, bem como a sua interpretação e aplicação podem variar. Mas a essência jurídico-filosófica daqueles princípios é comum. Conforme sublinha Kartashkin,

> *toutes les cultures et civilisations partagent, dans leurs traditions, coutumes, religions et croyances, un ensemble commun de valeurs traditionnelles qui appartiennent à l'humanité dans son ensemble.*
> (Kartashkin, 2011: 7)

De uma forma naturalmente brevíssima, enunciam-se aqui quatro desses postulados axiológico-normativos: os princípios da humanidade, da dignidade humana e da justiça, assim como a expectativa jurídica à paz. A fundamentalidade destes núcleos éticos justifica a necessidade de partirem do nível local para o nível global passando pelo nível translocal. Cada nível jurídico pode relacionar-se com qualquer um dos outros dois. Os sujeitos do nível local são, para além do Estado, os sujeitos intraestaduais – os sujeitos de base. E são não apenas os Estados, mas também esses sujeitos de base que podem comunicar autonomamente no espaço dos níveis translocal e global com quaisquer outros sujeitos. As instituições de cada um desses espaços funcionam como medidores da comunicação da qual podem resultar normas jurídicas de âmbito limitado à relação jurídica em causa e à matéria que essa relação pode regular de forma adequada sem prejudicar outros sujeitos ou comunidades e sem se sobrepor às relações jurídicas estabelecidas a nível global (no caso translocal) ou nos níveis global e translocal (no caso local). Esta ordem jurídica multinível e de orientação pluralista poderá ser designada por «Direito da Humanidade» ou apenas «Direito». É, deste modo, reconhecida à comunidade humana uma capacidade auto constituinte, em que a divisão artificial entre o «nacional» e o «internacional» se esbate e a ordem pública da humanidade integra todas as esferas jurídicas subordinadas (Allot, 1999).

Transpondo estas ideias para a esfera jurídica de concretização prática é de sublinhar, desde logo, a importância em se manterem fóruns de discussão e canais de comunicação abertos, alguns institucionalizados mas que não se encontrem centrados nos Estados, ao mesmo tempo que se permitem as condições sociais, políticas e económicas para que cada comunidade possa ela própria satisfazer as suas necessidades essenciais – a assistência solidária de todas as comunidades é aqui essencial (aquilo a que se poderia designar por auxílio humanitário, com incidência na decisão local no sentido da máxima autoemancipação). Ademais, tal implica uma verdadeira democratização das tomadas de decisão aos níveis local, translocal e global, incluindo no que respeita à sua representatividade e transparência, e a um maior envolvimento democrático de todos em cada um destes níveis. Este processo leva, igualmente, ao esbatimento do elemento «medo» no discurso por terceiros que dominem o processo de comunicação e governação e, logo, a uma menor manipulação das comunidades e do indivíduo em função de uma construção trágica do presente e do futuro onde emergem «elites salvadoras».

Com a desconstrução da realidade, um discurso pós-positivista partilhado pela paz e pelo Direito pretende tornar visíveis relações, estruturas e interesses ocultos, e denunciar a ordem estabelecida (edificada segundo a perspetiva dos mais favorecidos) anunciando uma ordem de liberdade e igualdade em que se apontam as possibilidades de transformação social em benefício dos mais desfavorecidos, corrigindo as desigualdades de oportunidades. A ideia de emancipação convoca pois uma preocupação especial com situações de desigualdade, marginalização, exclusão e dominação. Tudo isto se traduz numa agenda, do Direito e da paz, com muitos elementos comuns, senão mesmo partilhada. Uma abordagem pós-positivista permite uma crítica mais desprendida de pré-condições que pode, portanto, vasculhar de forma mais livre e profunda o sistema liberal vigente e as dinâmicas de poder que o caracterizam. Esta capacidade de desconstrução permite, por seu lado, uma agenda mais rica e ambiciosa de olhos postos, já não no eterno presente, mas no futuro, incluindo nas gerações vindouras. Embora a potencialidade das abordagens pós-positivistas assente, num primeiro momento, na sua disponibilidade para a desocultação através da crítica e da desconstrução, ela não pode ficar por aí. A sua capacidade transformadora apenas se pode realizar com uma agenda própria (Keohane, 1988). A paz, enquadrada também ela numa perspetiva emancipadora, pode servir como um importante referente na construção da agenda – de investigação e de ação – de um novo Direito que consiga, deste modo, acolher as ansiedades humanas contemporâneas e oferecer-lhes também uma resposta jurídica integrada. Esta será uma agenda muito ampla do ponto de vista material, que cobre quase todos os fenómenos humanos. Uma agenda de leitura ética, com justiça, normatização, combate às desigualdades no acesso aos recursos, discurso, conhecimento, e muito especialmente resistência à hegemonia e a uma governação global dominada por lógicas de poder.

Conclusão

O «fim da história» anunciado com pompa após a guerra fria mostrou-se afinal não mais do que um discurso triunfalista ocidentalizado. O modelo «ideal» de sociedade – o de matriz liberal ocidental – não se globalizou espontaneamente pela aceitação da sua suposta manifesta superioridade ética e funcional. O modelo foi apenas sendo parcialmente propagado enquanto prescrição para o mal dos Estados em desenvolvimento e em colapso da periferia. Uma prescrição que assume por vezes um caráter coercivo e com efeitos secundários graves, em que o consentimento do «paciente» se vê frequentemente ultrapassado pelos interesses dos prescritores da intervenção de regeneração social. No fundo, uma política de paz com tiques hegemónicos. Esta política de paz encontra conforto normativo no discurso de Direito Internacional atualmente dominante – manifestamente expansionista e seletivo – também ele alimentado em boa medida por interesses individualizados e relações de poder. A constitucionalização global da paz – o resultado desta relação entre paz e Direito Internacional –, veio potenciar as insuficiências e contradições do modelo da paz liberal.

O presente estudo conclui que existe uma dinâmica implícita entre os discursos da paz e do Direito, e que essa dinâmica se encontra atualmente em crise. O estudo apresenta igualmente a proposta da narrativa do «Direito pela Paz», de base pós-positivista, como uma alternativa teórica viável para a relação entre as duas variáveis no contexto de uma «comunidade moral». Uma narrativa alternativa que pode ter efeitos concretos positivos na superação do modelo liberal vigente, em direção a uma paz emancipatória, empática e do quotidiano, reforçada por um Direito dotado de idênticos referentes ontológicos e epistemológicos. Por ora, não se pretende mais do que propor algumas linhas que poderão eventualmente ser aproveitadas para organizar um discurso de aplicação da narrativa do Direito pela Paz. Uma agenda de investigação-ação do Direito pela Paz terá assim, e necessariamente, pelo menos cinco grandes objetivos: desocultar as relações de poder enquanto elemento discursivo de perceção e organização das relações socias; potenciar a capacidade de autoemancipação; afirmar a paz como ontologia; afirmar um novo Direito da Humanidade como veículo de organização, normatização e transformação; bem como reforçar a interdisciplinaridade como abordagem preferencial da produção de conhecimento.

A relação entre Relações Internacionais e Direito Internacional demonstra, assim, ser genética num espaço pós-positivista. Através de uma narrativa teórica da paz de pendor pós-positivista, a «insularidade académica» desvanece-se e a «síndrome das duas culturas» transforma-se numa abordagem interdisciplinar ao Direito Internacional e às Relações Internacionais, beneficiando igualmente de uma vasta gama de áreas científicas do campo das ciências sociais, incluindo a Sociologia, a História ou a Economia. Deixam de ser polos opostos e passam a ser variáveis de uma abordagem comum jurídica e política à realidade social da qual emergem.

Referências bibliográficas

Abbott, Kenneth (2005) «Toward a Richer Institutionalism for International Law and Policy», *Journal of International Law and International Relations*, 1: 9-34.

Allot, Philip (1999) «The Concept of International Law», *European Journal of International Law*, 10(1): 31-50.

Beck, Robert (1996) «International Law and International Relations: The Prospects for Interdisciplinary Collaboration» in Beck, Robert et al. (org.), *International Rules: Approaches from International Law and International Relations*. Oxford: Oxford University Press, 3-30.

Beitz, Charles (1979) *Political Theory and International Relations*. Princeton: Princeton University Press.

Boasson, Charles (1968) «The Place of International Law in Peace Research», *Journal of Peace Research*, 5: 28-43.

Brincat, Shannon (2012) «On the Methods of Critical Theory: Advancing the Project of Emancipation beyond the Early Frankfurt School», *International Relations*, 26(2): 218-245.

Bull, Hedley (2002) *The Anarchical Society: A Study of Order in World Politics*. New York: Palgrave.

Burman, Erica; MacLure, Maggie (2005) «Desconstruction as a Method of Research» in Somekh, Bridget; Lewin, Cathy (org.), *Research Methods in the Social Sciences*. London: Sage Publications, 284-292.

Carrillo Salcedo, Juan (1984) *El Derecho Internacional en un Mundo en Cambio*. Madrid: Tecnos.

Clark, Ian (2001) *The Post-Cold War Order: The Spoils of Peace*. Oxford: Oxford University Press.

Correia, Pedro de Pezarat (2002) *Manual de Geopolítica e Geoestratégia: Conceitos, Teorias e Doutrinas*. Coimbra: Quarteto Editora.

Devetak, Richard (2009) «Critical Theory» in Burchill, Scott; Linklater, Andrew (org.), *Theories of International Relations*. London: Macmillan, 183-211.

Duffield, Mark (2001) *Global Governance and the New Wars: The Merging of Development and Security*. London: Zed Books.

Falk, Richard (1993) «The Pathways of Global Constitutionalism» in Falk, Richard et al. (org.), *The Constitutional Foundations of World Peace*. Albany: State University of New York Press, 13-38.

Fassbender, Bardo (1998) *UN Security Council Reform and the Right of Veto: A Constitutional Perspective*. The Hague: Kluwer Law International.

Foucault, Michel (1980) «Truth and Power», in Collin Gordon (org.), *POWER/ KNOWLEDGE Selected Interviews and Other Writings 1972-1977 Michel Foucault*. New York: Pantheon Books.

Fukuyama, Francis (1989) «The End of History?», *The National Interest*, 16: 3-18.

Fukuyama, Francis (2010) «The 'End of History' 20 Years Later», *New Perspective Quarterly*, 27 (1): 7-10.

Galtung, Johan (1969) «Violence, Peace and Peace Research», *Journal of Peace Research*, 6(3): 167-191.

Galtung, Johan (1975) *Essays in Peace Research*. Copenhagen: Christian Ejlers.

George, Jim (1994) *Discourses of Global Politics: A Critical (Re)Introduction to International Relations*. Boulder: Lynne Rienner.

Goldsmith, Jack; Posner, Eric (2005) *The Limits of International Law*. Oxford: Oxford University Press.

Gramsci, Antonio (2000) «Selected Writings, 1916-1935», in Forgacs, David (org.), *The Antonio Gramsci Reader*. New York: Schocken Books.

Habermas, Jürgen (1984) *The Theory of Communicative Action: Reason and the Rationalization of Society*. Boston: Beacon Press.

Habermas, Jürgen (1987) *The Theory of Communicative Action: Lifeworld and System – a Critique of Functionalist Reason*. Boston: Beacon Press.

Hafner-Burton, Emilie; Tsutsui, Kiyoteru (2007) «Justice Lost! The Failure of International Human Rights Law to Matter Where Needed Most», *Journal of Peace Research*, 44(4): 407-425.

Held, David (1995) *Democracy and the Global Order: From the Modern State to Cosmopolitan Governance*. Stanford: Stanford University Press.

Hoare, Quentin; Nowell-Smith, Geoffrey (org.) (1971) *Selections from the Prison Notebooks of Antonio Gramsci*. London: Lawrence & Wishart.

Hoffman, Mark (1987) «Critical Theory and the Inter-Paradigm Debate», *Millennium – Journal of International Studies*, 16(2): 231-250.

Hoffman, Mark (1988) «Conversations on Critical Theory», *Millennium – Journal of International Studies*, 17(1): 91-95.

Ikenberry, John (2001) *After Victory: Institutions, Strategic Restraint, and the Rebuilding of Order after Major Wars*. Princeton: Princeton University Press.

Kaldor, Mary (2006) *New and Old Wars: Organized Violence in a Global Era*. Cambridge: Polity Press.

Kartashkin, Vladimir (2011) «Étude Préliminaire de la Façon dont une Meilleure Compréhension des Valeurs Traditionnelles de l'Humanité peut Contribuer à la Promotion des Droits de l'Homme et des Libertés Fondamentales», United Nations General Assembly Document A/HRC/AC/8/4 of 12 December 2011.

Kelsen, Hans (2008) *Peace Through Law*. Clark: The Lawbook Exchange.

Keohane, Robert (1984) *After Hegemony: Cooperation and Discord in the World Political Economy*. Princeton: Princeton University Press.

Keohane, Robert (1988) «International Institutions: Two Approaches», *International Studies Quarterly*, 32(4): 379-396.

Kewenig, Wilhelm (1973) «The Contribution of International Law to Peace Research», *Journal of Peace Research*, 10: 227-234.

Koskenniemi, Martti (1992) *International Law*. Aldershot: Dartmouth Publishing Company.

Koskenniemi, Martti (2005) *From Apology to Utopia: The Structure of International Legal Argument*. Cambridge: Cambridge University Press.

Kowalski, Mateus (2012) «A 'Ordem Pública Universal' como o Fim da História? Universalização e Dilemas na Codificação e Desenvolvimento do Direito Internacional», *Boletim da Faculdade de Direito da Universidade de Coimbra*, 88: 857-880.

Kowalski, Mateus (2014) «As Águas Turbulentas do Tribunal Penal Internacional. Combate Universal à Impunidade ou Universalização Liberal?», *JANUS.NET e-Journal of International Relations*, 5(1): 15-32.

Krasner, Stephen (1996) «The Accomplishments of International Political Economy» in Smith, Steve et al. (org.), *International Theory: Positivism and Beyond*. Cambridge: Cambridge University Press, 108-127.

Krisch, Nico (2005) «International Law in Times of Hegemony: Unequal Power and the Shaping of the International Legal Order», *European Journal of International Law*, 16(3): 369-408.

Linklater, Andrew (1996) «The Achievements of Critical Theory» in Smith, Steve et al. (org.), *International Theory: Positivism and Beyond*. Cambridge: Cambridge University Press, 279-298.

Linklater, Andrew (1998) *The Transformation of Political Community: Ethical Foundations of the Post-Westphalian Era*. Columbia: University of South Carolina Press.

Low, Nicolas; Glesson, Brendan (1998) *Justice, Society and Nature: An Exploration of Political Ecology*. London: Routledge.

Luhmann, Niklas (1985) *A Sociological Theory of Law*. London: Routledge & Kegan Paul.

Machado, Jónatas (2006) *Direito Internacional: Do Paradigma Clássico ao Pós-11 de Setembro*. Coimbra: Coimbra Editora.

Mandelbaum, Michael (2002) *The Ideas that Conquered the World: Peace, Democracy, and Free Markets in the Twenty-First Century*. New York: Public Affairs.

Meernik, James (2005) «Justice and Peace? How the International Criminal Tribunal Affects Societal Peace in Bosnia», *Journal of Peace Research*, 42(3): 271-289.

Min, Anselm (2005) «From Difference to the Solidarity of Others», *Philosophy and Social Criticism*, 31(7): 823-849.

Nunes, João (2012) «Reclaiming the Political: Emancipation and Critique in Security Studies», *Security Dialogue*, 43(4): 345-361.

Peters, Anne (2009) «The Merits of Global Constitutionalism», *Indiana Journal of Global Legal Studies*, 16(2): 397-411.

Pureza, José Manuel (1998a) «O Lugar do Direito num Horizonte Pós-Positivista», *Política Internacional*, 2(18): 79-91.

Pureza, José Manuel (1998b) *O Património Comum da Humanidade: Rumo a um Direito Internacional da Solidariedade?* Porto: Edições Afrontamento.

Pureza, José Manuel (1999) «O Príncipe e o Pobre: o Estudo das Relações Internacionais entre a Tradição e a Reinvenção», *Revista Crítica de Ciências Sociais*, 52/53: 363-376.

Pureza, José Manuel (2002) «Ordem jurídica, Desordem Mundial: um Contributo para o Estudo do Direito Internacional», *Revista Crítica de Ciências Sociais*, 64: 3-40.

Richmond, Oliver (2005) *The Transformation of Peace*. New York: Palgrave.

Richmond, Oliver (2008) *Peace in International Relations*. Abingdon: Routledge.

Schwöbel, Christine (2010) «Organic Global Constitutionalism», *Leiden Journal of International Law*, 23(3): 529-553.

Spegele, Roger (2002) «Emancipatory International Relations: Good News, Bad News or No News at All?», *International Relations*, 16(3): 381-401.

Tomuschat, Christian (1994) «Obligations Arising for States Without or Against their Will», Recueil des Cours de l'Académie de Droit International de la Haye, Tomo 241-1993 (IV). Dordrecht: Martinus Nijhoff Publishers, 194-374.

Trachtman, Joel (2009) «Constitutional Economics of the World Trade Organization» in Dunoff, Jeffrey; Trachtman, Joel (org.), *Ruling the World? Constitutionalism, International Law, and Global Governance*. Cambridge: Cambridge University Press, 206-229.

Uruena, Rene (2009) «Espejismos Constitucionales: La Promessa Incumplida del Constitucionalismo Global», *Revista de Derecho Publico*, 24: 3-23.

Wendt, Alexander (1992) «Anarchy is what States Make of It: The Social Construction of Power Politics», *International Organization*, 46(2): 391-425.

Wendt, Alexander (1999) *Social Theory of International Politics*. Cambridge: Cambridge University Press.

Young, Oran (1992) «Elements of a Joint Discipline», *Proceedings of the Annual Meeting of the American Society of International Law*, 86: 172-175.

Zolo, Danilo (1997) *Cosmopolis: Prospects for World Government*. Cambridge: Polity.

DOI | https://doi.org/10.14195/978-989-26-1262-1_5

CAPÍTULO 5
OS DESAFIOS DA PAZ E DA GUERRA NO SUDÃO: UMA VISÃO CRÍTICA DAS ESTRATÉGIAS DOMINANTES DE RESOLUÇÃO DE CONFLITOS E *PEACEBUILDING*

Daniela Nascimento
Universidade de Coimbra, Centro de Estudos Sociais,
Faculdade de Economia
ORCID: https://orcid.org/0000-0001-9521-6047

Resumo: Apesar de nas últimas décadas ter havido um reconhecimento crescente da complexidade dos conflitos violentos contemporâneos, persiste uma certa tendência para sublinhar a centralidade das causas mais superficiais e imediatas dos conflitos e para negligenciar as causas mais estruturais dos mesmos. Do ponto de vista dos modelos de resolução e resposta a esses conflitos, as abordagens dominantes têm contribuído para a cristalização de uma agenda limitada de prioridades que favorece propósitos de estabilização política e secundariza garantias de natureza económica e social. Partindo deste enquadramento e focando-se especificamente no conflito Norte-Sul do Sudão entre 1955 e 2009, o objetivo deste capítulo é, por um lado, identificar e discutir as explicações dominantes sobre o conflito e, por outro lado, analisar criticamente o papel das estratégias dominantes de resposta ao mesmo, sublinhado a sua agenda limitada de prioridades e a forma como foram contribuindo para uma certa invisibilização das causas mais complexas que sustentaram (e sustentam ainda) as dinâmicas de conflito nestes territórios. Com esta análise, argumenta-se que estratégias de paz eficazes neste quadro de conflitualidade implicam a desconstrução de imagens simplistas sobre os conflitos e uma resposta mais direcionada às desigualdades estruturais que normalmente caracterizam estes contextos.

Palavras-chave: Sudão; Sudão do Sul; paz; violências; *peacebuilding*

Abstract: Despite a growing recognition in recent decades of the complexity of contemporary violent conflicts, there is a tendency to underline the centrality of the most superficial and immediate causes of conflicts and to neglect their most structural causes. From the point of view of models for resolving and responding to these conflicts, the dominant approaches have contributed to the crystallization of a limited agenda of priorities that favours purposes of political stabilization and secondary guarantees of an economic and social nature. Starting from this framework and focusing specifically on the North-South conflict in Sudan between 1955 and 2009, the objective of this chapter is, on the one hand, to identify and discuss the dominant explanations of the conflict and, on the other hand, to critically analyze the role of dominant strategies for responding to it, underlining their limited agenda of priorities and the way they have contributed to a certain invisibility of the most complex causes that sustained (and still sustain) the dynamics of conflict in these territories. With this analysis, it is argued that effective peace strategies in this context of conflict imply the deconstruction of simplistic images about conflicts and a more targeted response to the structural inequalities that normally characterize these contexts.

Keywords: Sudão; South Sudan; peace; violences; *peacebuilding*

When you leave a person in his or her place, there is peace,
but when you displace a person from his or her place, problems
will start. When a person is not in his place, has no food, has no
shelter, has no school, has no health service, there are looming
problems and this is the beginning of war.
(Cardinal Zubeir Wako, Catholic Archbishop of Khartoum)

Na investigação mais recente e, de certa forma, dominante na área dos Estudos para a Paz, a análise e interpretação dos conflitos violentos tornou-se um exercício por vezes excessivamente simplista. Olhando à distância e a partir de um posicionamento essencialmente ocidental, desenvolvido e relativamente confortável do ponto de vista socioeconómico, a nossa capacidade para compreender totalmente os conflitos violentos pode ser surpreendentemente limitada e até perversa. De facto, é mais fácil encarar estes conflitos violentos como lutas bárbaras inevitáveis entre grupos que não podem coexistir num mesmo espaço em virtude das suas diferenças étnicas, religiosas ou culturais ancestrais. Ao mesmo tempo, este tipo de análises acaba por ser confortável na medida em que alimenta a ideia de que não há muito que possamos fazer para prevenir ou resolver estes conflitos ou, pelo menos, de que a nossa capacidade para nos envolvermos deve ser limitada. Neste sentido, as ações levadas a cabo por parte de atores externos tendem a conter artificialmente tensões que, de acordo com estas perspetivas dominantes, mais cedo ou mais tarde resultarão em violência e conflito. Contrariando essa tendência, e partindo da análise do conflito Norte-Sul no Sudão, até ao momento da secessão e consequente independência do Sul, este capítulo parte de um pressuposto e posicionamento distintos e sugere uma abordagem alternativa tanto às causas dos conflitos como às estratégias de resolução destes conflitos, particularmente em sociedades marcadas por uma forte diversidade etno-religiosa.

De facto, apesar de um número importante de conflitos armados contemporâneos se caracterizar por indiscutíveis dimensões étnicas ou religiosas, deve igualmente reconhecer-se que incorporam dinâmicas e causas políticas, sociais e económicas (Jeong, 2008: 9). Deste modo, a perceção progressiva sobre a ameaça que os conflitos violentos internos, na sua maioria concentrados no continente Africano, colocam à paz e segurança internacionais levou a que os países mais desenvolvidos tomassem consciência da importância de conter e resolver estas situações de violência interna (Duffield, 2001). O final da guerra fria marca claramente o início do reforço de um conjunto de formas de intervenção internacional em cenários caracterizados por conflito violento interno e duradouro. Esta espécie de «novo intervencionismo» caracteriza-se, na visão de autores como Mark Duffield, por uma visão algo simplista e perversa da periferia do sistema global como uma espécie de falhanço do projeto da modernidade (Duffield, 2001). De acordo com esta visão, o resultado deste tipo de intervenção tem sido a multiplicação dos designados «estados falhados» os quais criam as condições para a emergência das «novas guerras», maioritariamente internas e caracterizadas por novos atores e novas formas de violência (Kaldor, 1999). O diagnóstico externo destas «novas guerras» deu lugar a uma também inevitável terapia externa destinada a conter a instabilidade e a violência nessa mesma periferia. A definição e implementação de modelos e estratégias de resolução de conflitos e *peacebuilding* tem sido, assim, um traço característico da década de 1990, mas tem igualmente sofrido importantes mudanças e desenvolvimentos de acordo com as necessidades e prioridades dos principais atores externos envolvidos.

Ainda que reconhecendo a importância destes desenvolvimentos para as dinâmicas de resposta à violência e a conflitos violentos internos, neste capítulo apresentamos uma análise e avaliação críticas dessas abordagens à paz e aos conflitos caracterizadas por processos acelerados de transformação destas sociedades em democracias liberais e economias de mercado, resultando, a nosso ver, numa estratégia limitada e frequentemente contrária aos objetivos de promoção da paz e estabilidade (Dodson, 2006: 245). De facto, tanto na teoria como na prática dominantes em termos de resolução de conflitos e *peacebuilding*, por exemplo, o papel das desigualdades socioeconómicas e, consequentemente, o caráter fundamental dos direitos de natureza económica e social são, frequentemente, negligenciados em detrimento de uma ênfase quase exclusiva nos processos de democratização assentes nos direitos e garantias civis e políticas. Ao apresentar estas abordagens como limitadas e insuficientes tanto na identificação e reconhecimento das causas mais profundas dos conflitos como na definição de respostas mais eficazes às necessidades mais profundas das populações afetadas pelas dinâmicas de violência, partimos do pressuposto de que para melhor e mais eficazmente promover uma paz sustentável nestes contextos se torna fundamental um diagnóstico rigoroso das causas múltiplas e complexas destes conflitos. Nestes contextos tal inclui, acima de tudo, uma análise aprofundada da situação em termos de direitos e garantias económicas e sociais dos diferentes grupos.

A análise empírica deste capítulo centrar-se-á no conflito entre o Norte e o Sul do Sudão e que opôs, durante várias décadas, o governo muçulmano de Cartum aos rebeldes do Movimento Popular de Libertação do Sudão (SPLM/A) e relativamente ao qual as narrativas sobre o conflito se têm cingido a interpretações simplistas baseadas nas diferenças religiosas entre as partes beligerantes e que, de alguma maneira, foram alimentando as próprias dinâmicas de conflito e violência. Após várias décadas de esforços políticos e diplomáticos visando a sua resolução, este conflito tem o seu fim formal a 9 de janeiro de 2005 com a assinatura do Acordo Geral de Paz (AGP). A análise deste conflito em particular tem como primeiro objetivo contribuir para um entendimento mais amplo e rigoroso sobre as origens múltiplas do longo conflito que marcou praticamente toda a história do Sudão desde a sua independência, focando-se nas múltiplas variáveis e fatores subjacentes e que não são normalmente tidos em conta, tais como as desigualdades socio-económicas e as políticas e lógicas enraizadas de marginalização de diferentes grupos, e que neste caso colocaram em causa as possibilidades de alcançar uma paz duradoura no país. Em segundo lugar, procura-se igualmente entender se e como os direitos económicos e sociais foram sendo considerados como parte integrante do AGP. O argumento aqui apresentado é o de que as estratégias de paz promovidas e implementadas pelos vários atores – internos e externos – envolvidos no processo de paz assentaram, no essencial, em assunções genéricas e falaciosas sobre as causas do conflito e que acabaram por reproduzir e perpetuar lógicas de desigualdades mais invisíveis e complexas, tornando extremamente frágil a paz no território, em particular no Sul.

Os desafios da reconstrução e da paz: o combate às desigualdades socioeconómicas como uma estratégia alternativa de resposta a conflitos violentos?

Uma das preocupações subjacentes a esta proposta é a ausência de uma pesquisa sistemática e aprofundada sobre as estratégias mais adequadas e eficazes para lidar pacificamente com conflitos que incluem não apenas uma dimensão étnica e religiosa, mas também dinâmicas socioeconómicas fraturantes. O papel destas fraturas no quadro dos conflitos violentos é frequentemente mal-entendido e negligenciado, dando azo a respostas ineficazes e contraprodu-centes baseadas em interpretações distorcidas e/ou incompletas sobre a realidade dos conflitos. Apesar de a bibliografia e debate em torno das causas dos conflitos internos em sociedades multiétnicas e multirreligiosas estar relativamente bem desenvolvida, a maioria das análises tende a focar-se no papel primordial que as divisões étnicas e religiosas existentes desempenham no surgimento e perpetuação da violência. Uma vez que muitos grupos lutam e se organizam a partir da perceção de uma pertença a uma cultura comum (étnica ou religiosa) é clara a tendência para associar estes conflitos a «paixões» étnicas primordiais que os tornam inevitáveis e quase impossíveis de prevenir e/ou resolver. Contudo, a nosso ver, esta é uma visão falaciosa e incorreta desses conflitos e que procura desviar a atenção das suas causas políticas, económicas e sociais mais profundas (Stewart, 2002: 342). Como consequência, os modelos e estratégias de resolução e reconstrução dominantes tendem a focar-se em respostas que privilegiam a inclusão e participação civil e política de grupos específicos da sociedade. Estas estratégias e políticas tendem a ser igualmente marcadas por uma tendência para ignorar, ou pelo menos obscurecer, formas mais invisíveis de desigualdade que, em determinadas condições, se tornam (ou podem tornar-se) fontes de conflito violento.

Apesar destas limitações, é importante também reconhecer algum trabalho existente nesta área e que tem procurado desvendar as causas mais complexas de conflitos considerados irresolúveis ou duradouros[1] (Ramsbotham, 2005a: 110), focando-se numa análise mais aprofundada do comportamento humano e do seu ambiente envolvente (Jeong, 2008: 3), fatores considerados cruciais para um conhecimento mais sólido e completo sobre estes conflitos, em particular em sociedades profundamente divididas. Neste contexto, a teoria de Edward Azar sobre *protracted social conflicts* – ou conflitos prolongados – torna-se bastante útil para a compreensão

---

[1] Na bibliografia em inglês, *intractable conflicts* ou *protracted social conflicts* são os termos mais frequentemente usados para fazer referência a estes conflitos.

destas dinâmicas de conflito e, apesar de considerada algo datada[2] continua a oferecer pistas importantes e interessantes para um entendimento mais amplo e rigoroso das dinâmicas e causas de conflitos no pós-guerra fria (Ramsbotham, 2005a: 109). Edward Azar foi um pioneiro neste tipo de investigação, a qual desenvolveu a partir da abordagem de John Burton que enfatizava a centralidade da noção das «necessidades humanas básicas» nas teorias sobre conflitos e considerava que noções como justiça distributiva ou segurança são fundamentais para a existência de uma sociedade pacífica e estável (Porto, 2008: 61). De acordo com Azar, o fator crítico em conflitos desta natureza (*protracted social conflicts*), tais como os do Líbano, Sri Lanka, Etiópia ou Sudão, foi

> [...] a luta prolongada e frequentemente violenta entre grupos comunitários por essas mesmas necessidades básica de segurança, reconhecimento e aceitação, acesso livre às instituições políticas e participação económica. (Ramsbotham, 2005a: 113)

A preocupação tradicional e realista focada nas relações entre Estados foi colocando de parte um entendimento mais aprofundado sobre as dinâmicas dos conflitos violentos, limitando e pondo em causa a capacidade real para os resolver. Neste sentido, a proposta de Azar procura trazer para a análise outro tipo de fatores e dinâmicas que são fundamentais para qualquer exercício rigoroso de análise e interpretação destes conflitos, enfatizando as causas que assentam predominantemente dentro e entre sociedades e grupos, a partir da identificação de quatro tipos de variáveis que funcionam como precondições potencialmente geradoras de dinâmicas de violência (Ramsbotham, 2005a: 114). A primeira pré-condição identificada por Azar é o conteúdo comunitário de uma determinada sociedade,

---

[2] Foi elaborada no início dos anos 1990.

a qual sublinha a importância dos grupos identitários – raciais, étnicos, religiosos. De acordo com esta visão, se uma sociedade se carateriza por uma composição multiétnica ou multirreligiosa, a probabilidade de conflito violento torna-se maior. A conjugação destas diferentes características com o legado colonial do país, bem como o padrão histórico de rivalidade e competição entre os diferentes grupos torna-os politicamente mais ativos e mais propensos à violência e estabilidade (Azar, 1990: 7).

Em segundo lugar, e a partir da teoria de Burton sobre as necessidades humanas não satisfeitas, Azar considera que a sobrevivência individual e/ou de uma comunidade depende da satisfação das suas necessidades materiais (Azar, 1990: 7). Nesse sentido, a privação das necessidades humanas nestas sociedades torna-se uma fonte crucial de violência e de conflito duradouro. Contrariamente aos interesses, as necessidades são ontológicas e não negociáveis (Ramsbotham, 2005a: 115), mas nem sempre são plena e/ou equitativamente satisfeitas. Como consequência, os ressentimentos resultantes da privação de certas necessidades podem ser, e frequentemente são, expressos de forma coletiva e violenta. Em virtude da distribuição desigual dos recursos e do desenvolvimento, muitos grupos são marginalizados criando um conjunto de respostas com vista a contrariar e/ou reverter a situação, e que muitas vezes implicam o recurso à violência. Neste contexto, os fatores sociais e económicos são, assim, também cruciais para a compreensão dos conflitos internos violentos. Ao enfatizar as questões de segurança, desenvolvimento, inclusão política e respeito pela identidade como os tipos de necessidade mais fundamentais, chama igualmente a atenção para um entendimento mais amplo sobre essas mesmas necessidades, bem como sobre os seus diferentes significados para os diferentes grupos e comunidades:

Reduzir [a probabilidade de] conflito requer a redução dos níveis de subdesenvolvimento. Grupos que procuram satisfazer as suas necessidades identitárias e de segurança através do conflito procuram efetivamente uma mudança na estrutura da sociedade. [...] Estudar conflitos sociais prolongados leva à conclusão de que a paz significa desenvolvimento no sentido mais amplo do termo. (Azar, 1985: 69)

Edward Azar sublinha, ainda assim, que a negação das necessidades materiais per se não é causa de conflitos (Azar, 1990: 9), mas a falha ou incapacidade em responder à situação por parte dos governos pode contribuir para a emergência de conflitos desta natureza. Nesse sentido, estratégias tradicionais de negociação e mediação são importantes para alcançar oportunidades no curto--prazo, mas a resposta às causas fundamentais dos conflitos requer estratégias mais amplas e de longo-prazo (Ramsbotham, 2005a: 120).

A terceira pré-condição identificada na proposta teórica de Azar diz respeito aos modelos de governação e ao papel do Estado, a autoridade política responsável pela satisfação ou negação dessas necessidades humanas fundamentais. Deste modo, um governo justo e equitativo deverá ser capaz de satisfazer as necessidades humanas de todos, independentemente das clivagens identitárias entre os diferentes grupos, promovendo assim o desenvolvimento e a estabilidade (Azar, 1990: 10). Relativamente ao papel do Estado como um fator essencial para a satisfação ou privação das necessidades materiais dos vários grupos na sociedade, Azar sublinha a tendência para os países que experienciam este tipo de conflitos serem governados por governos incompetentes e/ou autoritários e que não cumprem devidamente as suas responsabilidades.

Por fim, a quarta pré-condição diz respeito às ligações internacionais de um Estado em conflito. Estas são definidas como as ligações políticas e económicas de dependência com o sistema internacional e/ou as relações políticas e militares estabelecidas através de padrões de clientelismo regional ou global (Ramsbotham, 2005a:

116) e que muitas vezes exacerbam as dinâmicas internas de negação das necessidades de certos grupos, distorcendo e fragilizando as estruturas e sistemas políticos e económicos internos (Azar, 1990: 11). Em suma, esta tipologia de conflito tende a ocorrer quando certas comunidades ou grupos são privados das suas necessidades básicas com base na sua identidade e em resultado da interligação com outros fatores internos e externos. Torna-se, assim, claro que a privação é o resultado de uma complexa relação causal envolvendo o papel do Estado e as suas ligações internacionais, associadas a lógicas e especificidades comunitárias internas. Tendo em conta estas dinâmicas múltiplas e complexas, estes conflitos duradouros e enraizados tendem a colocar enormes desafios a todos aqueles que se envolvem nos processos de resolução e *peacebuilding*. A natureza aparentemente irresolúvel destes conflitos sugere assim que as abordagens convencionais que os procuram interpretar e resolver são normalmente definidas de forma muito limitada, mostrando-se incapazes de responder às lógicas mais profundas que alimentam e sustêm estes conflitos.

Até agora procurámos contrariar a assunção geral de que uma maior heterogeneidade étnica ou religiosa numa sociedade constitui, por si só, um risco adicional de conflito em virtude das tensões e antagonismos históricos entre os diferentes grupos. Ao fazê-lo, não pretendemos, contudo, fazer tabula rasa da influência que o tecido étnico ou religioso pode potencialmente ter na instabilidade de uma sociedade, mas antes sublinhar que tal não funciona, nem pode ser visto como funcionando, como uma variável exclusiva ou primordial. Pretende-se, com esta análise, abrir o debate em busca de análises mais profundas e rigorosas sobre os conflitos internos violentos às quais se possam adequar estratégias de resolução e/ ou reconstrução mais eficazes e sustentáveis.

Assim, uma das conclusões fundamentais que podemos retirar desta análise é que as causas dos conflitos são altamente complexas, com processos em que os fatores étnicos e religiosos, ainda que presentes e reais tendem a assumir um papel mais secundário enquanto causas de conflito (Hasenclever and Rittberger, 2000: 673). A competição entre diferentes grupos por recursos cada vez mais escassos, a necessidade de suprir e satisfazer as necessidades de que o próprio Estado não quer ou não pode garantir, as condições de pobreza e colapso social bem como as assimetrias de poder existentes nestas sociedades contribuem, em conjunto, para o reforço da divisão entre grupos étnicos e religiosos (Ferreira, 2005: 69), vista muitas vezes como a causa desses conflitos. A incapacidade de perceber o caráter mutável e dinâmico das identidades étnicas e religiosas pode fazer com que se percam importantes oportunidades para a paz. O contributo de abordagens e entendimentos alternativos tais como os propostos por Edward Azar, os quais são baseados numa interpretação mais estrutural das causas e fatores que podem gerar conflito, é essencial para ultrapassar visões e análises mais simplistas (e até perigosas) que relacionam a diversidade étnica e religiosa de uma sociedade com uma inevitável tendência para o conflito violento. O projeto de paz liberal, que ganha forma e centralidade sobretudo a partir do final da guerra fria como resposta às dinâmicas de violência e conflito violento a nível internacional de alguma maneira tem subjacente este entendimento mais simplista, procurando transformar países «disfuncionais» e dilacerados pelo conflito situados na periferia do sistema mundial em Estados funcionais, cooperativos e estáveis (Duffield, 2001: 11). Do ponto de vista político, o modelo implica democratização, enquanto do ponto de vista económico promovem-se as condições para o estabelecimento e consolidação de uma economia de mercado como formas de prevenir retorno à violência e ao conflito. Contudo, apesar dos esforços para definir instrumentos e políticas para resolver e prevenir conflitos com base na agenda da paz liberal, os resultados não têm sido particularmente bem-sucedidos (Nkundabagenzi,

1999: 280). Apesar de ajudarem a criar alguma consciência sobre as causas múltiplas e complexas dos conflitos, estas estratégias e políticas acabaram por cristalizar uma agenda muito limitada e desequilibrada de prioridades que favorecia claramente os direitos e instituições civis e políticas e negligenciava os direitos de natureza económica, social e cultural. Deste modo, o suposto consenso em torno do modelo liberal de *peacebuilding* que se foi consolidando ao longo de toda a década de 1990 é aqui visto como questionável pela forma superficial como interpreta e avalia não só as causas dos conflitos, mas também as prioridades no pós-conflito, promovendo uma agenda que deliberadamente esvazia os direitos económicos e sociais das sociedades visadas e ignora as causas mais estruturais dos conflitos. As crises de violência contínuas em África e na América Latina, por exemplo, foram demonstrando que os conflitos violentos se tornavam mais frequentes em países com baixos índices de desenvolvimento e de inclusão e equidade socioeconómica (Ellingsen, 2000: 238). Nesta lógica, se um país possui instituições e estruturas políticas e económicas discriminatórias entre grupos que criam e alimentam dinâmicas de desigualdade e exclusão, a probabilidade de violência é maior (Brown, 1997: 9). Assim, o enfoque na estabilização e ordem política e militar como prioridades no pós-conflito é claramente insuficiente para por fim a este tipo de conflitos violentos onde as rivalidades étnicas ou religiosas são exacerbadas por lógicas de desigualdade política e económica (Jeong, 2005: xi).

Esta situação reflete, de alguma maneira, uma lacuna importante entre a teoria e a prática no que diz respeito aos direitos humanos bem como as múltiplas falhas dos modelos de *peacebuilding* dominantes, tanto do ponto de vista conceptual como da sua implementação. A tendência perversa para traçar uma linha divisória e bastante rígida entre direitos civis e políticos e direitos económicos, sociais e culturais ignora e subestima, portanto, a necessidade de uma ação global e conjunta assente nos princípios de indivisibilidade e interdependência dos direitos humanos aplicados também aos processos de resolução de conflitos e *peacebuilding*. Como menciona Pugh (2005: 1), as políticas económicas neoliberais normalmente associadas ao projeto da paz liberal têm-se tornado parte essencial dos programas de reconstrução económica em contextos de pós-conflito violento praticamente sem qualquer contestação. Como consequência, estes modelos de assistência internacional e de reconstrução em contextos de conflito e pós-conflito violento tendem a reproduzir e perpetuar as falhas e problemas das já frágeis estruturas políticas e económicas existentes, obscurecendo ainda mais as causas potenciais de violência nestas sociedades onde as desigualdades socioeconómicas são estruturais e profundamente enraizadas. Como Jeong refere, a ideia de uma paz sustentável baseada apenas em noções de justiça [política] torna-se um objetivo ilusório e insuficiente se promovida na ausência de uma perspetiva de mudança estrutural e de longo-prazo em cenários com estas características (Jeong, 2005: 18). O reconhecimento da existência de vários tipos de fatores potenciadores de conflitos violentos, de natureza mais material e estrutural (tais como as desigualdades não só políticas como também sociais e económicas) tornam-se elementos fundamentais para a definição de estratégias alternativas para prevenir e resolver conflitos desta natureza. De acordo com esta perspetiva, torna-se claro que a ausência de desenvolvimento socioeconómico e de estruturas de distribuição equitativa de recursos pode assumir-se como uma fonte poderosa de violência na sociedade. A ausência ou negação de acesso a infraestruturas básicas, oportunidades de emprego, educação ou serviços de saúde pode gerar fricções na sociedade que, em última instância, se podem manifestar sob a forma de conflito violento. Evitar esta situação requer uma mudança real das estratégias promovidas não apenas ao nível político, mas sobretudo de estruturas económicas e sociais capazes de contrariar e responder às formas mais estruturais de opressão (Richmond, 2007: 88). Apesar de aparentemente óbvias, estas propostas não são normalmente parte das agendas dominantes de resolução de conflitos e *peacebuilding*, as quais tendem a considerar a pobreza e as desigualdades apenas ao nível dos indivíduos e não como fenómeno de grupo (Stewart, 2002a: 3), e muito menos como causa potencial de conflito violento. Ainda que exista suficiente ênfase na pesquisa e prática sobre questões culturais e psicológicas, não tem sido dada atenção devida às questões de justiça social e desigualdade socioeconómica como causas potenciadoras de conflito. Contudo, estas preocupações mais estruturais têm de ser entendidas e levadas em conta na análise sobre os comportamentos de grupo e os processos sociais relevantes na gestão de tensões e animosidades entre si (Jeong, 2010: 104).

Ainda que reconheçamos a existência de vários tipos de conflitos diferentes e o facto de cada um ter as suas próprias características e dinâmicas, tornando impossível (e indesejável) a definição de fórmulas universalmente aplicáveis para a sua interpretação e resolução, partilhamos do argumento avançado por alguns autores que defendem que quando a desconfiança e animosidade entre grupos resultam de um sistema estrutural de dominação e insegurança de uns sobre outros, então a mudança estrutural destas estruturas é crucial para evitar e/ou gerir conflitos violentos (Burton apud Jeong, 2010: 106). Quaisquer estratégias de paz que se pretendam eficazes e bem-sucedidas requer, pois, a anulação dos desafios e obstáculos estruturais a uma paz sustentável. Tal como é referido por Daley:

> uma definição ampla de paz, que inclua justiça social, apenas pode ser operacionalizada através de políticas [...] que respondam [positivamente] às questões de igualdade de acesso de todos os cidadãos aos recursos do Estado [...]. (Daley, 2006: 316)

O argumento subjacente a esta análise, e que será demonstrado pelo estudo de caso na secção seguinte, é o de que, à luz da proposta teórica de Azar, esses fatores e desigualdades económicas e sociais estruturais entre diferentes grupos numa sociedade devem ser considerados importantes catalisadores de violência e que por isso devem ser devidamente tidos em conta nas estratégias de resolução de conflitos e de *peacebuilding*.

O conflito Norte-Sul do Sudão: sobre tornar as invisibilidades visíveis e responder às desigualdades para promover a paz

Mais do que por uma história de conflito violento, o Sudão foi sempre marcado por uma história de profunda exclusão de partes significativas da população e da qual os longos períodos de violência foram uma expressão trágica. De facto, foram vários os grupos que ao longo da história sudanesa foram repetida e sistematicamente excluídos da vida política, económica e social do país, numa tendência que foi sendo perpetuada e moldada desde o período colonial nos séculos XIX e XX e que continuou após a independência do território em 1956. Existem, pois, importantes padrões de desigualdade e exclusão políticas, mas também económica e social que há muito afetam e influenciam o desenvolvimento e exercício do poder estatal no país. Esta situação ajuda a perceber o processo e as consequências do subdesenvolvimento do país, bem como as perceções algo distorcidas sobre o papel da religião e etnicidade no Sudão, e o seu real potencial de conflito e violência. O Sudão é um país claramente heterogéneo tanto do ponto de vista étnico – 52% Negros, 39% Árabes, 6% Beja, 2% estrangeiros e 1% pertencente a outras etnias –, como do ponto de vista religioso – 70% Muçulmanos Sunitas, 25% Animistas e 5% Cristãos (Sosa, 2004: 125). Esta diversidade étnica e religiosa está também bastante bem refletida do ponto de vista geográfico, com os Muçulmanos árabes concentrados maioritariamente a Norte e os Cristãos e Animistas Africanos concentrados maioritariamente a Sul do território, o que tem levado a que as raízes históricas do conflito entre o Norte e o Sul sejam frequentemente sub-representadas (Johnson, 2003: 1) em virtude da associação a interpretações superficiais baseadas no papel primordial da etnia e religião como fontes de conflito.

Contudo, a nosso ver, a história e conflitos no Sudão são bem mais complexos. De facto, a extraordinária complexidade do país torna muito difícil a explicação do conflito Norte-Sul em simples termos culturais, étnicos ou religiosos. O que tem sido tradicional e frequentemente considerada uma guerra entre Muçulmanos e Cristãos/Animistas foi progressivamente sendo ampliada com a introdução de outras fraturas características da sociedade sudanesa, a nosso ver, muito além das tradicionais divisões entre Norte e Sul, Árabes e Africanos, Muçulmanos e não-Muçulmanos (Johnson, 2003). Tal acentuou e aprofundou significativamente as desigual-dades socioeconómicas existentes e a agenda de desenvolvimento profundamente desequilibrada que foi sendo promovida no país foi-se assumindo, como vamos ver, como uma das principais causas do conflito. Ao mesmo tempo, as estratégias e soluções aplicadas ao longo dos anos para resolver este conflito e promover a paz tenderam a anular e invisibilizar as dinâmicas e desigualdades mais complexas que sustentaram e reproduziram a violência. Além disso, estas mesmas estratégias de paz têm sido, em larga medida, baseadas em entendimentos genéricos e falaciosos sobre a realidade sudanesa que contribuíram para a reprodução e perpetuação de desigualdades de grupo mais invisíveis e complexas, tornando a paz e a estabilidade no território extremamente frágeis. Neste contexto, as desigualdades socioeconómicas profundas e as difíceis condições de vida das populações, em particular no Sul, não foram devida-mente tidas em conta nas estratégias de resolução e *peacebuilding* implementadas e, a nosso ver, o Acordo Geral de Paz assinado em 2005 acabou por ficar refém dessas ausências.

O AGP foi, sem dúvida, um passo importante na luta pela paz no Sudão, mas ficou igualmente marcado por alguns elementos que alimentaram algum ceticismo relativamente à sua real capacidade de promover uma paz sustentável no território, em particular no Sul que vive atualmente uma situação de grande instabilidade política e económica e de retorno à violência agora enquanto Estado independente.[3] De facto, o AGP acabou por efetivamente não ser um acordo capaz de responder efetivamente às causas mais profundas do conflito, nomeadamente as lógicas mais enraizadas de desigualdade e marginalização socioeconómica da população, em particular no Sul. Ao invés de se basear num processo coordenado e amplo de inclusão só política, mas também social e económica dos vários grupos da sociedade sudanesa, os esforços de paz no Sudão serviram essencialmente o reforço das divisões intergrupais, contribuindo até para a própria separação territorial do país e para o exacerbamento de outras divisões além do Sul, nomeadamente no Darfur e no Leste, alimentadas por processos de paz separados e individualizados sem perceber as ligações existentes. A nosso ver, esta lógica de compartimentalização de questões e situações que estão profundamente interligadas, como as lógicas de violência no Sudão têm estado, não é uma estratégia de paz viável nem desejável uma vez que reforça as desigualdades e problemas já existentes, ainda que invisibilizados.[4]

---

[3] Lembre-se que à luz do previsto no AGP, a população do Sul teve oportunidade de se pronunciar em referendo organizado em 2011 sobre o seu futuro, tendo votado maioritariamente a favor da secessão relativamente ao Norte e, logo, da independência do território a qual foi formalmente reconhecida em julho de 2011.

[4] Um outro erro e mal-entendido comum e frequente no quadro do modelo de *peacebuilding* é o pressuposto de que resolver conflitos e promover a paz significa apenas chegar a acordo sobre os mecanismos de partilha de poder e de recursos. Este foi claramente um pressuposto que caracterizou sempre os esforços de paz no

Para além disso, houve igualmente uma clara falta de capacidade – ou de vontade – para compreender que o conflito no Sudão nunca foi apenas uma questão de rivalidades políticas entre o Norte e o Sul, mas sim um conflito gerado por várias formas de marginalização política, económica e social visando maioritariamente [mas não exclusivamente] as populações do Sul (Itto, 2006). Nesse sentido, o próprio processo que culminou com a assinatura do AGP foi caracterizado por importantes elementos de exclusão e marginalização: de certas regiões e populações, de certos interesses, de certos direitos e de certas questões de importância fundamental para a paz, sem que se promovesse um sentimento de apropriação do processo por parte de toda a população. Em resultado disso, a situação social, económica e até humana está longe de ser a ideal, tanto no Sudão do Norte como no Sudão do Sul, um cenário que foi transparecendo nos últimos Relatórios de Desenvolvimento Humano, nos quais o Sudão e o Sudão do Sul aparecem sistematicamente nos lugares mais baixos em termos de índice de desenvolvimento humano.

No Sul do Sudão, a situação está ainda mais deteriorada, com as várias décadas de conflito violento e de marginalização a contribuir para uma situação ainda mais difícil do ponto de vista de desenvolvimento e recuperação política, económica e social e em particular desde a independência em 2011. Os níveis de pobreza e desigualdade continuam extremamente elevados e as políticas socioeconómicas levadas a cabo não têm nem respondido às necessidades das pessoas nem correspondido às expetativas criadas pelo acordo de paz. Ao mesmo tempo, a realidade política no Sul fica marcada, à data da independência, por uma estrutura de governo extremamente perme-

---

Sudão entre o governo de Cartum e os rebeldes do Sul, nomeadamente nos acordos de Machakos e Naivasha – mas também outros cenários de conflito como Angola, Moçambique, Quénia, Burundi, Libéria ou Serra Leoa –, onde os arranjos de partilha de poder político predominaram com vista a reduzir a ameaça de retorno ao conflito, dando às partes beligerantes uma vantagem e garantia dos seus próprios interesses.

ável a lógicas de corrupção e autoritarismo, tornando as perspetivas de mudança estrutural ao nível político, económico e social e de paz sustentável pouco prováveis. O cenário no Sul do Sudão fica ainda agravado por níveis consideráveis de incerteza relacionados com a viabilidade política e económica futura de um território que, apesar da riqueza em termos de recursos (em particular petróleo), não possui nem as infraestruturas necessárias para a sua exploração e capitalização, nem uma estrutura governativa capaz de lidar com as várias pressões e desafios internos, regionais e internacionais que ainda contribuem para a manutenção e até reforço das lógicas de exclusão e desenvolvimento desigual. Também a crescente perceção de pobreza e desigualdade por parte da população do Sul, alimentada pelas condições de vida precárias contribuiu para alguns episódios de violência e tensão entre os vários grupos em particular após julho de 2013.[5] A violência entre as forças governamentais e as forças apoiantes da fação dita rebelde liderada por Machar agudizou-se significativamente, resultando em milhares de mortos e deslocados internos (BBC, 2014), e em fuga e busca de proteção nos países vizinhos ou em áreas controladas pelas Nações Unidas. Esta dinâmica de instabilidade e os resultantes episódios de violência extrema e continuada, contribuíram igualmente para o avivar das questões e explicações relacionadas com a dimensão étnica que pode estar na base destes conflitos e disputas e que essencialmente se prende com a divisão entre os grandes grupos étnicos dominantes no território: os Nuer (considerados pro-Riek

---

[5] Altura em que o Presidente Salva Kiir destituiu todo o governo e reforçou o seu poder e controlo sobre a vida política do país. Mais recentemente, as ondas de violência e instabilidade foram-se agudizando com alegadas tentativas de golpe de Estado levadas a cabo pelo ex-Vice-Presidente Riek Machar (cargo que ocupara até à destituição do governo) e seus apoiantes armados e a partir de dezembro de 2013 o país mergulha numa luta de poder entre as diferentes fações políticas e militares do SPLM – por um lado a fação liderada por Salva Kiir e, por outro, a fação liderada por Riek Machar.

Machar) e os Dinka (considerados pró-Salva Kiir). Se, por um lado, é verdade que estas pertenças e divisões étnicas foram ganhando espaço no seio do SPLM desde o início da preparação das eleições que se realizaram em 2015 até aos acontecimentos mais recentes, por outro lado, é importante não descurar que as tensões entre as diferentes fações estão também relacionadas com suspeitas dentro do partido de que o atual Presidente estaria na altura a preparar um programa governativo mais conservador e anti-reformas iniciando uma era mais autoritária e repressiva (ISS Africa, 2013).

Neste contexto, e a partir desta análise, é possível afirmar que não só a negociação do AGP, como sobretudo a sua implementação, deixaram de lado a identificação das, e resposta às, necessidades mais imediatas e estruturais das populações do Sul. Nesse sentido, e uma vez que a pobreza e desigualdade se mantém e acentuam mesmo após o fim formal do conflito, colocando em causa as perspetivas e objetivos de paz sustentável, fica clara a necessidade de reverter processos desta natureza através de políticas e estratégias de paz e de desenvolvimento eficazes e que visivelmente respondam às causas mais profundas da violência e do descontentamento generalizado da população e às lógicas de instrumentalização política geradoras de mais tensão e violência. O reconhecimento e garantia de direitos e oportunidades iguais aos vários grupos, bem como o respeito pelas suas múltiplas identidades étnicas e religiosas existentes tanto no Norte como no Sul é, pois, um passo fundamental para se alcançar a tal paz sustentável tão desejada no quadro da paz liberal, mas que se tem tornado um objetivo cada vez mais ilusório.

Conclusão

A multiplicidade de conflitos violentos em especial após o final da guerra fria tornou a teoria e a prática na área da resolução de conflitos e do *peacebuilding* particularmente importantes e desafiantes, em especial no contexto de conflitos internos envolvendo tanto grupos etno-sociais e culturais diferentes como grupos que se sentem excluídos e marginalizados pela autoridade central e pelas estruturas governativas existentes e às quais estão subordinadas (Omeje, 2008: 68). Contudo, a visão dominante resultante deste enfoque em conflitos violentos internos tem dado clara prioridade a interpretações que sublinham o papel crucial, se não mesmo decisivo, das identidades étnicas e religiosas primordiais como fonte de conflito. O resultado é uma classificação recorrente, simplista e quase sempre acrítica desses mesmos conflitos violentos como 'guerras étnicas' ou 'guerras religiosas', desviando assim a atenção de dinâmicas mais profundas, invisíveis e mais complexas que estimulam e alimentam essa mesma violência e limitam o desenvolvimento de estratégias de resolução e prevenção, mas também de reconstrução mais eficazes e sustentáveis (Porto, 2008: 57).

O que pretendemos demonstrar com esta análise é que não existe uma causa única e isolada, uma vez que estão presentes um conjunto de fatores mais complexos e interrelacionados que originam e alimentam conflitos desta natureza. O conflito que durante várias décadas opôs o Norte e o Sul do Sudão é, como vimos, um bom exemplo disto mesmo. Citando Michael Brown (1997: 4), «A busca por um único factor [...] que explique tudo é comparável à busca pelo Santo Graal – nobre, mas fútil».

Ressentimentos históricos, sentimentos de exclusão e marginalização, distribuição desigual dos recursos económicos e dos direitos, subdesenvolvimento, ausência de um processo democrático genuíno são todos fatores interligados e que, conjuntamente, podem originar conflito, sem que nenhum deles possa ou deva ser considerado como primordial. Ainda assim, e apesar desta multiplicidade de causas prováveis, consideramos aqui que os fatores sociais e económicos têm um potencial acrescido de desempenhar um papel catalisador fundamental de violência, em especial quando associados a padrões continuados de desigualdade entre grupos. Como demonstrado pelo caso do Sudão, o acesso desigual a recursos, serviços, direitos e até poder político, exacerbados pelo falhanço consecutivo das autoridades políticas sudanesas em reverter essas desigualdades, desempenharam um papel fundamental na emergência e perpetuação do conflito (Pantuliano, 2006). O AGP procurou, de facto, 'curar' pela via diplomática uma sociedade profundamente dividida e ressentida pondo fim formal a um ciclo de violência que não foi possível terminar pela via militar (Stiansen, 2005: 24), mas mostrou-se incapaz de incluir e responder eficazmente às questões fundamentais relacionadas com inclusão e equidade socioeconómica. Ao mesmo tempo, houve igualmente uma quase completa falta de investimento social e económico no desenvolvimento de longo--prazo do Sul do Sudão.

Apesar das muitas expetativas, e de acordo com atores direta ou indiretamente envolvidos no processo de paz, o AGP não foi assim tão geral, na medida em que não soube ou não foi capaz de incluir os vários grupos e setores da sociedade sudanesa, bem como as suas expetativas e necessidades (Abdelgadir, 2008). Além disso, parecem não ter sido feitos quaisquer esforços para ultrapassar as construções identitárias existentes – frequentemente instrumenta-lizadas –, de modo a promover a institucionalização de garantias de cidadania equitativas e universais em vez da mera associação a uma determinada identidade étnica ou religiosa (Idris, 2005: 111). Tal como afirmam Iyob and Khadiagala, acordos de paz que são gerais e compreensíveis em nome, mas parciais e limitados nas suas garantias e aplicabilidade, como o AGP, nunca serão suficientes para efetivamente responder às causas mais profundas dos conflitos como o do Sudão (Iyob and Khadiagala, 2006: 16).

Por todas estas razões, e em especial após a independência do Sul, o atual cenário em ambos os países é de uma paz extremamente frágil sustentada em pilares políticos, económicos e sociais muito débeis. Como mencionado antes, a situação no Sul não melhorou, tendo que responder agora e no futuro aos vários e complexos desafios não só políticos, relacionados essencialmente com o reforço de uma liderança mais sólida e menos corrupta, mas também socioeconómicos e que dizem respeito à eliminação da pobreza e à criação de condições físicas e materiais que permitam responder às necessidades mais básicas da população, tais como saúde, educação e emprego para todos.

Em conclusão, com esta análise não procurámos desenvolver uma panaceia geral e universal para conflitos que partilham algumas das características aqui apresentadas, mas acima de tudo chamar a atenção para a necessidade de um entendimento mais aprofundado sobre as múltiplas origens dos conflitos violentos internos, no qual se sublinha o papel essencial desempenhado por outras variáveis que não apenas a diversidade étnica e religiosa, tais como as desigualdades socioeconómicas e os padrões continuados de discriminação entre grupos e que devem, por isso, ser devidamente tidas em conta e acauteladas no quadro das estratégias de resolução de conflitos e *peacebuilding*. Em suma, um entendimento que vá mais além de interpretações e abordagens primordiais e simplistas sobre os conflitos. Nesta perspetiva, uma das tarefas mais fundamentais nos esforços de promoção de uma paz sustentável em qualquer contexto pós-conflito violento consiste no (re)estabelecimento, reforma e/ou transformação das instituições e estruturas políticas, sociais e económicas que promovam recuperação da atividade económica, estabilidade e desenvolvimento sustentável, bem como estruturas equitativas de distribuição dos recursos (Romeva, 2003). Este processo de transformação política e económica deve, pois, ser capaz de combater as formas de injustiça política e económica. Como menciona Jeong,

[...] as preocupações estruturais são importantes para compreender o conflito e a sua resolução, uma vez que as causas mais profundas do conflito violento podem ser relegadas para aspetos estruturais relacionados com relações antagónicas resultantes de instituições ilegítimas (que proíbem uma distribuição justa do poder e da riqueza) [...]. (Jeong, 2010: 104).

Os múltiplos conflitos que têm devastado o Sudão têm sido, nesta perspetiva, despoletados acima de tudo por exigências de cidadania mais equitativa, justiça social e direitos económicos e sociais para todos (Iyob and Khadiagala, 2006: 15) e não por oporem Muçulmanos e não-Muçulmanos ou por quaisquer outras clivagens. Neste sentido, no caso do Sudão como em tantos outros, enquanto as injustiças socioeconómicas mais profundas não forem devidamente anuladas e todos os Sudaneses virem reconhecidos e garantidos os mesmos direitos políticos, civis, económicos e sociais, a paz será sempre frágil e, no pior dos cenários, ilusória.

Referências bibliográficas

Abdel Gadir, Ali, et al. (2005) «Sudan's Civil War: Why Has It Prevailed For So Long?» in Collier Paul e Sambanis, Nicholas (org.), *Understanding Civil War* (Volume 1: Africa). Washington: The World Bank, 193-220.

Azar, Edward (1990) *The Management of protracted social conflict: theory and cases.* Aldershot: Darthmouth Publishing Company Limited.

Azar, Edward (1985) «Protracted International Conflicts: Ten Propositions», *International Interactions*, 12: 59-70.

BBC (2014) «South Sudan Profile», (http://www.bbc.com/news/world-africa-14069082) [18 abril 2014].

BBC (2014a) «South Sudan conflict: Attack on UN base 'kills dozens'», (http://www.bbc.com/news/world-africa-27074635) [18 abril 2014].

Brown, Michael E (1997) «The Causes of Internal Conflict: an Overview», in Brown, Michael et al. (org.), *Nationalism and Ethnic Conflict (An International Security Reader).* Cambridge: The MIT Press, 3-25.

Burton, John (1990) *Conflict: Basic Human Needs.* New York: St. Martins Press.

Daley, Patricia (2006) «Challenges to peace: conflict resolution in the great lakes region of Africa», *Third World Quarterly*, 27(2): 303-319.

Dodson, Michael (2006) «Postconflict Development and Peace Building: Recent Research», *Peace & Change*, 31(2): 244-252.

Duffield, Mark (2001) *Global Governance and the New Wars: The merging of development and security*. London: Zed Books.

Ellingsen, Tanja (2000) «Colorful community or ethnic witches brew? Multiethnicity and domestic conflict during and after the Cold War», *Journal of Conflict Resolution*, 44(2): 228-249.

Ferreira, Patrícia, M. (2005) *Identidades Étnicas, Poder e Violência em África: O Conflito no Burundi*. Lisboa: Instituto Português de Apoio ao Desenvolvimento – Centro de Documentação e Informação.

Hasenclever, Andreas e Rittberger, Volker (2000) «Does Religion Make a Difference? Theoretical Approaches to the Impact of Faith on Political Conflict», *Millennium*, 29(3): 641-674.

Idris, Amir (2005) *Conflict and Politics of Identity in Sudan*. Basingstoke: Palgrave Macmillan.

ISS Africa (2013) «South Sudan mishandles the pro-Machar 'coup'», Institute for Security Studies Africa (20 dezembro 2013), (http://www.issafrica.org/iss-today/south-sudan-mishandles-the-pro-machar-coup) [18 abril 2014].

Iyob, Ruth e Khadiagala, Gilbert M. (2006) *Sudan: The Elusive Quest for Peace*. Boulder: Lynne Rienner Publishers.

Jeong, Ho-Won (2010) *Conflict Management and Resolution: An Introduction*. London: Routledge.

Jeong Ho-Won (2005) *Peacebuilding in Post-conflict Societies: Strategies & Process*. London: Lynne Rienner Publishers.

Johnson, Douglas H. (2003) *The Root Causes of Sudan's Civil Wars*. Oxford: The International African Institute.

Kaldor, Mary (1999) *New and Old Wars*. Cambridge: Polity Press.

Nkundabagenzi, F. (1999) «Ethnicity and Intra-State Conflict: Types, Causes and Peace Strategies – a Survey of Sub-Saharan Africa», in Scherrer, Christian (org.), *Ethnicity and Intra-State Conflict: Types, Causes and Strategies*. Aldershot: Ashgate, 280-98.

Omeje, Kenneth C. (2008) «Understanding conflict resolution in Africa», in Francis, David (org.) *Peace and Conflict in Africa*. London: Zed Books, 68-91.

Pantuliano, Sara (2006) «Comprehensive Peace? An analysis of the evolving tensions in Eastern Sudan», *Review of African Political Economy*, 33(110): 709-720.

Porto, João Gomes (2008) «The mainstreaming of conflict analysis in Africa: contributions from theory», in Francis, David (org.), *Peace and Conflict in Africa*. London/New York: Zed Books, 46-67.

Pugh, Michael (2005) «The political economy of peacebuilding: a critical theory perspective», *International Journal of Peace Studies*, 10(2): 23-42.

Ramsbotham, Oliver (2005) «The Analysis of Protracted Social Conflict: A Tribute do Edward Azar», *Review of International Studies*, 31: 109-126.

Ramsbotham, Oliver et al. (1999) *Contemporary Conflict Resolution: The prevention, management and transformation of deadly conflicts*. Cambridge: Polity Press.

Richmond, Oliver (2007) *The Transformation of Peace*. Basingstoke: Palgrave Macmillan.

Richmond, Oliver (2004) «The Globalization of Responses to Conflict and the Peacebuilding Consensus», *Cooperation and Conflict*, 39(2): 129-150.

Romeva, Raul (2003) *Guia de rehabilitación posbélica*. Barcelona: Icaria.

Sosa, Rodrigo (2004) «Sudán, un conflict sin fin», *Papeles de Cuestiones Internacionales*, 86: 123-137.

Stewart, Frances (2002) «Root Causes of Violent Conflict in Developing Countries», British Medical Journal, 324(7333): 342-345, (http://ww1w.pubmedcentral.nih.gov/picrender.fcgi?artid=1122271&blobtype=pdf) [10 junho 2013].

Stewart, Frances (2002a) «Horizontal Inequalities: A Neglected Dimension of Development», Queen Elizabeth House Working Paper. Oxford: University of Oxford.

Stiansen, Endre (2005) «Perspectives on the CPA», *Forced Migration Review*, 24: 24-25.

UNDP (2009) *Human Development Report*. Nova Iorque: UNDP, (http://hdr.undp.org/sites/default/files/reports/269/hdr_2009_en_complete.pdf) [10 junho 2013].

DOI | https://doi.org/10.14195/978-989-26-1262-1_6

CAPÍTULO 6
GOVERNAÇÃO DA SAÚDE GLOBAL: CONSTRUÇÃO, INCOERÊNCIA E ASSIMETRIA?

Ricardo Pereira

Fundação para a Ciência e a Tecnologia (FCT)

ORCID: http://www.degois.pt/visualizador/curriculum.

jsp?key=82367213329263080

Resumo: Este capítulo aborda o tema da governação global da saúde incidindo em alguns pontos fundamentais, preocupados, essencialmente, com o caráter construído deste domínio de relações pelo mundo ocidental, vitorioso da guerra fria; o seu aspeto manifestamente incoerente; e, por fim, a assimetria que caracteriza as relações entre os diversos atores, sobretudo entre os Estados participantes, doadores e recetores, especialmente os últimos, mais permeáveis à influência dessas políticas. Procura-se, deste modo, enunciar uma agenda de investigação em Relações Internacionais (e Ciências Sociais, em geral) que olha criticamente para o funcionamento de tal «governação» e seus principais desafios e contradições no plano da definição e cumprimento dos grandes objetivos na base das políticas e instrumentos.

Palavras-chave: governação global da saúde; pandemia; segurança humana; EUA

Abstract: This chapter addresses the theme of global health governance, focusing on some fundamental points, concerned, essentially, with the constructed character of this domain of relations by the western world, victorious in the cold war; its manifestly inconsistent appearance; and, finally, the asymmetry that characterizes the relations between the different actors, especially between the participating states, donors and recipients, especially the latter, more permeable to the influence of these policies. In this way, the chapter seeks to enunciate a research agenda in International Relations (and Social Sciences, in general) that looks critically at the functioning of such «governance» and its main challenges and contradictions in terms of defining and fulfilling the major objectives at the basis of policies and instruments.

Keywords: global health governance; pandemic; human security; USA

Introdução

As últimas duas décadas têm assistido ao surgimento e consolidação de diversas políticas externas e respetivos instrumentos bilaterais e multilaterais com o objetivo de conter e erradicar epidemias e surtos com considerável prevalência e impacto, tanto na vertente mais específica (determinadas populações de determinados países ou regiões) como na geral (programas de âmbito global sobre temas dominantes). Pese embora representando historicamente uma preocupação antes e depois das grandes vagas de independências no Terceiro Mundo, o tema da saúde à escala internacional confinou-se durante muito tempo e até ao fim da guerra fria, sobretudo, ao domínio da «pequena política», como assinala David Fidler (2005: 180). No entanto, com as alterações no sistema internacional aceleradas nos últimos 25 anos, associadas ao entendimento crescente da centralidade do ser humano – e suas necessidades, segurança e desenvolvimento – nas políticas externas dos países, temos assistido ao proliferar de importantes programas de saúde com alcance global com forte apoio dos Estados Unidos da América (EUA) e vários países europeus, mas também, mais recentemente, de algumas «economias emergentes» (Brasil, Índia). A expressão «governação global da saúde» procura captar a ideia de uma emergente noção de que a saúde (e a doença) se tornaram de tal modo importantes à escala internacional envolvendo um quadro geral de atores, políticas e instrumentos que procuram conferir uma ordem e propósito aos grandes desafios que afetam a saúde das populações.

Para os efeitos deste capítulo, a abordagem ao tema da governação global da saúde incide em cinco pontos fundamentais preocupados, essencialmente, com o caráter construído deste domínio de relações pelo mundo ocidental, vitorioso da guerra fria; o seu aspeto manifestamente incoerente; e, por fim, a assimetria que caracteriza as relações entre os diversos atores, sobretudo entre os Estados participantes, doadores e recetores, especialmente os últimos, mais permeáveis à influência dessas políticas. Procura-se, deste modo, enunciar uma agenda de investigação em Relações Internacionais (e Ciências Sociais, em geral) que olha criticamente para o funcionamento de tal «governação» e seus principais desafios e contradições no plano da definição e cumprimento dos grandes objetivos na base das políticas e instrumentos.[1]

A segurança humana e a construção da saúde global

O domínio dos assuntos da saúde fora do âmbito dos Estados individuais é tradicionalmente designado por saúde internacional.

---

[1] Esta contribuição é uma adaptação do capítulo «Global Health Governance and Role of States» do livro de 2014 do autor *Recipient States in Global Health Politics: PEPFAR in Africa*, Basingstoke: Palgrave Macmillan. O autor agradece o apoio e orientação recebidos da parte da Professora Doutora Paula Duarte Lopes na preparação desta contribuição.

Desde 1948, com a criação da Organização Mundial de Saúde (OMS), este domínio permaneceu em grande parte confinado ao quadro interestatal da OMS e ao seu Regulamento Sanitário Internacional (RSI), criado em 1969. Outro marco foi a assinatura, em 1989, da «Declaração Saúde para Todos» da OMS, também conhecida como a Declaração de Alma-Ata, em que os Estados-membros se comprometeram a atingir melhores condições de saúde para as suas populações. No entanto, este domínio também contou com a ajuda ao desenvolvimento ao Terceiro Mundo e com as agendas militares durante a guerra fria. Em retrospetiva, David Fidler (2005: 180) defende, todavia, que se tratava de um campo da «pequena política» em comparação com a alta política da guerra e da paz no âmbito da bipolaridade Estados Unidos-União Soviética.

O fim da guerra fria, no final da década de 1980, início da de 1990, trouxe consequências para a política externa e de segurança que começaram a ser concetualizadas de outra forma, incluindo no domínio da saúde internacional. Uma das consequências foi o surgimento de um entendimento da segurança com base em indivíduos e grupos populacionais em vez de Estados. A segurança humana (UNDP, 1994) é o 'paradigma' que começou a ser cada vez mais incorporado nas políticas nascentes europeias de defesa e segurança externa e na Iniciativa das Potências Médias (Behringer, 2005; Debiel e Werthes, 200; Martin, 2007). Deriva do trabalho intelectual de uma amálgama de autores liberal-cosmopolitas, construtivistas sociais e teórico-críticos de Relações Internacionais que insistiam em que fosse dada atenção a formas de violência e insegurança para além da guerra formal interestatal. Também foi muito influente no sistema das Nações Unidas na prevenção de conflitos, na manutenção da paz e em missões de reconstrução pós-conflito. Foi definida pelo Programa de Desenvolvimento das Nações Unidas (PNUD) desta forma:

Pode dizer-se que a segurança humana tem dois aspetos principais. Em primeiro lugar, significa a segurança em relação a ameaças crónicas como a fome, a doença e a repressão. E, em segundo lugar, significa proteção contra perturbações súbitas e nocivas nos padrões da vida quotidiana – seja em casa, no emprego ou na comunidade. (UNDP, 1994: 23)

Como resultado, fenómenos com impacto humano, tais como as epidemias, a migração, o tráfico de drogas ou os danos ambientais começaram a ser concetualizados como ameaças à estabilidade em países, regiões e até mesmo no mundo como um todo, num contexto em que o confronto entre Estados passa cada vez mais a ser entendido como obsoleto. Estas chamadas «novas ameaças» são muito mais nocivas e mortíferas do que as guerras entre exércitos, e têm consequências indiretas para o Ocidente. No que respeita às epidemias, elas deterioram os padrões de vida de muitas populações de países em desenvolvimento, particularmente em África, contribuindo, assim, para os danos causados por fenómenos como guerras civis (Kaldor, 1999) e «Estados falhados» (Zartman, 1995), ou seja, os Estados «incapazes ou pouco dispostos» a disponibilizarem aos seus habitantes bens públicos básicos, como alimentos, acesso à saúde ou à segurança pública. A segurança humana surgiu juntamente com agendas familiares para o pós-guerra fria, como os direitos humanos, a democratização, o Estado de direito e o mercado, que, uma vez implementadas, poderiam reduzir a instabilidade e os conflitos em geral. Além disso, os vírus surgem como ameaças em termos de globalização do comércio e das viagens a uma escala geográfica maior, particularmente no contexto dos surtos.

Deste modo, enquanto usualmente os Estados atraíam o foco analítico, nos últimos dez anos entidades como os vírus, e as doenças e as epidemias que eles provocam, foram cada vez mais apresentadas como ameaças à segurança. De facto, os agentes patogénicos só constituem ameaças para os seres humanos quando se infiltram, primeiro, na ecologia humana e, depois, penetram e se desenvolvem no corpo humano. Os vírus enquanto tal não representam qualquer ameaça. Na verdade, o que é suscetível de se converter numa situação de ameaça são as pessoas, as sociedades e, em última análise, os Estados enquanto parte de um impacto social e político complexo que a multiplicação de pessoas infetadas alimenta e provoca num contexto de relações globais aceleradas (Schneider e Moodie, 2002; Elbe, 2003; Ban, 2003; Brower, 2003; Saker et al., 2004; Owen e Roberts, 2005; McInnes e Lee, 2006). Se se entender a deteção, prevenção, assistência e eventual cura de populações como as principais medidas contra a doença, define-se como objetivo de segurança a contenção da multiplicação do número de pessoas que transportam o agente, apesar dos problemas éticos que tal possa implicar (Elbe, 2006). A associação dos vírus à segurança é consumada na representação das «pessoas securitizadas» como as que estão «em risco», «vulneráveis», e que constituem «classes perigosas» (Hardt e Negri, 2004). Por outras palavras, são um reflexo das estimativas epidemiológicas sobre as diversas doenças, mas em particular as grandes epidemias. No caso do VIH/Sida, na África Austral e Oriental, trata-se da população em geral, enquanto na China, na Índia, na Rússia e no Ocidente se trata dos consumidores de drogas injetáveis, dos migrantes, dos homossexuais e da generalidade dos marginalizados.

No final, este quadro contribuiu para levar à quase diluição de campos tradicionalmente separados, como as Relações Internacionais e a Saúde Pública. Juntamente com este exercício de construtivismo social, as abordagens liberal-institucionalistas ganharam destaque na análise e na recomendação política de mecanismos internacionais/ globais de resposta às múltiplas manifestações virais e epidémicas. A 'securitização' da saúde e da doença foi incorporada institucionalmente no âmbito do RSI revisto de 2005 e encontra-se na retórica e na lógica de iniciativas bilaterais e multilaterais, como o Fundo Global para a Luta Contra a Sida, Tuberculose e Malária, criado em 2001, ou o Plano de Emergência dos Presidente dos Estados Unidos da América contra a Sida (PEPFAR), lançado em 2003.

A sociedade do risco ocidental e a política da «tecnicalização»

A saúde global é uma invenção eminentemente ocidental, com o objetivo de dar sentido à globalização e a um novo paradigma de política externa baseado na segurança humana. Conforme se referiu, os problemas da saúde e da doença já eram objeto de tratamento há muito tempo. No entanto, a hegemonia da globalização liderada pelo Ocidente em termos de relações socioeconómicas a nível mundial alimentadas por avanços tecnológicos na informação e nas comunicações criaram um cenário em que esses problemas, entre outros relacionados com a população (migrações, degradação ambiental, escassez de recursos energéticos, insegurança urbana), estavam destinados a ter consequências diretas e indiretas de segurança para o mundo ocidental e o seu estilo de vida. Por outras palavras, «ameaças» como essas punham em causa o que Anthony Giddens (1995) chamou de «segurança ontológica», partindo da noção de «sociedade do risco» (Beck, 1992) como última fase da modernidade ocidental, em que, depois da riqueza e do poder, é a vez de emergir o risco e a impotência (Beck, 1995). Embora na era industrial já houvesse uma noção de risco, era considerado um preço a pagar para o progresso material das sociedades através de sistemas de proteção social e de outros mecanismos compensatórios. Assim, as sociedades ocidentais não visam maximizar os riscos, mas minimizá-los através da implementação de medidas de emergência contra riscos cada vez mais incontroláveis, como a proliferação nuclear, o aquecimento global ou mesmo pandemias em larga escala. Para Beck (2006), a melhor resposta é a «precaução através da prevenção».

Esta leitura sociológica provou ser muito influente na forma como as respostas às epidemias e aos surtos virais começaram a ser concetualizadas por analistas políticos e responsáveis pela elaboração das políticas de saúde global. Juntamente com as políticas de segurança humana, a inevitabilidade da ocorrência de efeitos diretos e indiretos a uma escala global levou a um grande consenso epistemológico em torno da definição de medidas preventivas e curativas visando as fontes desses riscos e que, por seu turno, alimentam as principais iniciativas globais nesta área. Em resultado disso, a governação da saúde global tornou-se, nas palavras de James Ferguson (1994), uma «máquina antipolítica». A governação da saúde global tornou-se um campo «técnico» eminente, em que o que em grande parte está em jogo é a formulação e implementação de «boas» políticas, informadas por «boas práticas», e acompanhadas pelo dispêndio e alocação de recursos para projetos que sirvam os necessitados. No caso das principais epidemias (VIH/Sida, tuberculose e malária), isto observa-se na forma como as respostas biomédicas alcançaram a supremacia, ainda que as medidas preventivas também tenham sido claramente enfatizadas. Em vez de um envolvimento das comunidades políticas, como costumava acontecer durante a guerra fria, a governação da saúde global contorna as contingências políticas e visa «resolver» as «questões».

O constitucionalismo da governação da saúde global

Uma das principais características do ambiente internacional pós-guerra fria, nomeadamente na área da saúde e das doenças, é a disseminação de atores governamentais ao lado de atores não-governamentais. Além dos Estados e da OMS, juntaram-se organizações internacionais como a constelação das Nações Unidas e o Banco Mundial, seguidas por muitas organizações não-governamentais (ONG) humanitárias e de desenvolvimento de grande dimensão, novas ou não, organizações e iniciativas filantrópicas e empresas privadas, como as companhias farmacêuticas. Com frequência, muitas dessas entidades juntaram-se sob a égide das parcerias público--privadas (PPP), um modelo de governação que foi fomentado no contexto da aceleração das reformas neoliberais do pós-guerra fria lideradas pelos principais países ocidentais, o Banco Mundial e o Fundo Monetário Internacional. No domínio da saúde global, dois exemplos significativos de PPP são o Fundo Global multilateral e o PEPFAR bilateral. Depois de uma fase anterior em que era considerada «pequena política», esta mudança na paisagem, em que as preocupações com a saúde e a doença passaram a ter um lugar central na política externa dos principais Estados e a produzir muitos atores e agendas, foi designada por David Fidler (2008) como uma «revolução».

No entanto, para Fidler (2004), foi só na sequência dos ataques do 11 de setembro de 2011 e do caso do antraz imediatamente a seguir, nos EUA, e dos surtos da Síndrome Respiratória Aguda Grave (SARS), em 2003, que foi reconfigurado o «constitucionalismo» da governação da saúde global. Entretanto, o RSI da OMS foi revisto e passou a incorporar um elemento de segurança. De um ponto de vista jurídico-institucional (2008), Fidler concebe o papel da OMS e do seu RSI como os principais conteúdos do constitucionalismo da saúde internacional, cuja historiografia, obviamente, remonta bem atrás no tempo. Teve início na década de 1830, quando se organizou a primeira conferência higienista internacional para procurar uma resposta a uma epidemia de cólera que afetava a Europa na altura. Depois disso, outras conferências internacionais semelhantes ocorreram durante o resto do século XIX e o início do século XX. Finalmente, essas conferências abriram caminho à

Organização de Saúde da Sociedade das Nações e, posteriormente, à OMS. Fundada em 1948, a OMS ganhou a reputação de inculcar um regime de cooperação internacional baseado no RSI de 1969, consolidando o que Fidler (1999) designou por *Microbialpolitik*, ou seja, uma agenda internacional fundamentalmente orientada pela luta dos aliados contra a doença. Na perspetiva de Fidler, os acontecimentos de 2001-2003 acima referidos e as correspondentes respostas estruturadoras de contingência constituem um ponto de viragem na compreensão das epidemias como objeto de segurança nacional e internacional. Este período inaugura a «nova ordem global na saúde pública», em que a governação da saúde global se compara com o modelo federal dos Estados Unidos no contexto da crise na saúde à escala global. As funções desse modelo são: garantia de segurança nacional; regulação do comércio internacional; prontidão no apoio e na resposta a crises epidémicas; e proteção dos direitos humanos (Fidler, 2004). Em linhas gerais, esta «nova ordem» reitera a resposta contraterrorista do pós-11 de setembro, em que todas as áreas de governação nos Estados Unidos foram combinadas para uma reação mais eficaz e comprometida. No entanto, esta mudança ainda é problemática. A revisão de 2005 do RSI desviou a OMS do seu mandato, uma vez que este pode servir especificamente as políticas nacionais e internacionais, nomeadamente no que toca à segurança (Fidler e Gostin, 2006: 92).

A revisão de 2005 do RSI apela à necessidade de estabelecer parcerias com outros setores «interessados», nomeadamente as forças armadas. Ao mesmo tempo, o novo RSI permite a possibilidade de «contenção na fonte» para além dos usuais controlos de fronteira a pessoas e bens (WHO, 2007). Esta situação permite desencadear intervenções estrangeiras independentemente da soberania do Estado, nomeadamente com meios militares, por uma questão de contenção de epidemias. Em suma, estas novidades refletem uma verdadeira mudança nos objetivos do RSI.

A explicação jurídico-institucional de Fidler tem sido complementada por uma abordagem mais radical em termos de quem e do quê que constitui a governação da saúde global. Esta abordagem implica que uma pletora de outros atores marcantes – como empresas privadas, organizações não-governamentais, redes e parcerias, e até mesmo celebridades de Hollywood (Drezner, 2007) – precisa de ser incluída juntamente com os atores tradicionais. Tal como os principais Estados e a OMS, esses agentes mantêm intensas agendas de poder e capacidades de regulação, especialmente no âmbito de um quadro que põe em risco a soberania nacional, dada a possibilidade de «contenção na fonte», tal como pressupõe o RSI de 2005. Além disso, uma vez que o constitucionalismo de Fidler parece sobrestimar o papel das crises epidémicas e das suas respostas como factos contextuais – ou seja, o surgimento do surto e as medidas de quarentena exigidas –, é necessária uma abordagem complementar que incorpore elementos estruturais na maquinaria da saúde pública, tais como mecanismos de vigilância e de higiene administrados pelos agentes nacionais e internacionais.

Uma análise histórica à vigilância das doenças remonta ao século XVII, uma vez que a vigilância em relação às epidemias parte nacionalmente na Europa metropolitana e expande-se cada vez mais para as colónias. Este regime foi consolidado com o regime higienista internacional de 1830 (Bashford, 2006). Em resultado disso, tem ajudado a consolidar o sistema de segurança que se reconhece hoje e para cuja caracterização o trabalho de Michel Foucault (1984) sobre a analítica do poder político liberal do século XVII em diante tem sido bastante útil. Em vez de simplesmente depositado em instituições estatais nacionais e internacionais, o poder permeia uma teia insidiosa e abrangente de instituições e práticas, governamentais e não-governamentais, locais e internacionais, ainda que comummente filiadas em ideais de liberalismo e de comércio livre. Ao contrário do que sucedia nos regimes absolutistas anteriores, o poder é concebido quer para promover a vida, quer para evitar a morte. O objeto de tal poder consiste em seres humanos a nível conjunto, bem como a vida em geral. Designado como «biopoder», expressa o esforço científico do século XVIII de medição e regulação de todas as dimensões da vida, tais como o nascimento, a mortalidade, escolaridade, emprego, criminalidade, etc. Esta mudança implicou considerar o ser humano como um *être biologique*, uma espécie natural, ainda que com vida política e poder. Assim, o biopoder é «totalitário», no sentido em que se destina à totalidade da população. As questões da saúde e da doença tornam-se especialmente pertinentes neste quadro de análise do poder.

Contrariamente aos regimes absolutistas anteriores, o biopoder, ou a biopolítica como foi mais tarde reformulado, necessita de ser racionalizado, justificado (Foucault, 1984: 258), e o conceito posterior de governamentalidade de Foucault encarna essa necessidade. A governamentalidade consiste num dispositivo material da segurança incorporando racionalidades e tecnologias de governo, que incluem «discursos, instituições, formas arquitetónicas, decisões de regulação, leis, medidas administrativas, afirmações científicas, proposições filosóficas, morais e filantrópicas» (Foucault, 1980: 184). Neste contexto, uma importante manifestação do poder soberano encontra-se na figura da «polícia médica» (Carroll, 2002). Na verdade, a governamentalidade enquanto racionalidades e tecnologias de governo corresponde em grande medida a uma ideia geral da atividade policial: «práticas de inspeção e vigilância, recolha de dados e de informações, e intervenção direta (ao ponto da força mortal) em matérias privadas, familiares e comerciais» (Carroll, 2002: 465). A polícia médica não recorre à força mortal; no entanto, recorre a uma variedade de técnicas sanitárias para garantir a «saúde e a segurança» entre a população a partir de agora (Carroll, 2002: 465).

Alguns exemplos históricos do Império Britânico demonstram a importância política da centenária intervenção médica à escala global. Alison Bashford (1999) analisou a epidemia de varíola de 1881 em Sydney, na Austrália, como uma ilustração da faceta mais administrativa desse policiamento médico através da criação da autoridade de saúde local, ou seja, a Administração de Saúde da colónia britânica australiana de Nova Gales do Sul. Embora as epidemias de varíola não fossem raras no século XIX, aquela precipitou alterações burocráticas importantes. O policiamento consistia principalmente em levar a cabo atividades animadas por preocupações sociopolíticas em vez de exibir a presença do Estado. Assim, deve ser referido o papel de polícia que as associações de beneficência assumiam, tal como Carroll (2002) mostra no caso das atividades higiénicas noutra colónia, em Dublin, Irlanda, no século XVIII. A função última do policiamento da saúde era para potenciar o estado geral de saúde das populações, não só por razões de economia política, mas também para evitar contágios e epidemias que poderiam debilitar o corpo político. Bashford (2006) refere que, em função do estabelecimento de controlos epidemiológicos e sistemas de quarentena fronteiriços, foram instalados mecanismos de vigilância à escala global, unindo metrópoles e colónias. As medidas higienistas e de vigilância nacionais deslocaram-se para lá da esfera nacional para o resto do mundo, cimentando o poder do Ocidente territorial e biologicamente, como ilustra a epidemia de varíola de 1881, em Sydney, acima referida. Como já se mencionou, uma epidemia de cólera que afetou as potências europeias na década de 1830 abriu caminho para as diversas conferências higienistas internacionais ao longo do século XIX que levaram à criação das instituições sanitárias internacionais no período entre as duas guerras mundiais.

No entanto, nesse período, as questões de saúde eram essencialmente encaradas como questões técnicas pela organização de saúde da Sociedade das Nações, predecessora da OMS. De acordo com Bashford, a sua missão era recolher informações das administrações nacionais, a fim de controlar doenças como a varíola, a malária e a doença do sono em estreita colaboração com a Organização de Economia e Finanças da Sociedade das Nações. Os processos relacionados com a população em geral tinham tendência a ser estudados nas suas dimensões migratórias e comerciais, excluindo questões como o controlo da natalidade e a saúde sexual e reprodutiva. O autor fornece vários exemplos sobre a forma como, apesar de diretamente questionada, a Sociedade das Nações deixou estas últimas questões intocadas com base no princípio de que não faziam parte do mandato da organização. Um papel importante nos sistemas de informações sobre as populações entre colónias e metrópoles foi desempenhado pelas instituições educacionais transnacionais de medicina tropical do Império Britânico. Fundadas no final do século XIX, as escolas de Medicina Tropical de Londres e de Liverpool foram fundamentais para a investigação e a disseminação de factos e práticas epidemiológicas no terreno. Apoiadas por organizações como a Fundação Rockefeller, Cruz Vermelha, a comunidade empresarial de Liverpool (com interesses no Caribe, na África Ocidental e na América Latina), a agenda das escolas ia «das preocupações médicas de um império em declínio à escola nacional e internacional de saúde pública, indo no sentido da integração das preocupações de saúde domésticas e globais» (Wilkinson e Power, 1998: 288). A medicina tropical como disciplina distinta nos currículos dos estudos médicos nasceu com o objetivo de facilitar a fixação de britânicos e outros europeus em ambientes ameaçadores, caracterizados por pragas como a varíola, a malária ou a febre amarela (Arnold, 1997). Mas também tinha a missão de melhorar a vida dos nativos envolvidos nos negócios coloniais, procurando, assim, levar a cabo a tarefa 'benevolente' atribuída ao imperialismo. No entanto, Cameron-Smith identifica a medicina tropical em todo o Império Britânico «como um discurso que construiu o espaço dos

trópicos como Outro e, dessa forma, como racialmente patológico»
(Cameron-Smith, 2007: 16).

A integração da cultura e da história da medicina tropical quando associada à ascensão da polícia médica é particularmente ilustrativa do caráter desta securitização inicial das doenças infeciosas e do dispositivo da instrumentalização biopolítica a nível mundial. Para lá das instituições políticas nacionais e internacionais, a cultura, a ciência e a prática médica contribuíram informativamente para o regime de poder histórico. Em tempos mais recentes, o higienismo continuou a ser notavelmente instrumental no que se refere à implementação de regimes poderosos de supremacia branca, como o que a África do Sul experimentou durante o período do apartheid (Youde, 2005). De acordo com Youde, o legado de intervenção da saúde pública como sendo historicamente contra a população negra transparece no conflito de 2000 entre o governo sul-africano, nomeadamente o Presidente Thabo Mbeki, e a comunidade internacional dedicada ao VIH. Mbeki defendia que o discurso daquela comunidade era neocolonialista e que exprimia a inferioridade dos africanos como raça na resolução dos seus próprios problemas (Youde, 2005). Este episódio foi particularmente dramático uma vez que a África do Sul tinha, como ainda tem, a maior taxa de infeções por VIH do mundo. A conceptualização iniciada por Foucault sobre o poder liberal ser movido pela ideologia político-económica e não por instituições leva a uma imagem de uma combinação de várias entidades. Nébuleuse é uma alternativa apropriada a esta combinação, que tomamos de empréstimo a Robert W. Cox (Cox, 2005) para modelar o «constitucionalismo» na governação (da saúde) global, contrastando com a adoção do modelo federal dos Estados Unidos por Fidler. O fim da guerra fria e o surgimento de agendas neoliberais globais levadas a cabo por uma quantidade crescente de instituições em diversos setores de atividade (comércio, desenvolvimento, humanitarismo, etc.) e em diferentes escalas (local, nacional, regional, global) confirmou a reformulação do Estado como unidade política soberana e acelerou a criação de redes de modos de poder do tipo biopolítico. Esta *nébuleuse* tem por base uma forte densidade política, onde muitas redes de agentes governamentais e não-governamentais interagem formal e informalmente a um nível global. A saúde pública global constitui um domínio bastante sólido para a análise destes fenómenos e das relações de poder que materializam. Protagonizam grandes financiamentos público-privados, bilaterais e multilaterais, e gerem e executam programas, iniciativas e entidades: OMS, PEPFAR, Fundo Global, Banco Mundial, ONU-SIDA, Iniciativa Clinton, Fundação Bill e Melinda Gates, e uma vasta gama de ONG internacionais na área. Uma vez inserido na governação global mais ampla, o sistema de saúde, enquanto regime de vigilância mundial, consolida a supremacia de uma arena internacional dominada não por relações anárquicas de unidades individuais de soberania na forma de Estados, como afirma a tradição neorrealista das Relações Internacionais (Waltz, 1979), mas, sim, por um sistema mundial hegemónico de soberania liberal (Bickerton, 2007). O campo dos exemplos extremos desse tipo de esforços da «saúde global» vai até ao projeto de medicalização das populações, conforme a análise de Stefan Elbe (2010).

O fracasso da governação da saúde global?

Enquanto as narrativas em torno das políticas externas ocidentais pós-guerra fria radicadas na segurança humana e na globalização têm indiscutivelmente dominado a bibliografia sobre a governação da saúde global, uma outra narrativa, centrada nas contradições que a economia política internacional da saúde tem exposto, ganhou o seu próprio espaço. Adrian Kay e Owain Williams (2008) têm chamado a atenção para o facto de a governação da saúde global ser parte relevante dos maiores processos de governação global, com base na liberalização e na mercadorização. Os resultados da mercadorização e liberalização global são particularmente visíveis em determinados casos. Uma vez que o próprio mercado de profissionais de saúde se abriu à globalização, isso permitiu uma transferência mais fácil de recursos humanos dos países com mais baixos salários para aqueles com melhores remunerações. Em resultado disso, países e regiões já com índices muito baixos em termos de cuidados de saúde debatem-se ainda com mais dificuldades por causa da perda de pessoal médico e de enfermagem. Por sua vez, no que respeita à produção e distribuição de medicamentos, em especial os antirretrovirais, a proteção de patentes – que é levada a cabo principalmente pelas empresas farmacêuticas sediadas no Ocidente e pelos respetivos Estados a fim de manter níveis elevados de lucro – constitui outra frente que mina o acesso para melhorar a saúde nos países mais pobres. Ora, a principal bibliografia sobre a governação da saúde global não tem em conta contradições como estas, pois «naturaliza implicitamente o processo de neoliberalização e impele os analistas a procurar soluções tecnocráticas e políticas para tendências adversas na saúde da população em todo o mundo» (Kay e Williams, 2008: 21).

Outro conjunto de incongruências foi apresentado por autores que se agregam em torno da retórica ética dos direitos humanos e da justiça social, interessados nas determinantes sociais da saúde, ou seja, com uma perspetiva bastante estrutural da economia política do estado da saúde (Williams e Rushton, 2009: 11-12). Principalmente disseminado pela comunidade ativista não-governamental e por alguns académicos (MSF, 2008; Schrecker, 2009), a maioria da América do Norte e da Europa Ocidental, este discurso é eminentemente direcionado aos países ocidentais enquanto doadores e líderes da globalização. Esta retórica apela ao aprofundamento da regulamentação internacional das práticas negativas (tais como a contratação de profissionais de saúde do Sul Global ou a proteção excessiva das patentes farmacêuticas) e do compromisso financeiro com os programas de saúde global. Esta posição de base ética não consegue ter uma influência duradoura em termos de mudança política real. No entanto, mesmo que a pudesse ter, os seus termos de debate situam-se num enquadramento centrado na população, em que as comunidades políticas afetadas, particularmente as mais pobres, e os Estados em desenvolvimento têm pouca ou nenhuma autonomia face aos Estados com maior poder e às empresas privadas.

Por conseguinte, a governação da saúde global passou a ser considerada como um domínio malsucedido, uma vez que as contradições e as disputas referidas não sugerem uma coerência das políticas. A ideia da governação do «global» não significa que haja uma forma governamental real para esse «global», embora o construtivismo social que permeia grande parte da análise o sugira. Neste caso, o «constitucionalismo» pós-vestefaliano e liberal-institucional de Fidler (2004) é insuficiente, uma vez que a estrutura internacional ainda é impulsionada principalmente por um conjunto mais tradicional de atores, nomeadamente os Estados. Por seu lado, as leituras pós--foucaultianas radicais também têm falhas, pois deixam pouco ou nenhum espaço para a ação humana ao introduzirem uma tréplica que aponta para o totalitarismo neoliberal (Chandler, 2009).

Governação da saúde global e os Estados recetores

O fracasso da governação da saúde global enquanto domínio de coerência entre os muitos atores que se debatem nele convida a uma reavaliação do caráter deste domínio, observando precisamente o mais estável e consistente na arena internacional: os Estados. Num artigo, James Ricci (2009) critica a diminuta relevância que vários autores atribuem ao papel dos Estados no terreno. De facto, o autor adverte contra o enfoque excessivo na pulverização de atores não-estatais de diferentes tipos como característica jurídica da governação. Ricci defende que, apesar da importância de organizações como a Fundação Bill e Melinda Gates, os Estados ainda são os principais financiadores das iniciativas globais de saúde, sendo o PEPFAR um desses casos (Ricci, 2009: 7). No entanto, a perspetiva de Ricci, centrada no papel muito influente dos Estados, não tem em conta o problema da assimetria como característica fundamental do sistema internacional, que é instrumental para qualquer discussão significativa sobre governação da saúde global. O referido autor não explora o caso particular dos Estados tradicionalmente recetores e subalternos do sistema internacional no âmbito dessa arena de relações.

O mesmo se aplica à discussão de Lenias Hwenda et al. (2011) sobre a participação dos Estados africanos, na qual a questão da assimetria estrutural entre os países é tida em muito pouca consideração. É certo que Hwenda et al. (2011) afirmam que os interesses dos países africanos relativamente à saúde foram submersos pelas posições dos países desenvolvidos. Também é verdade que referem os debates sobre segurança em matéria de saúde iniciados pelos europeus e pelos norte-americanos no âmbito da OMS para demonstrar a necessidade de envolvimento político sério dos Estados africanos nesta discussão. No entanto, não tendo em conta a subalternidade a que a generalidade dos países africanos está sujeita, ficam presos no idealismo da igualdade institucional. Torna-se assim necessário analisar o caráter do Estado em que se verifica a intervenção, nomeadamente no contexto da África subsariana, tendo em conta a estrutura de relações interestatal assimétrica na governação da saúde global.[2]

---

[2] O problema da desigualdade na saúde tem recebido muita atenção por parte de autores e organizações com uma abordagem ética, que, como mencionado, têm

Assim, são propostos dois tipos antagónicos diferentes de Estado que emergem dos debates da bibliografia e das políticas sobre a governação da saúde global. Um deles é o Estado facilitador, em que o Estado beneficiário se comporta de acordo com o que dele espera a comunidade de financiadores e de responsáveis pela elaboração das políticas. Outro tipo é o Estado «desalinhado», em que o Estado se afasta do cumprimento em vários aspetos, desde a adoção das políticas «certas» para combater a epidemia à gestão e utilização dos fundos recebidos de acordo com fins preestabelecidos. Certamente, os dois tipos de Estado são categorias idealizadas neste âmbito e, portanto, sujeitas ao debate sobre a adição de mais categorias e gradações. No entanto, são aplicáveis à generalidade dos países recetores dos principais programas, em especial na África Subsaariana, em particular em oposição aos países doadores. Isto deve ser claramente referido uma vez que as sugestões sobre o desempenho dos papéis de facilitadores e/ou de 'desonestos' também têm sido sugeridos para os países doadores e para as suas escolhas e posições políticas. Além disso, estes tipos ideais não excluem a sua coexistência dentro de um só país, ou seja, o mesmo país pode incorporar ambos os tipos.

Estruturas multilaterais como o Fundo Global e o sistema mais amplo das Nações Unidas têm tendência a favorecer a inclusão de representantes e de cidadãos dos países beneficiários em cargos técnicos e até mesmo de liderança. Por exemplo, Tedros Adhanom, da Etiópia, presidiu ao Fundo Global, de julho de 2009 a setembro de 2011, e Michel Sibidé, do Mali, lidera o Programa Conjunto das Nações Unidas para o VIH/Sida (ONU-SIDA) desde janeiro de 2009.

---

enfatizado constantemente a forma através da qual os países mais ricos facilmente levam os profissionais de saúde do Sul Global e restringirem o acesso a medicamentos a preços acessíveis. No entanto, o seu principal foco reside ao nível das populações, sem considerar a contingência das relações dos Estados na governação da saúde global.

Por sua vez, programas bilaterais são na sua maioria liderados pelo país doador, como acontece no caso do PEPFAR dos Estados Unidos. Embora os países beneficiários façam parte de uma parceria, é claro que a relação é vertical e não horizontal. Em qualquer caso, os governos nacionais dos países beneficiários são instados pelos principais governos e ONG dos países doadores e pelas organizações internacionais a comportar-se com responsabilidade e liderança na adoção das instituições e políticas recomendadas. Em resultado disso, vários governos beneficiários, com exceções como a da África do Sul durante um determinado período, têm respondido positivamente às pressões externas no sentido da observância das políticas da comunidade internacional e têm-se envolvido num relacionamento com essas instituições, mesmo que de forma assimétrica. Neste quadro, é atribuído ao Estado o papel de mediador e facilitador no processo de fornecimento de bens e serviços para as populações carentes. Por sua vez, este papel de mediador ou facilitador é reforçado e melhorado através de políticas de assistência direta às agências estatais e às suas representações (por exemplo, clínicas, hospitais e programas de extensão na área da saúde) e de 'capacitação' em diversas áreas organizacionais.

A assunção como um Estado altamente obediente à comunidade internacional abre a possibilidade de um caso inverso. Ao não estar (totalmente) em conformidade com as boas políticas e comportamentos (se não mesmo em oposição a eles), a comunidade internacional atribui ao Estado características de 'desonestidade'. Um caso muito marcante no âmbito da intervenção global contra as grandes epidemias em África diz respeito à redução e suspensão de programas de tratamento antirretroviral na África do Sul pelo governo do Congresso Nacional Africano (ANC), do antigo presidente Thabo Mbeki e da sua ministra da saúde Manto Tshabalala-Msimang. Devido à sua autoproclamada dissidência em relação a aceitar de forma inequívoca a resposta à epidemia de VIH/SIDA com base em medicamentos no seu país e no resto de África, foi considerado negacionista por muitos ativistas nacionais e internacionais. A Campanha de Ação para o Tratamento (*Treatment Action Campaign* – TAC), com base na África do Sul (com grande apoio internacional) e liderada pelo seropositivo, ex-prostituto e membro do ANC Zachie Achmat, iniciou uma série de ações de desobediência civil com o objetivo de reverter a posição do governo. No entanto, quando, em 2008, Mbeki foi removido do cargo na sequência de um congresso do ANC, Kgalema Motlanthe, que assumiu funções durante a transição, demitiu Tshabalala-Msimang e os programas antirretrovirais foram reativados. Atualmente, não só o «negacionismo» foi publicamente rejeitado como se tomou a direção oposta. Em 2010, o presidente Jacob Zuma anunciou campanhas de aconselhamento e rastreio voluntário em massa, depois de ele próprio ter efetuado um teste de VIH, o que foi visto como o enterro do negacionismo por parte do governo sul-africano. Na Conferência Internacional sobre a SIDA em 2010, o ministro da Saúde Aaron Motsoaledi reiterou a mudança de política e o compromisso com a sua manutenção, e solicitou ajuda aos doadores estrangeiros. O caso sul-africano revela claramente uma deslocação de país «desalinhado» para facilitador.

Fora de África, um caso surpreendente de 'desonestidade' na governação da saúde mundial corresponde à invocação de direitos soberanos pelo governo indonésio relativamente à decisão de não partilhar as amostras de vírus da gripe A/H5N1 com a Organização Mundial de Saúde. Esta posição foi adotada na convicção de que, uma vez entregues as amostras para investigação e desenvolvimento de uma vacina, a Indonésia dificilmente beneficiaria dela, pois seria muito caro comprá-la às principais empresas farmacêuticas ocidentais. Num sentido mais amplo, o principal exemplo de comportamento 'desalinhado' de um Estado beneficiário é o desvio, real ou percecionado, de fundos com destino à implementação de políticas e que são usados para fins considerados ilegítimos. Muitas vezes definida como 'corrupção' em círculos ocidentais, esta prática junta-se a outras práticas preocupantes relacionadas com o funcionamento do tecido social e político, nomeadamente fraude eleitoral, abuso da violência do Estado e desrespeito do Estado de Direito. Em resultado disso, os países doadores sentem-se muitas vezes desconfortáveis em apoiar diretamente estruturas governamentais (embora ainda o façam) e preferem as ONG, ainda que, nalguns casos, as de base local, de uma forma ou de outra, pertençam ao Estado/governo.

Conclusão

De um ponto de vista reflexivo, pode argumentar-se que a constituição e o desenvolvimento intelectual da «governação da saúde global» como domínio distinguível de relações oferece um exemplo de como as teorias construtivistas sociais e liberais passaram a dominar a análise na arena internacional. A governação da saúde global é seguramente influenciada pela proliferação exponencial no terreno de atores governamentais e não-governamentais, nacionais e transnacionais, sem fins lucrativos e com fins lucrativos, que são sedutores para as abordagens cosmopolitas liberal-institucionalistas às relações internacionais na era pós-guerra fria. Por sua vez, o construtivismo social é visível na construção de causalidades (por exemplo, a ligação entre epidemias e segurança) que dão sentido à valorização do estudo político internacional dos programas de saúde, o mesmo se aplicando à sua utilização pós-foucaultiana. Quando enquadrada numa discussão teórica mais ampla, a preponderância das abordagens liberal-institucional, construtivista social e crítica – em que fenómenos díspares relacionados com a saúde e com implicações globais exigem respostas globais – sugere a inversão completa dos termos da análise da arena internacional. Esta sugestão prende-se com o facto de a governação da saúde global como um domínio específico de relações na arena internacional surgir em função de desenvolvimentos mais amplos no pós-guerra fria relacionados com as políticas externas das potências ocidentais com base na segurança humana; de «novas ameaças» à segurança internacional provocadas pela globalização; do neoliberalismo; e das agendas de direitos humanos.

Face à diversidade de interesses e agendas dos múltiplos atores que compõem este campo, até agora os analistas têm estado de acordo relativamente ao fracasso em alcançar uma governação coerente de fenómenos tão díspares como surtos virais e epidemias, com incidências diferentes em todo o globo. Em larga medida, essa incoerência deriva das assimetrias internacionais existentes, desde logo entre Estados, alegadamente, os (ainda) principais atores no sistema. Considerando em particular os Estados recetores dos principais instrumentos de saúde global, foram propostas duas categorias: facilitador e 'desalinhado' com o consenso internacional expresso nos programas. Enquanto a primeira alude à ideia de um Estado compatível com as estruturas e políticas internacionais, intermediando e facilitando a implementação dessas políticas, a segunda debruça-se sobre o lado 'mais obscuro' do Estado a partir das perspetivas dominantes da governação da saúde global, tanto no plano do consenso epistemológico como no da prática política e administrativa.

Referências bibliográficas

Arnold, David (1997) «The place of 'the tropics' in Western since 1750», *Tropical Medicine and International Health*, 2(4): 303-313.

Ban, Jonathan (2003) «Health as a Global Security Challenge», *The Whitehead Journal of Diplomacy and International Relations*, 4(2): 19-28.

Bashford, Alison (1999) «Epidemic and governmentality: smallpox in Sydney, 1881», *Critical Public Health*, 9(4): 301-316.

Bashford, Alison (2006) «Global biopolitics and the history of world health», *History of Human Sciences*, 19(67): 67-88.

Beck, Ulrich (1992) *Risk society: towards a new modernity*. London: Sage Publications.

Beck, Ulrich (2006) «Living in the World Risk Society», *Economy and Society*, 35(3): 329-345.

Behringer, Ronald M. (2005) «Middle Power Leadership on the Human Security Agenda», *Cooperation and Conflict: Journal of the Nordic International Studies Association*, 40(3): 305-342.

Bickerton, Christopher (2007) «State-building. Exporting state failure», in Bickerton, Cristopher et al. (org.) (2007), *Politics Without Sovereignty. A critique of contemporary international relations*. London: University College London Press.

Brower, Jennifer; Chalk, Peter (2003) *The Global Threat of New and Reemerging Infectious Diseases: Reconciling U.S. National Security and Public Health Policy*. Santa Monica (CA): Rand Corporation.

Cameron-Smith, Alexander (2007) *Strange Bodies and Familiar Spaces: W. J. R. Simpson and the threat of disease in Calcutta and the tropical city, 1880-1910*. Sydney: University of Sydney.

Carroll, Patrick E. (2002) «Medical Police and the History of Public Health», *Medical History*, 46: 461-494.

Chandler, David (2009) «Critiquing Liberal Cosmopolitanism? The Limits of the Biopolitical Approach», *International Political Sociology*, 3: 53-70.

Cox, Robert W. (2005) «Global Perestroika», in Wilkinson, Rorden (org.) (2005), *The global governance reader*. London; New York: Routledge.

Debiel, Tobias; Werthes, Sascha (2006) *Human Security on Foreign Policy Agendas. Changes, Concepts and Cases*. Duisburg-Essen: Institute for Development and Peace.

Drezner, Daniel W. (2007) «Should celebrities set the global agenda?», *Los Angeles Times*, (http://www.cgdev.org/files/15091_file_Should_celebrities_set_the_global_agenda_LATIMES.12.30.07.pdf) [28 dezembro 2014].

Elbe, Stefan (2003) «Diseases, AIDS and other pandemics», in Missiroli, Antonio (org.) (2003), *Disasters, Diseases, Disruptions: a new D-drive for the EU*. Paris: Institute for Security Studies.

Elbe, Stefan (2006) «Should HIV/AIDS Be Securitized? The Ethical Dilemmas of Linking HIV/AIDS and Security», *International Studies Quarterly*, 50: 119-144.

Elbe, Stefan (2010) *Security and Global Health: Towards the Medicalization of Insecurity*. Cambridge: Polity.

Ferguson, James (1994) *The Anti-Politics Machine. Development, Depoliticization, and Bureaucratic Power in Lesotho*. Minneapolis and London: University of Minnesota Press.

Fidler, David (1999) *International Law and Infectious Diseases*. Oxford: Clarendon Press.

Fidler, David (2004) «Constitutional Outlines of Public Health's 'New World Order'», *Temple Law Review*, 77(2): 247-290.

Fidler, David (2005) «Health as Foreign Policy: Between Principle and Power», *The Whitehead Journal of Diplomacy and International Relations*, 6(2): 179-194.

Fidler, David (2008) «After the Revolution: Global Health Politics in a Time of Economic Crisis and Threatening Future Trends», *Global Health Governance*, 2(2): 1-21.

Fidler, David; Gostin, Lawrence O. (2006) «The New International Health Regulations: An Historic Development for International Law and Public Health», *Journal of Law, Medicine & Ethics*, 34(1): 85-94.

Foucault, Michel (1980) «The Confessions of the Flesh«, in Gordon, Colin (org.) (1980), *Power/Knowledge. Selected Interviews and Other Writings. 1972-1977*. New York: Pantheon Books.

Foucault, Michel (1984) «Bio-Power», in Rabinow, Paul (org.) (1984), *The Foucault Reader*. New York: Pantheon Books.

Giddens, Anthony (1995) *As Consequências da Modernidade*. Oeiras: Celta.

Hardt, Michael and Negri, Antonio (2004) *Multitude. War and Democracy in the Age of Empire*. London: Penguin Books.

Hwenda, Lenias et al. (2011) «Why African Countries Need to Participate in Global Health Security Discourse», *Global Health Governance*, 4(2): 1-24.

Kaldor, Mary (1999) *New and Old Wars: Organised Violence in a Global Era*. Cambridge: Polity Press.

Kay, Adrian; Williams, Owain (2008) «The International Political Economy of Global Health Governance», International Studies Association Annual Conference, San Francisco, CA.

Martin, Mary (2007) «Human Security: Does Normative Europe Need a New Strategic Narrative?», European Union Studies Association Conference, Montreal, Canada.

McInnes, Colin; Lee, Kelley (2006) «Health, security and foreign policy», *Review of International Studies*, 32: 5-23.

MSF: Médecins sans Frontières (2008) «Running in a Place: Too Many Patients Still in Need of HIV/AIDS Treatment», (http://www.msf.org.uk/sites/uk/files/2008_ Running_in_ Place Too_Many_Patients_Still_in_Urgent_Need_of_HIVAIDS_ Treatment_201103180708. pdf) [28 dezembro 2014].

Owen, John Wyn; Roberts, Olivia (2005) «Globalisation, health and foreign policy: emerging linkages and interests», *Globalization and Health*, 1(12): 1-12.

Pereira, Ricardo (2008) «Processes of Securitization of Infectious Diseases and Western Hegemonic Power: A Historical-Political Analysis», *Global Health Governance*, 2(1): 1-15.

Ricci, James (2009) «Global Health Governance and the State: Premature Claims of a Post-International Framework», *Global Health Governance*, 3(1): 1-18.

Saker, Lance et al. (2004) *Globalization and infectious diseases: A review of the Linkages*. Geneva: World Health Organisation.

Schneider, Mark; Moodie, Michael (2002) *The Destabilizing Impacts of HIV/AIDS. First Wave Hits Eastern and Southern Africa; Second Wave Threatens India, China, Russia, Ethiopia, Nigeria*. Washington DC: CSIS.

Schrecker, Ted (2009) «The G8, Globalization, and the Need for a Global Health Ethic», in Maclean, Sandra L. et al. (org.) (2009), *Health for Some. The Political*

Economy of Global Health Governance. Basingstoke, UK and New York City, NY: Palgrave Macmillan.

UNDP: United Nations Development Program (1994) *Human Development Report*. New York: United Nations.

Waltz, Kenneth N. (1979) *Theory of International Relations*. New York: McGraw-Hill.

WHO: World Health Organisation (2007) *International Health Regulations (2005): Areas of work for implementation*. Geneva: World Health Organization.

Wilkinson, Lise; Power, Helen (1998) «The London and Liverpool Schools of Tropical Medicine 1898-1998», *British Medical Bulletin*, 54(2): 281-292.

Williams, Owain; Rushton, Simon (2009) «Global Health Governance as a contested space: competing discourses, interests and actors», 50th International Studies Association Annual Convention, New York, NY.

Youde, Jeremy (2005) «South Africa, AIDS, and the Development of a Counter-Epistemic Community», 2005 International Studies Association Conférence, Honolulu.

Zartman, W. (1995) *Collapsed states: the disintegration and restoration of legitimate authority*. Boulder: Lynne Rienner.

DOI | https://doi.org/10.14195/978-989-26-1262-1_7

CAPÍTULO 7
REFERENDO(S) E SECESSÃO:
DO DISCURSO À PRÁTICA

Daniel Marcelino Rodrigues

OBSERVARE, Universidade Autónoma de Lisboa

ORCID: https://orcid.org/0000-0003-1053-1385

Resumo: O uso do referendo enquanto expressão da vontade popular é geralmente considerado um dos principais elementos da democracia direta, sendo a Suíça vista como o exemplo maior deste modelo de expressão política. Se o desafio colocado por movimentos independentistas à unidade dos respetivos Estados é tão diverso quanto a variedade dos mesmos, todos eles procuram fortalecer as suas reivindicações através da demonstração da sua aceitação pela população que asseguram representar. O recurso ao processo referendário como expressão legal do direito à autodeterminação assume esse papel de forma clara e a retórica à volta deste faz dele um poderoso instrumento discursivo. Porém, uma má ou excessiva utilização do mesmo pode fragilizá-lo e retirar-lhe parte da sua legitimidade. A passagem do discurso à prática é um processo moroso e complicado, repleto de dificuldades políticas e legais, opondo as autoridades centrais aos nacionalismos periféricos que ameaçam a sua unidade. Tal não impede que se olhe com atenção para o direito à secessão, aliado à autodeterminação dos povos e ao direito das minorias, em paralelo ao recurso ao referendo como mecanismo de justificação dos mesmos. Casos tão diferentes como o Quebeque, o Kosovo, o Montenegro ou a Checoslováquia permitem observar as diferenças existentes entre processos de secessão distintos assim como compreender os seus sucessos e fracassos.

Palavras-chave: Secessão; Referendo; Nacionalismo; Autodeterminação; Direito das minorias

Abstract: The use of the referendum as an expression of popular will is generally considered to be one of the main features of direct democracy, with Switzerland being seen as the major example of this way of doing politics. The challenge made to the unity of states by secessionist movements is as diverse as them. All of them seek to strengthen their demands by demonstrating that these are fully acknowledged by the group they declare to represent. The use of the referendum as a legal expression of the right to self-determination is unmistakably its assumption and the rhetoric surrounding it makes it a powerful discursive instrument. Nevertheless, its misuse or excessive usage may weaken it and considerably reduce its legitimacy. The transition from discourse to practice is a lengthy and complicated process, packed with political and legal difficulties, opposing the central authorities to peripheral nationalisms threatening their unity. Therefore, it is essential to observe carefully the right of secession, as well as the right of peoples to self-determination and minority rights, in parallel with the use of the referendum as a means of justification. Cases as distinct as Quebec, Kosovo, Montenegro or Czechoslovakia make it possible to discern differences between dissimilar processes of secession and to understand their successes and failures.

Keywords: Secession; Referendum; Nationalism; Self-determination; Minority rights

Introdução

O recurso ao processo referendário, enquanto justificação legal da expressão da vontade popular, não é uma novidade. Porém, o seu ressurgimento no discurso político de vários partidos etnonacionalistas, assim como de movimentos etnoregionalistas, é uma realidade. Se nalguns casos, resultou no agravamento e na radicalização do discurso político e das diversas abordagens dos diferentes atores, noutros assistiu-se a uma reinvenção da relação tradicional entre o Estado e as entidades regionais. Deste modo, se é possível verificar a aceitação das autoridades britânicas à realização de um referendo sobre a independência da Escócia (Castañas Adam, 2017; Mullen, 2014), o mesmo não acontece no caso opondo a Generalitat catalã e o governo de Madrid (Duclos, 2015; Ridao, 2014).

Este capítulo pretende observar de que forma o uso de uma retórica referendária sobre a questão da secessão é utilizado com o objetivo declarado de obter a independência pacífica de um dado território ou se, pelo contrário, apenas é pretendida uma maior abertura negocial dos governos estatais nas suas relações com os movimentos de cariz etnonacionalista e etnoregionalista, evitando de igual modo o agravamento de tensões potencialmente violentas. Esta questão é analisada numa primeira fase do ponto de vista teórico, através da análise dos conceitos de secessão e de autodeterminação dos povos. Numa segunda fase, é considerada a importância do processo referendário como parte de um processo de secessão pacífica assim como as modalidades da sua realização, nomeadamente em Estados federais ou altamente decentralizados. Finalmente, são contemplados alguns estudos de caso que, ainda que abordados de forma concisa, procuram demonstrar as capacidades e limitações do direito de secessão e do recurso ao referendo como mecanismo de justificação daquele.

O direito de secessão e o problema da legitimação

O processo de formação e consolidação de um Estado soberano caracteriza-se pelo fortalecimento do poder do governo central, não obstante o sistema político e administrativo do mesmo. Qualquer Estado tem como objetivo primeiro a manutenção da sua unidade territorial e, como tal, evitar toda e qualquer possibilidade de fragmentação do seu território. Porém, esta é por vezes inevitável, sendo a secessão a mera consequência de um processo opondo centro e periferia(s) (Batkus, 1999: 8). O conceito de secessão é consensual entre os académicos que se debruçam sobre esta questão, permanecendo algum debate relativamente à sua aplicação prática. Segundo Pavković e Radan (2007: 5), secessão remete para a criação de um novo Estado através da retirada de um território e, por conseguinte, da sua população, de um Estado soberano. O recurso ao termo «retirada» aparece aqui como um importante jogo de palavras. Na verdade, os autores poderiam ter utilizado a palavra «separada», reforçando a ideia segundo a qual a secessão tende a ser uma atitude não consentida pelo Estado de origem da entidade secessionista. De notar que a referência a uma separação não significa impreterivelmente a independência e a criação de um novo Estado. Na verdade, a entidade secessionista pode ser em simultâneo irredentista e procurar a separação de um dado Estado de modo a ser incorporado por outro, geralmente sem o consentimento do primeiro. Com base na noção de consentimento, ou ausência dele, Marcelo G. Kohen (2006: 3) defende que a situação pode ser entendida de forma diferente. Poderemos falar de secessão em situações nas quais o Estado não consente a separação, sendo que esta resultará num conflito entre o poder central e a entidade secessionista. Quando o Estado consente essa mesma separação, Kohen recusa falar de secessão, preferindo referir-se a devolução. A ideia de devolução pode dar origem a várias interpretações e pôr em causa o próprio conceito. Sendo possível assumir que esta remete para a devolução de algo que foi retirado, é necessário entender que o seu significado é mais amplo e está intimamente ligado à ideia de soberania. Sendo a soberania uma prerrogativa da nação e não do Estado, aquela pode ser-lhe devolvida por este último para ser atribuída a um novo Estado. Recorrendo à metáfora do casamento, Christopher H. Wellman assume que «da mesma forma que ninguém iria negar o direito de um cônjuge ao divórcio unilateral, não devemos exigir que as divisões políticas sejam bilaterais» (2005: 90). Todavia, é também possível encontrar uma manifesta recusa em aceitar o direito de secessão como algo legítimo ou natural. Não é por acaso que os *corpus* legislativos nacionais não tenham por costume reconhecê-lo. Com exceção das constituições soviética, jugoslava e checoslovaca, que em termos formais reconheciam este direito às suas entidades federadas, não existem outros exemplos de legislação constitucional favorável à secessão ou separação de uma ou mais partes do território nacional. É, aliás, possível afirmar, citando o discurso de tomada de posse do presidente norte-americano Abraham Lincoln, a 12 de abril de 1861, que «[a] perpetuidade está implícita, se não expressa, na lei fundamental de todos os governos nacionais. É seguro afirmar que nenhum governo propriamente dito, alguma vez tenha tido uma provisão na sua lei orgânica para a sua própria extinção» (Lincoln, 1861 apud Saiz Arnaiz, 2008: 128).

Independentemente do facto desta afirmação ter sido proferida num contexto de tensão crescente entre os Estados do Norte partidários da União e os Estados Confederados secessionistas, esta pode ser replicada a outros cenários. A Constituição Espanhola de 1978 não prevê nenhum mecanismo para a independência das novas regiões autónomas, nem tão pouco abre implicitamente essa possibilidade como se verifica através da leitura do seu artigo 2º.

> A Constituição fundamenta-se na indissolúvel unidade da Nação espanhola, pátria comum e indivisível de todos os espanhóis, e reconhece e garante o direito à autonomia das nacionalidades

e regiões que a integram e a solidariedade entre todas elas. (Constituição Espanhola de 1978)

Qualquer veleidade secessionista seria, portanto, o resultado de um separatismo anticonstitucional. A existência de várias teorias de ordem filosófica, legal ou moral condenando a ideia de secessão não impediu que esta fosse invocada por alguns Estados aquando da sua adesão a federações. É o caso dos Estados norte-americanos da Virgínia, Rhode Island e Nova Iorque que negociaram o direito à secessão aquando do processo de ratificação da Constituição do país. Da mesma forma, existem vários exemplos de tentativas de secessão que resultaram num conflito armado entre as partes envolvidas. A Guerra da Secessão norte-americana viu o desenvolvimento de duas conceções jurídico-legais opostas. A primeira, defendida pelos Estados do Norte, negava o direito à secessão. A segunda, alegada pela Confederação dos Estados do Sul, recorreu à doutrina da *nullification* desenvolvida por John Calhoun como base teórica da ideia de secessão. Este autor deixa claro que os Estados encaram a ratificação da Constituição em conformidade com os princípios de anulação e de secessão. Ainda que reconheça que estes estão excluídos quando a fundamentação se resume a um sentimento nacional, a sua justificação é aceite como derradeiro recurso revolucionário, ou seja, quando o Estado deixa de respeitar o contrato social estabelecido. A principal consequência desta divergência conceptual relativamente à ideia de ratificação está presente na oposição de visões sobre o corpo político que participa e resulta deste processo. Segundo Calhoun, «[a] ideia de um povo americano, como comunidade única, é uma mera quimera» (Beer, 1993: 317).

Assumindo que em determinadas situações não existe um consenso entre todas as partes envolvidas sobre o direito de secessão, até que ponto uma secessão unilateral pode ser aceite pela comunidade internacional não obstante a sua recusa pelo Estado de origem que se veria assim amputado de parte do seu território? O direito internacional é um tanto ou quanto ambíguo sobre esta questão como é possível verificar através da opinião consultiva emitida em 2010 pelo Tribunal Internacional de Justiça (TIJ) sobre a declaração de independência do Kosovo. O texto refere claramente que o direito internacional não proíbe declarações de independência. Porém, da mesma forma que não existe a sua proibição, estas também não estão expressamente autorizadas. Nas consultas efetuadas pelo TIJ junto da Sérvia, do Kosovo e de vinte nove outros Estados, ficou patente a posição de alguns deles sobre esta ausência do direito de secessão no direito internacional ainda que outros tenham defendido que em casos em que se verificam situações de violação sistemática dos direitos humanos e de opressão contínua, este é justificado. Retém-se deste texto que o direito internacional não proíbe a secessão ainda que se detenha sobre as modalidades de um processo conduzindo à separação, condenando todo e qualquer recurso à força ou à violação de leis fundamentais. Em resumo, a menos que se trate de uma situação excecional, a secessão unilateral é sempre condenável.

Não obstante a inexistência da consagração do direito de secessão enquanto prerrogativa universal pelo direito internacional, os seus defensores têm procurado legitimá-lo recorrendo a este último. De facto, é essencial para o êxito de qualquer processo de secessão que este obtenha não apenas uma legitimação interna, mas também, e acima de tudo, o reconhecimento da sua legalidade pela comunidade internacional. Todavia, o sucesso da primeira etapa não significa que a segunda seja alcançada. Na grande maioria dos casos, fica ainda por trilhar um longo caminho até que o «novo» Estado seja reconhecido como um Estado de pleno direito. Os chamados «Estados de facto» pós-soviéticos são um claro exemplo da dificuldade e da complexidade do processo visando a obtenção desta dupla legitimação (Steinsdorff e Fruhstorfer, 2012). A resposta a este problema encontra-se na necessidade de legalização do direito de secessão que, como acima indicado, não é um dado adquirido. Esta não pode passar pela tentativa de legitimação *a posteriori* do resultado do processo de secessão. A inscrição de princípios como a soberania política, a integridade territorial e a autodeterminação dos povos no direito internacional levanta uma série de questões de difícil resolução. Se a sua aceitação parece ser inequívoca pelos diferentes atores do sistema internacional, a sua operacionalização padece de uma discriminação realizada de forma *ad hoc* por esses mesmos atores. Da mesma forma, a legitimação de ambos os princípios por um corpus legal comummente aceite não deixa de criar um paradoxo legislativo ao colocar no mesmo patamar ideias aparentemente contraditórias. A par do direito internacional, é possível encontrar um conjunto de soluções mais ou menos engenhosas no âmbito do direito nacional de vários Estados, que vão do reconhecimento de especificidades culturais e linguísticas à criação de estruturas políticas e administrativas geralmente descentralizadas.

O direito de autodeterminação dos povos surge como tal num contexto internacional favorável às minorias da Europa central e de leste. Porém, apesar da conjuntura na qual se inserem e de uma aparente boa vontade dos vários atores internacionais, os 14 Pontos de Wilson, formulados em 1918, não trouxeram uma resposta efetiva a todas as reivindicações de cariz etnonacionalista existentes na região. De facto, o presidente norte-americano Woodrow Wilson procurava, a par das outras potências vencedoras, uma redefinição do mapa da Europa. A ideia passava, em primeiro lugar, por reformar os Impérios centrais. É o reconhecimento da impossibilidade de realizar essa tarefa que levou a uma redefinição dos objetivos iniciais do plano wilsoniano e ao desenvolvimento do direito da autodeterminação dos povos, estando este igualmente limitado por considerações de ordem geopolítica e interesses nacionais divergentes. Apesar das suas limitações, logrou criar um quadro legal desenhado para responder à questão das minorias nacionais. Progressivamente, este foi evoluindo da ideia de um direito de secessão formulado no âmbito de contextos pós-imperiais (final da Primeira Guerra Mundial) e pós-coloniais (final da Segunda Guerra Mundial) para a consagração do direito das minorias. Este transformou-se num mecanismo cujo objetivo passava por uma autodeterminação interna de grupos étnicos ou nacionais no seio de um dado território, evitando desta forma quaisquer veleidades secessionistas. O princípio subjacente ao direito das minorias tem um valor não menosprezável, especialmente em contextos em que as reivindicações daqueles grupos visam o reconhecimento de especificidades de âmbito linguístico ou cultural.

Permanece, porém, uma questão formal indispensável. Como legitimar a secessão sem ter que recorrer ao princípio da excecionalidade? Concebendo um modelo único, aplicável a todos os contextos não obstante as diferenças existentes entre eles? Ou deverá existir um fio condutor suficientemente flexível para se adaptar a cada contexto? Nesse caso, que condições devem ser necessárias para que o processo de secessão possa ser levado a cabo num determinado contexto e não noutro?

A bibliografia existente sobre este assunto permite-nos identificar diversas teorias da secessão, o que possibilita ir para além da ideia segundo a qual a secessão é invariavelmente sinónimo de independência (Sindre, 2018; Catala, 2013; Pavkovic & Radan, 2007; Wellman, 2005; Corlet, 1998; Buchanan, 1997; Hechter, 1992; Wood, 1981). Segundo Josep Costa (2003), existem três teorias da secessão que se diferenciam pela sua fundamentação. Em primeiro lugar, encontramos as teorias da autodeterminação, ou nacionalistas. Mais conhecidas e utilizadas, estas sustentam que o direito de autodeterminação dos povos confere legitimidade a uma nação sem Estado para que esta possa decidir o seu futuro, nomeadamente através da secessão e independência do território no qual esta constitui uma maioria. Em segundo lugar, Costa apresenta as teorias da escolha. Mais permissivas, estas aceitam o direito de secessão para grupos que manifestem o seu interesse nesta opção. A única condição colocada pelos seus defensores reside na necessidade da expressão desta vontade por uma maioria, geralmente através do recurso a processos eleitorais ou referendários. Finalmente, o terceiro tipo de teoria da secessão é constituído pelas teorias da justa causa. Ao contrário das anteriores, estas rejeitam a ideia de secessão per se. As razões apresentadas para a separação do território secessionista deverão ser indiscutíveis, não podendo existir dúvidas sobre a sua legitimidade. Apenas desta forma se poderá considerar que estamos perante uma situação de justa causa e não de abuso legal e, por conseguinte, aceitar as pretensões de secessão do território em questão.

O uso da prática referendária em processos de secessão

De um ponto de vista teórico, a realização de um referendo etnonacional pode dizer respeito à homogeneização de um dado território, à sua heterogeneização ou à sua secessão. Independentemente do resultado alcançado, Matt Qvortrup (2014) apresenta várias hipóteses sobre os referendos etnonacionais, cada uma delas adaptada a diferentes contextos. Em primeiro lugar, indica os referendos relativos à secessão ou partição que, segundo ele, ocorrem tendencialmente em contextos de colapso de hegemonias imperiais de longa duração. Contudo, estes apenas poderão acontecer caso exista um compromisso alargado entre as elites políticas da entidade em questão. Qvortrup refere os referendos que sustentaram a independência das repúblicas bálticas como um exemplo deste tipo de referendos. Em segundo lugar, os referendos que dizem respeito à redefinição de fronteiras. Estes são geralmente o resultado de conflitos armados de larga escala ou de mudanças de regime.

Em terceiro lugar, os referendos homogeneizadores. O seu principal objetivo passa por legitimar uma política de homogeneização etnonacional através da consulta popular. Finalmente, os referendos sobre a gestão da diferença. Não estando direcionados para a secessão, estes resultam de processos negociais de gestão ou resolução de conflitos com o intuito de dar uma resposta positiva a reivindicações de cariz étnico. Ainda segundo este autor, é improvável que referendos de cariz etnonacional resultem num processo de resolução de conflitos pacífico se não estiverem reunidas duas condições, a saber, um consenso por parte das elites em relação à solução proposta e um apoio da comunidade internacional, ou pelo menos a ausência de uma clara oposição, ao referendo em questão (Qvortrup, 2014: 12-13). No quadro de um processo de transição pacífica, é importante não esquecer que a mera realização de um referendo não é suficiente, sendo fundamental ir para além deste. Este deverá materializar o cumprimento de três fases: negociação, implementação e operacionalização (Cordell e Wolff, 2010: 89-ss). Nalguns casos, existe a necessidade de criar um quadro político e administrativo prévio caracterizado por um grau elevado de autonomia local a diferentes níveis (legislativo, parlamentar e/ou económico) com o objetivo de dotar as entidades potencialmente secessionistas de poderes e competências institucionais devolvidas. O conceito de federalismo transitório (Rodrigues, 2010) recupera esta ideia ao instituir a necessidade de uma devolução de poderes como etapa prévia e preparação de um processo de institucionalização da secessão. Não sendo uma exclusividade de sistemas políticos descentralizados, esta opção é sugerida como adaptada para contextos de tensão etnonacionalista. A reorganização interna das estruturas políticas e administrativas do Estado com recurso a disposições de ordem federalista, ou pro-federalizante, apresenta-se como uma mera modificação da emancipação de uma nação sem Estado dentro do Estado em que se insere.

Para voltar à relevância do referendo de cariz etnonacional, é necessário não esquecer quais são os atores envolvidos no processo. Como indicado previamente, Qvortrup (2004) limita-se a associar o seu sucesso à vontade das elites políticas locais e internacionais, assumindo como condição sine qua non desse mesmo sucesso a vontade popular. Fica, contudo, por referir de forma clara que a transição apenas pode ser conseguida em cenários em que todas as partes envolvidas têm de facto o mesmo objetivo, sendo esta garantida através da conclusão de acordos sobre a realização de um referendo sobre a independência de uma determinada entidade territorial. Em contextos de resolução de conflitos, é possível integrar este pressuposto nos acordos de paz, como seja o caso do Sudão do Sul, Bougainville ou a Irlanda do Norte.

Apesar de uma cada vez maior importância dada ao referendo sobre a secessão, a sua realização continua a ser marginal. Uma rápida observação da história dos referendos ditos etnonacionalistas demonstra esta dualidade de critérios na sua utilização. O final da Primeira Guerra Mundial e a introdução do princípio de autodeterminação de povos no discurso político internacional deu origem a várias situações ambíguas ou contestáveis. A derrota das potências centrais significou uma redefinição de fronteiras no espaço europeu, em particular na Europa central e de leste. Algumas populações tiveram a possibilidade de se pronunciar em plebiscitos sobre questões de autodeterminação, como foi o caso na Prússia Oriental, no Schleswig e na Alta Silésia. Mas o mesmo não aconteceu noutros territórios. Os habitantes da Prússia Ocidental, de Eupen, de Malmédy, de Danzig ou de Memel não foram ouvidos (Tomuschat, 2004: 390). O mesmo aconteceu nas regiões da Alsácia e da Lorena onde as condições da reintegração no seio da República Francesa não eram unânimes apesar da sua aceitação pelas potências vencedoras. A possibilidade de realização de um referendo, que nunca viria a acontecer, foi colocada (Becker & Audoin-Rouzeau, 1995: 343-345). Este caso revela que a dualidade de critérios anteriormente indicada depende não exclusivamente de fatores endógenos, mas do poder relativo de cada ator no sistema internacional. Não é por acaso que, quando confrontado com a possibilidade de realização de um referendo na Alsácia e na Lorena, o presidente francês Raymond Poincaré tenha afirmado «[l]e plébiscit est fait» em referência à receção e presença das tropas francesas em Estrasburgo (Fischer, 2010: 128).

É igualmente possível encontrar no sistema internacional contemporâneo um conjunto de referendos etnonacionalistas e secessionistas, em muitos casos organizados à revelia dos Estados em que ocorrem. Tal sucede devido à legitimidade, ou semblante de legitimidade, atribuída ao processo referendário enquanto expressão máxima da democracia direta e da vontade popular. As constantes referências à liberdade de escolha e ao direito de autodeterminação dos povos no discurso político de vários movimentos etnonacionalistas denotam esta necessidade de legitimação aliada ao poder negocial proporcionado por um resultado favorável num referendo.

Assim, a par de referendos etnonacionalistas legais, realizados com o acordo das instituições políticas e judiciais, existem outros que se podem classificar como ilegais ou informais. O referendo ilegal é aquele que ocorre em contextos nos quais não é aceite nem reconhecido pelas autoridades do Estado em que se realiza e que procura ser decisório. O exemplo recente mais mediático de um referendo ilegal é o chamado 1-O. O referendo catalão de 1 de outubro de 2017 é revelador das consequências deste tipo de processo, quando este ocorre sem o reconhecimento do Estado central e fora do enquadramento legal do mesmo. A proclamação unilateral da independência da Catalunha seguida pela intervenção de Madrid, com a intervenção temporária do governo central na governação da região e a acusação de vários membros da *Generalitat* por sedição, continua um foco de tensão na relação entre o centro e a periferia. É igualmente o caso dos referendos que tiveram lugar nas auto-proclamadas Repúblicas Populares de Donetsk e de Lugansk no Leste da Ucrânia em 2014 e na Crimeia antes disso (Shany, 2014). Para além do não reconhecimento da legalidade destes escrutínios pelo Estado ucraniano, estes não foram aceites por grande parte da comunidade internacional. O referendo informal é aquele que, à semelhança do anterior, se realiza ilegalmente, mas que, por seu lado, é meramente consultivo ainda que tenha como ambição demonstrar o apoio popular à ideia de secessão, irredentismo ou outro. É o caso do referendo catalão de 2009, em que cerca de 30% dos eleitores votaram a favor da independência da Catalunha. Da mesma forma, o referendo informal que teve lugar em fevereiro de 2012 no norte do Kosovo, maioritariamente sérvio, a população local votou como forma de protesto pela integração daquele território a um Kosovo albanês.

O caso quebequense e o neverendum

A razão de ser do nacionalismo quebequense tradicional é a sua reivindicação de um Quebeque soberano e independente, liberto do domínio anglófono de Ottawa. A criação do Parti Québécois (PQ) em 1968 é um marco do nacionalismo quebequense. Desde logo, os líderes políticos do partido deixaram claro que o seu obje-tivo central seria a independência da província francófona. Assim, quando o PQ formou o seu primeiro governo provincial em 1976 sob a liderança do histórico René Lévesque, este procurou alcan-çar o seu propósito com a realização de um referendo. Este teve lugar em 1980 e teve como pergunta a escolha entre a soberania do Quebeque ou a associação da província ao Estado canadiano. Ao contrário do que as sondagens indicavam, os eleitores optaram pela segunda proposta (59,6% contra 40,4% dos votos), não obstante uma participação na ordem dos 85%. O resultado do referendo não ditou o fim das reivindicações quebequenses nem tão pouco afastou o PQ do poder, sendo este reeleito nas eleições provinciais de 1981. O referendo teve como principal consequência o início de um período de intensas negociações entre Québec e Ottawa sobre o lugar da província no país após o repatriamento unilateral da Constituição canadiana em 1982. Contudo, este ficou marcado pelo fracasso das negociações e do Acordo do Lago Meech em 1990, a que se seguiu um referendo sobre a reforma constitucional realizado em 1992. 1994 ditou o regresso do PQ ao governo provincial, desta vez sob a liderança da Jacques Parizeau, e a realização de um novo referendo sobre a independência do Quebeque no ano seguinte. A única alteração reside na mudança constitucional que resulta na substituição do termo «associação» por «parceria». À semelhança do anterior sufrágio, a participação foi elevada (94%). Porém, a causa soberana voltou a ser derrotada, desta vez por margem mínima (49,4% contra 50,6%). Este segundo resultado negativo em apenas quinze anos levou à irónica referência dos canadianos anglófonos ao referendo quebequense como *neverendum*, ou seja, à obstinação do PQ que o levaria a realizar novos referendos sobre a questão da soberania da província até que fosse alcançado o resultado desejado. Ao contrário do que se poderia pensar, nenhum governo do PQ pós-Parizeau promoveu a realização de um referendo de secessão, apesar deste ser o seu leitmotiv. Manteve-se, todavia, o braço-de-ferro com o governo federal. Foi em 1998, durante o quarto governo provincial sob a liderança do PQ, que o Tribunal Supremo do Canadá (TSC) promulgou o seu *Renvoi sur la sécession du Québec* (RSQ), a que se seguiram em 2000 a *Loi sur la clarté référendaire* e a «Lei sobre os direitos fundamentais» do Quebeque. O parágrafo 84 do *Renvoi sur la sécession du Québec* não deixa quaisquer dúvidas: «A secessão de uma província do Canadá deve ser considerada, em termos jurídicos, como necessitando uma modificação da Constituição, que exige forçosamente uma negociação» (RSQ, par. 84).[1]

A secessão de uma província canadiana é, por conseguinte, considerada uma possibilidade, mas não um direito. Sendo totalmente legal a realização de um referendo, o seu resultado não é vinculativo. Falamos de um processo referendário consultivo e não decisório. Nenhum governo provincial está constitucionalmente autorizado a arrogar-se os poderes e as competências de um governo nacional. Todo e qualquer processo de secessão deve impreterivelmente resultar de um processo negocial com o Estado canadiano e a província em questão, mas a eventual secessão de uma província permanece uma remota possibilidade, sendo a realização de um referendo apenas a sua primeira etapa. A própria abertura de negociações depende da concretização de duas condições, a saber, uma pergunta e uma maioria clara no referendo. Perguntas subjetivas e, por conseguinte, pouco claras, podendo conduzir a interpretações dúbias, não são aceites como legítimas para dar início a um processo negocial entre o governo federal e um governo provincial. Uma declaração unilateral de independência por parte do Quebeque seria entendida como ilegal por Ottawa, sendo que qualquer reconhecimento da secessão quebequense por um Estado soberano resultaria, segundo as autoridades canadianas, como uma interferência em assuntos internos do país. Assim, a solução do conflito opondo os nacionalistas quebequenses e o Canadá passa, de acordo com o TSC, pela autodeterminação interna, por oposição à autodeterminação externa, ou secessão.

---

[1] Tradução livre do autor.

A excecionalidade do caso kosovar

A situação do Kosovo reveste características diferentes do Quebeque, mas levanta de igual modo uma série de questões para as quais não existe uma resposta clara, inequívoca e definitiva. Se aquele território acabou por aceder ao estatuto de Estado soberano, este não parece ter sido o propósito inicial da comunidade internacional no seguimento da intervenção da NATO em 1999. Segundo Mikolas Fabry (2002), a integridade territorial da República Federal da Jugoslávia (RFJ) não foi, numa primeira fase, posta em causa apesar da violação do princípio de não-ingerência. A administração temporária do Kosovo pelas Nações Unidas tinha como objetivo assegurar a autonomia daquele território enquanto província da RFJ e não o de facilitar a transição para um Estado independente. A proclamação unilateral da sua independência a 17 de fevereiro de 2008 não foi seguida de um reconhecimento geral por parte da comunidade internacional, nem tão pouco por todos os Estados-membros da União Europeia, alguns deles recusando abrir um precedente que pudesse pôr em causa a sua própria integridade. É o caso de países como Espanha e a Eslováquia que, ainda hoje, não reconhecem a soberania do Kosovo enquanto Estado independente por questões de política interna relacionadas com a existência de minorias étnicas ou nacionais nos seus territórios respetivos.

Como indicado anteriormente, o TIJ foi instado a examinar e julgar a legitimidade desta declaração unilateral de independência e a sua conformidade com o direito internacional a pedido do governo da Sérvia. E, ao contrário do que as autoridades sérvias esperavam, o TIJ reconheceu que a situação em questão era única e, como tal, exigia uma resposta excecional. Apesar da decisão tomada pelo TIJ, esta foi questionada nos seus pressupostos fundamentais. Antes da opinião consultiva do TIJ ser conhecida, Jure Vidmar (2009) questionou a legitimidade dos argumentos utilizados a favor da independência do Kosovo. Segundo ele, os motivos segundo os quais o Kosovo constituía uma exceção, a saber, uma flagrante e contínua violação dos direitos humanos dos kosovares albaneses, eram justos e válidos quando foram levantados. Porém, estes tinham deixado de ser uma realidade em 2008 e, como tal, também o direito à secessão como remédio deixara de fazer sentido por já não existir uma situação que assim o exigisse. O contexto no qual este processo de secessão se desenrolou faz dele um estudo de caso particularmente interessante porque o processo que conduziu à independência do Kosovo parece ser o resultado de uma conjugação de fatores e de vontades políticas dificilmente replicável num qualquer outro contexto no sistema internacional contemporâneo.

O caso montenegrino

Os Balcãs ocidentais e, em especial, as repúblicas pós-jugoslavas têm produzido estudos de caso muito interessantes no que à secessão diz respeito. Ao contrário do caso kosovar, marcado pela violência interétnica e religiosa, é possível encontrar um caso de secessão não-violenta na região. À semelhança das outras repúblicas jugoslavas, o Montenegro acedeu à independência nacional. Após a realização um primeiro referendo sobre esta questão em 1992, no qual uma larga maioria dos eleitores votaram a favor da manutenção do território no seio de uma Jugoslávia unificada, a questão ficou em suspenso durante 14 anos.

Quando Slobodan Milosevic caiu em 2000, na sequência da intervenção ocidental no Kosovo, o Montenegro caracterizava-se por ser um quase-Estado, ainda que parte integrante da RFJ. Este detém não apenas os poderes, mas também as competências de um Estado soberano. Contudo, a possibilidade de se tornar independente foi colocada de parte e adiada por razões que lhe eram externas. A

Guerra do Kosovo levou a comunidade internacional a colocar em primeiro lugar a estabilidade regional a despeito dos interesses montenegrinos. A criação da Comunidade de Estados da Sérvia e Montenegro (CESM) em substituição da RFJ resulta, pois, da pressão internacional mais do que a vontade da população montenegrina, receosa de ser levada a participar em novos conflitos vinculados a um nacionalismo sérvio de cariz hegemónico (Morrison, 2009: 182-ss). De modo a satisfazer todas as partes, foi introduzido no processo de criação da CESM uma disposição legal permitindo a qualquer uma das entidades do novo Estado abandoná-lo unilateralmente após três anos. Em 2006, as autoridades do Montenegro acionaram este mecanismo, realizando um referendo sobre a independência do território. Com uma taxa de participação de 86,49%, a separação foi escolhida por 55,53% dos eleitores (OSCE, 2006: 23). A importância deste processo referendário encontra-se no facto deste ter decorrido sem grandes problemas ou qualquer tensão interétnica.

O sistema federal (ou confederal, segundo alguns autores) desempenhou um papel importante nesta transição pacífica ao dotar o Montenegro de instituições políticas e estruturas económicas essenciais para o pós-independência. Apesar da permanência de uma forte ligação a Belgrado, as elites montenegrinas utilizaram a estrutura da RFJ em proveito do seu território, preservando uma grande parte da sua soberania e retendo para si a maioria das competências estatais. A criação da CESM pode ser entendida como a institucionalização de uma estrutura política e administrativa transitória, ainda que seja altamente provável que o governo sérvio e as organizações internacionais como a União Europeia não tivessem a mesma conceção ou, pelo menos, não a curto ou médio prazo. A visão segundo a qual o Montenegro estava de facto a caminho da secessão viria a confirmar-se, como indicado, com a realização do referendo de 2006. A conjugação das vontades política e popular associada à aceitação legal da independência montenegrina demonstrou que, neste caso, esta era possível sem o recurso à violência armada.

O caso checoslovaco ou a secessão pacífica sem referendo

O estudo do fenómeno referendário em contextos de secessão conduz frequentemente à observação de casos que se tornaram paradigmáticos, não por se constituírem como um exemplo de respeito da vontade de todos os atores, mas pela não-inclusão deste elemento que poderia ter dado uma outra legitimidade ao processo. A desagregação da Checoslováquia é um desses casos. Apresentado como um caso de sucesso no que diz respeito a uma transição pacífica em Estados federais pós-comunistas, sobretudo quando comparado à Jugoslávia, pela ausência de violência, o processo denota certas lacunas nomeadamente em relação à sua legitimação pela população.

A Checoslováquia nasceu enquanto Estado como o resultado de vários fatores. O primeiro está intrinsecamente ligado à fragmentação e posterior desaparecimento da Áustria-Hungria no final da Primeira Guerra Mundial. O segundo remete para o princípio da autodeterminação dos povos e que foi aplicado no contexto de um compromisso entre checos e eslovacos, principais grupos étnicos do território em questão, resultando na vontade comum de viverem num único Estado (Krejci, 1990: 134-135). Finalmente, o terceiro fator, tão ou mais importante que os anteriores, tem a ver com os interesses geopolíticos e geoestratégicos das grandes potências que viam com bons olhos a criação de um novo Estado na região a par do ressurgimento de uma Polónia independente e de uma Hungria amputada de parte do seu território. A questão parecia resolvida, com exceção do sistema político a adotar para um Estado sem nação e sem história enquanto entidade independente. À semelhança de outros

Estados criados após a Primeira Guerra Mundial, a nova República checoslovaca fez a opção do unitarismo, promovendo a ideia de uma nação checoslovaca com duas línguas (idem, 138). Porém, o sentimento de pertença nacional não resulta de uma mera escolha política, mas de um processo de maturação desse mesmo sentimento, aliado a elementos tão diversos como a história, a língua, a cultura ou, tão simplesmente, a vontade de uma comunidade em constituir-se enquanto tal. No caso da Checoslováquia, existe um compromisso, mas o relacionamento entre checos e eslovacos foi sempre inconstante. A sobrevivência da questão eslovaca, por seu lado, foi uma constante durante os pouco mais de setenta e quatro anos de vida do país, da criação à dissolução do país, sendo contudo de salientar a ausência de episódios de violência entre as duas comunidades. O confronto manteve-se essencialmente no foro político, em particular em relação à conceção política do Estado e à divisão do poder. O «checoslovaquismo», muito semelhante na sua essência às ideias de *homo sovieticus*, refletia-se na perceção da necessidade de um Estado unitário e centralizado, por oposição ao autonomismo eslovaco, partidário da criação de uma federação dual. Existia uma comunhão de ideias entre checos e eslovacos sobre a Checoslováquia enquanto Estado-nação uno e soberano, subsistindo divergências apenas quanto à conceção de nação, sendo os últimos defensores de um Estado composto por duas nações (Bakke, 2004: 23-24).

O fim do regime comunista na Checoslováquia com a chamada Revolução de Veludo, em 1989, foi entendido por vários analistas e académicos internacionais como a primeira etapa de um processo de democratização de toda a região. O próprio modelo federal foi visto como uma solução de futuro, não apenas para a Checoslováquia, como também para outros Estados multinacionais pós-comunistas (Seroka, 1994: 210).

As eleições de 1992 marcam o início do fim da Checoslováquia enquanto Estado, funcionando como catalisador para os acontecimentos que se seguiriam (Wightman, 1995: 59-78). A Revolução de Veludo não tinha posto termo aos desacordos entre checos e eslovacos sobre o lugar de cada um no seio da federação. Este processo eleitoral deixara claro que a única solução passaria pela dissolução do Estado checoslovaco e, consequentemente, pela criação de dois Estados independentes. O processo ficaria completo a 1 de janeiro de 1993 após negociações entre líderes políticos de ambas as comunidades. Não houve qualquer consulta popular apesar de promessas nesse sentido, nomeadamente por Vladimir Meciar na Eslováquia. Segundo Brancati (2011: 68), várias sondagens realizadas em julho de 1992 mostram que a opinião pública em ambos os países continuava dividida sobre a separação e o regime político mais adequado para a Checoslováquia. Esta ia desde a defesa de um Estado com um único governo (40% a favor na Boémia, 36% na Morávia e na Silésia contra 14% na Eslováquia) ou da manutenção do modelo federativo em vigor (27% na Eslováquia, 20% na Boémia), até propostas de criação de uma república federal (com maior apoio na Morávia e na Silésia, com 29% a favor) ou de uma confederação (30% na Eslováquia contra 4% na Boémia e 2% na Morávia e na Silésia). A favor da independência, estava apenas 20% da população interrogada na Boémia e 16% na Eslováquia.

A questão que se coloca é a de saber porque razão não foi realizado um referendo sobre a desagregação da Checoslováquia ou a secessão de uma ou mais partes do seu território quando parece claro que o apoio popular a qualquer uma destas soluções era reduzido. Uma das principais críticas ao federalismo checoslovaco deve-se às limitações do sistema de partidos daquele país aquando da Revolução de Veludo, designadamente devido à inexistência de um partido marcadamente pró-federalista para além do Partido Comunista Checoslovaco. O paradoxo encontra-se no resultado das sondagens acima referidas. Se a maioria dos checos e dos eslovacos estavam a favor da manutenção de um Estado federal, é necessário não esquecer o papel desempenhado pelas elites políticas, eleitas apesar das suas propostas de reforma do Estado não irem ao encontro do status quo. O desejo de Vladimir Meciar de realizar um referendo sobre a independência eslovaca no início de 1993 teria, em caso de resposta positiva por parte da população daquela entidade, adiado o desmembramento da Checoslováquia para o final do ano. Sendo a parte checa do país mais rica que a Eslováquia, Vaclav Klaus e grande parte da elite política checa tiveram receio que este adiamento tivesse um impacto negativo sobre uma rápida integração de uma República Checa independente às instituições políticas e económicas do bloco ocidental. O interesse deste caso resulta da opção tomada em não realizar uma consulta popular sobre o processo de desagregação do país apesar de promessas efetuadas nesse sentido e da possibilidade do resultado ser oposto à decisão tomada pelos atores políticos.

Conclusão

Parece óbvio que à luz do direito internacional, o direito de secessão encontra-se limitado por um conjunto de fatores cuja resolução resulta de um longo processo negocial. Se a secessão unilateral está fora de questão, exceto em casos muito excecionais como seja a declaração de independência do Kosovo, a separação negociada e aceite por todas as partes tende a ter uma maior aprovação por parte da comunidade internacional. A inexistência de um corpus legal internacional sobre esta questão tem servido para criar dúvidas de ordem política, legal e filosófico-moral sobre o direito de secessão. A inclusão do referendo e da negociação como elementos legitimadores não resolveu o problema. Apenas serviu para desresponsabilizar a comunidade internacional ao mesmo tempo que reforçava os princípios da soberania estatal, da integridade territorial e, sempre que possível, da não-ingerência em assuntos internos de cada Estado.

Também foi referido que o reconhecimento da secessão de um dado território permanece numa espécie de limbo jurídico, simultaneamente complexo e fonte de posições contraditórias. Segundo o constitucionalista Stephen Tierney (2013), não existe neste momento nenhuma organização internacional ou regional com jurisdição para determinar a legitimidade de um processo secessionista e, por conseguinte, o ato de secessão per se. A Agenda para a Paz de 1992 é disso exemplo, denotando a posição neutral das Nações Unidas quando refere que

> [a] soberania, a integridade territorial e a independência de Estados no seio do sistema internacional estabelecido, e o princípio de autodeterminação dos povos, ambos de grande valor e importância, não devem ser autorizados a atuar um contra o outro no período que se avizinha. O respeito dos princípios democráticos em todos os níveis da existência social é crucial: em comunidades, no seio de Estados e no seio de comunidades de Estados. A nossa obrigação constante deve ser manter a integridade de cada um enquanto se encontra um desenho equilibrado para todos. (An Agenda for Peace, 1992)

A ideia segundo a qual este reconhecimento depende exclusivamente da vontade da cada Estado enquanto entidade soberana conforta a perceção de que esta decisão é tomada numa base individual, refletindo uma tomada de posição política. Assim, a independência de um novo Estado pode ser reconhecida por um ou vários Estados. Da mesma forma, o reconhecimento é tanto ou mais simbólico e relevante quanto mais importante forem os subscritores do mesmo. Um reconhecimento por parte dos Estados Unidos da América ou da Federação Russa podem não conduzir a uma aceitação global da secessão de um Estado, mas tem o poder de sustentar, ainda que virtualmente, uma independência de facto. O mesmo não sucede com o reconhecimento de um novo Estado por outros com menor peso político e institucional no sistema internacional. Parece claro e inequívoco que nos casos em que a secessão não é questionada pelo Estado no qual esta acontece, a comunidade internacional tenderá a aceitar o processo como total-mente legítimo e a reconhecer o novo Estado.

O recurso ao referendo como elemento constitutivo da secessão tem assumido uma importância crescente no panorama etnonacio-nalista ao nível internacional, não apenas do ponto de vista do discurso político, mas também da sua operacionalização, ainda que muitas vezes desconsiderado e classificado como acessório e meramente consultivo. Legal, ilegal ou informal, o referendo sobre a secessão é uma realidade não menosprezável. Resta, todavia, solu-cionar o problema que poderá formar o chamado *«neverendum»*, ou o referendo sem fim. Ainda que lhe seja reconhecido enquanto procedimento legal e legítimo, torna-se fundamental evitar que este se torne uma rotina, com referendos de secessão que se sucedem em curtos espaços de tempo.

Referências bibliográficas

Documentos

An Agenda for Peace (1992) An Agenda for Peace: Preventive Diplomacy, Peacemaking and Peace-keeping: Report of Secretary-General, A/47/277-S/24111 17 June 1992, (https://www.un.org/ruleoflaw/files/A_47_277.pdf) [10 março 2020].

Bakke, Elisabeth (2004) «The Making of Czechoslovakism in the First Czechoslovak Republic», in Wessel, Martin Schulz (org.) *Loyalitäten in der Tschechoslowakischen Republik, 1918-1938*. Politische, nationale und kulturelle Zugehörigkeiten. München: R. Oldenbourg Verlag, 23-44.

Batkus, Viva Ona (1999) *The Dynamics of Secession*. Cambridge: Cambridge University Press.

Becker, Jean-Jacques; Audoin-Rouzeau, Stéphane (1995) *La France, la nation, la guerre: 1850-1920*. Paris: SEDES.

Beer, Samuel H. (1993) *To Make a Nation: The Rediscovery of American Federalism*. Cambridge, MA & London: The Belknap Press of Harvard University.

Brancati, Dawn (2011) *Peace by Design: Managing Intrastate Conflict through Decentralization*. Oxford: Oxford University Press.

Buchanan, Allen (2017) «Theories of Secession», *Philosophy and Public Affairs*, 26(1): 31-61.

Castañas Adam, Elisenda (2017) «An unanswered or unanswerable question? The Scottish Parliament's competences to legislate for an independence referendum for Scotland», *Revista catalana de dret public*, 54: 81-99.

Catala, Amandine (2013) «Remedial Theories of Secession and Territorial Justification», *Journal of Social Philosophy*, 44(1), 74-94.

Constituição Espanhola de 1978, (https://www.boe.es/legislacion/documentos/ ConstitucionCASTELLANO.pdf) [10 março 2020].

Cordell, Karl; Wolff, Stefan (2010) *Ethnic Conflict: Causes – Consequences – Responses*. Cambridge & Malden, MA: Polity.

Costa, Josep (2003) «On Theories of Secession: Minorities, Majorities and the Multinational State», *Critical Review of International Social and Political Philosophy*, 6(2): 63-90.

Corlet, J. Angelo (1998) «The Morality and Constitutionality of Secession», *Journal of Social Philosophy*, 23(9): 120-128.

Court of Justice (2010) ICJ Advisory Opinion on Kosovo, (https://www.icjcij. org/ files/case-related/141/141-20100722-ADV-01-00-EN.pdf) [10 março 2020]

De Villiers, Bertus (org.) (1994) *Evaluating Federal Systems*. Dordrecht: Juta & Co, Ltd & Martinus Nijhoff Publishers.

Duclos, Nathalie (2015) «The Strange Case of the Scottish Independence Referendum. Some Elements of Comparison between the Scottish and Catalan Cases», *Revue Française de Civilisation Britannique/French Journal of British Studies*, XX(2): 1-14.

Fabry, Mikulas (2002) «International Norms of Territorial Integrity and the Balkan Wars of the 1990s», *Global Society*, 16(2): 145-174.

Fischer, Christopher J. (2010) *Alsace to the Alsatians? Visions and Divisions of Alsatian Regionalism, 1870-1939*. New York & Oxford: Berghahn Books.

Hechter, Michael (1992) «The Dynamics of Secession», *Acta Sociologica*, 35(4): 267-283.

Kohen, Marcelo G. (2006) «Introduction», in Kohen, Marcelo G. (org.), *Secession: International Law Perspectives*. Cambridge: Cambridge University Press, 1-20.

Kohen, Marcelo G. (org.) (2006) *Secession: International Law Perspectives*. Cambridge: Cambridge University Press.

Krejci, Jaroslav (1990) *Czechoslovakia at the Crossroads of European History*. London & New York: I.B. Tauris & Co. Ltd.

Lesaffer, Randall (org.) (2004) *Peace Treaties and International Law in European History: From the Late Middle Ages to World War One*. Cambridge: Cambridge University Press.

Letamendia, Francisco; Ahedo, Igor; Zelaia, Maite (org.) (2008) *Democracia, ciudadanía y territorialidade*. Oñati: Instituto Vasco de Administración Pública/Herri-Arduralaritzaren Euskal Erakundea.

Morrison, Kenneth (2009) *Montenegro: A Modern History*. London & New York: I. B. Tauris.

Mullen, Tom (2014) «The Scottish Independence Referendum 2014», *Journal of Law and Society*, 41(4): 627-640.

OSCE (2006OSCE/ODHIR) Republic of Montenegro – Referendum on State-Status, 21 May 2006 – OSCE/ODHIR Referendum Observation Mission – Final Report, (https://www.osce.org/odihr/elections/montenegro/20099?download=true) [12 março 2020]

Pavkovic, Aleksandar; Radan, Peter (2007) *Creating New States: Theory and Practice of Secession*. Aldershot & Burlington, VT: Ashgate.

Qvortrup, Matt (2014) *Referendums and Ethnic Conflict*. Philadelphia: Pennsylvania University Press.

Qvortrup, Matt (2015) «Voting on Independence and National Issues: A Historical and Comparative Study of Referendums on Self-Determination and Secession», *Revue Française de Civilisation Britannique/French Journal of British Studies*, XX(4): 1-12.

Ridao, Joan (2014) «Dret a decidir: la consulta sobre el futur politic de Catalunya», Colleció Institut de Estudis Autonòmics 10. Generalitat de Catalunya – Institut d'Estudis Autonòmics: Barcelona.

Rodrigues, Daniel (2010) «Fédéralisme, conflit ethnique et sécessionisme: Le féderalisme comme instrument de secession non-violente», *Revue Fédéralisme-Régionalisme*, 10, (http://popups.ulg.ac.be/federalisme/document.php?id=903) [10 março 2020].

Saiz Arnaiz, Alejandro (2008) «El Derecho de la Constitución y el 'derecho' a la secesión. (Una primera aproximación)», in Letamendia, Francisco; Ahedo, Igor; Zelaia, Maite (org.) *Democracia, ciudadanía y territorialidad*. Oñati: Instituto Vasco de Administración Pública/Herri-Arduralaritzaren Euskal Erakundea, 125-143.

Seroka, Jim (1994) «The Dissolution of Federalism in East and Central Europe», in De Villiers, Bertus (org.) *Evaluating Federal Systems*. Dordrecht: Juta & Co, Ltd & Martinus Nijhoff Publishers, 208-224.

Shany, Yuval (2014) «Does International Law Grant the People of Crimea and Donetsk a Right to Secede?», *Brown Journal of World Affairs*, XXI(I): 233-243.

Sindre, Gyda M. (2018) «From Secessionism to regionalism: Intra-organizational change and ideological moderation within armed secessionist movements», *Political Geography*, 64: 23-32.

Steinsdorff, Silvia von; Fruhstorfer, Anna (2012) «Post-Soviet de facto states in search of internal and external legitimacy», *Communist and Post-Communist Studies*, 45(1-2): 117-121.

Tierney, Stephen (2013) «Legal Issues Surrounding the Referendum on Independence for Scotland», *European Constitutional Law Review*, 9: 359-390.

Tomuschat, Christian (2004) «The 1871 Peace Treaty between France and Germany and the 1919 Peace Treaty of Versailles», in Lesaffer, Randall (org.) *Peace Treaties and International Law in European History: From the Late Middle Ages to World War One*. Cambridge: Cambridge University Press, 382-396.

Tribunal Supremo do Canadá (1998) Reference re Secession of Quebec/Renvoi sur la sécession du Québec, (https://scc-csc.lexum.com/scc-csc/scc-csc/fr/item/1643/index.do) [12 março 2020].

Tribunal Supremo do Canadá (2000) Loi sur la clarté référendaire, (https://lawslois.justice.gc.ca/fra/lois/c-31.8/page-1.html) [12 março 2020].

Vidmar, Jure (2009) «International Legal Responses to Kosovo's Declaration of Independence», *Vanderbilt Journal of Transnational Law*, 42(3): 779-852.

Wellman, Christopher Heath (2005) *A Theory of Secession: The Case for Political Self-Determination*. Cambridge: Cambridge University Press.

Wessel, Martin Schulz (org.) (2004) *Loyalitäten in der Tschechoslowakischen Republik, 1918-1938. Politische, nationale und kulturelle Zugehörigkeiten*. München: R. Oldenbourg Verlag.

Wightman, Gordon (1995) «The Development of the Party System and the Break-up of Czechoslovakia», in Wightman, Gordon (org.) *Party Formation in East-Central Europe: Post-communist politics in Czechoslovakia, Hungary, Poland and Bulgaria*. Aldershot: Edward Elgar, 59-78.

Wightman, Gordon (org.) (1995) *Party Formation in East-Central Europe: Post-communist politics in Czechoslovakia, Hungary, Poland and Bulgaria*. Aldershot: Edward Elgar.

Wood, John (1981) «Secession: A Comparative Analytical Framework», *Canadian Journal of Political Science/Revue Canadienne de Science Politique*, XIV(I): 107-134.

DOI | https://doi.org/10.14195/978-989-26-1262-1_8

CAPÍTULO 8
A MATERIALIZAÇÃO DE IDENTIDADES NACIONAIS EM ESTRUTURAS POLÍTICAS NÃO SOBERANAS: AS AUTONOMIAS-NAÇÃO NA CONSTITUIÇÃO ESPANHOLA

Filipe Vasconcelos Romão

Observare, Universidade Autónoma de Lisboa

ORCID: https://orcid.org/0000-0002-0418-5829

Resumo: Este capítulo apresenta uma proposta no sentido de considerar que a conflitualidade entre identidades nacionais, expressa no confronto entre nacionalismos, pode ser canalizada para estruturas políticas no âmbito do Estado de direito democrático e, com isto, para meios não violentos. Para isso, enumeramos alguns elementos teóricos acerca da relação entre os conceitos de nacionalismo e conflitualidade, apresentamos uma proposta de leitura do relacionamento entre nacionalismo e modelo de Estado e concluímos, para ilustração da proposta, com o recurso ao caso espanhol no atual período democrático.

Palavras-Chave: identidade nacional; nacionalismo; autonomia; soberania; Espanha

Abstract: This chapter advances a proposal to consider that conflicts between national identities, expressed in the confrontation between nationalisms, can be channeled to political structures within the scope of the democratic rule of law and, therefore, to non-violent means. For this effect, the chapter enumerates some theoretical elements regarding the relationship between the concepts of nationalism and conflict, presents a proposal to read the relationship between nationalism and the State model and concludes, as illustration of the proposal, with the Spanish case in the current democratic period.

Keywords: national identity; nationalism; autonomy; sovereignty; Spain

Introdução

Este capítulo apresenta uma proposta no sentido de considerar que a conflitualidade entre identidades nacionais, expressa no confronto entre nacionalismos, pode ser canalizada para estruturas políticas no âmbito do Estado de direito democrático e, com isto, para meios não violentos. Para isso, enumeramos alguns elementos teóricos acerca da relação entre os conceitos de nacionalismo e conflitualidade, apresentamos uma proposta de leitura do relacionamento entre nacionalismo e modelo de Estado e concluímos, para ilustração da proposta, com o recurso ao caso espanhol no atual período democrático.

A investigação e o trabalho de campo em que se fundamenta este capítulo foram levados a cabo entre os anos 2008 e 2012. A política corre, porém, a um ritmo acelerado, o que confere um caráter datado a qualquer trabalho centrado em fenómenos contemporâneos. Estas linhas não constituem exceção: o quadro político espanhol recente tem registado um dinamismo surpreendente, sendo mesmo possível que o sistema político-partidário se venha a fragmentar, com a eventual emergência de novos partidos, como o Podemos ou o Ciudadanos, já nas próximas eleições legislativas. No momento em que esta capítulo está a ser escrito, o final da Euskadi Ta Askatasuna (ETA) parece um acontecimento muito distante e totalmente ultrapassado por estatísticas de desemprego, pedidos de resgate, crises da dívida soberana e contestação social. No entanto, o nacionalismo continua na ordem do dia, sobretudo pelo efeito detonador que a crise exerceu na Catalunha, como se pôde ver na consulta aos cidadãos levada a cabo em setembro de 2014.

Nacionalismo e conflitualidade: Estado da arte

A última década do século XX imprimiu profundas alterações ao sistema internacional. O fim da guerra fria, os desmantelamentos da União Soviética e da Jugoslávia, a unificação alemã e o aprofundamento do processo de construção europeu são algumas das expressões mais visíveis deste período de mudança nas Relações Internacionais. Na Europa, torna-se evidente que o discurso ideológico e as preocupações em torno de uma guerra nuclear dão lugar a uma conflitualidade protagonizada por identidades nacionais e entidades subestatais. O discurso nacionalista volta a emergir como justificação da violência, à semelhança do que já ocorrera no século XIX (Miall, 1999: 2).

Uma das obras que sublinha com mais intensidade esta relação entre nacionalismo e violência no final do século XX é o livro *New & Old Wars*, no qual a autora, Mary Kaldor (2006), procura traçar um paradigma do que considera ser a forma como a conflitualidade política se reorganizou na sequência do fim da guerra fria. Através de uma leitura muito marcada pela Guerra da Bósnia-Herzegovina (1992-1995), Kaldor assume que o nacionalismo não se parece coadunar com os tempos de integração global vividos no fim da guerra fria. O discurso nacionalista, numa versão contrária à modernidade, na opinião da autora, substituirá o vazio deixado pelo fim do sistema comunista e permitirá a mobilização necessária para alimentar um tipo de conflitualidade baseada na disputa de poder de base identitária. Mary Kaldor (2004) não limita o seu trabalho aos nacionalismos que se expressam através de ações violentas e contrapõe duas realidades diferentes, no artigo *Nationalism and Globalisation*: o «novo nacionalismo», realidade excludente e com muito em comum com o fundamentalismo religioso; e o «pequeno nacionalismo», presente em Estados nacionalmente não homogéneos, pacífico e inclusivo. Ambos cabem na categoria mais geral de «nacionalismos contemporâneos».[1] A linha que separa estas duas vertentes do nacionalismo contemporâneo, descritas por Kaldor, é a que separa a diversidade cultural da homogeneidade cultural. Não será possível deixar de considerar excessivamente simplista esta divisão: um «pequeno nacionalismo» democraticamente integrado pode conter marcas das características mais fechadas ou excludentes do nacionalismo, tal como um nacionalismo mais abrangente pode afirmar-se através da pluralidade democrática. No entanto, esta circunstância não invalida que a proposta da autora aporte uma marca de diferenciação importante, muito evidente na realidade espanhola: o nacionalismo não é violento só por si.

Vários autores têm refletido acerca da possível correlação entre nacionalismo e violência. António Robles Egea (2003: 9) afirma explicitamente que o nacionalismo é «entre as ideologias clássicas (...) a que persiste com maior vigor e provoca maiores conflitos». Este autor, como Mary Kaldor, não considera que o nacionalismo seja obrigatoriamente sinónimo de violência, distinguindo entre nacionalistas que admitem meios violentos para alcançar os seus objetivos e nacionalistas que só estão dispostos a participar num sistema democrático.

---

[1] Recorde-se que a primeira edição de *New & Old Wars* é de 1998 e que a principal componente das reflexões a respeito do nacionalismo permanece inalterada na edição de 2006. Ver Mary Kaldor «Nationalism and Globalisation», in *Nations and Nationalism*, 10(1/2), 2004.

Alguns autores, pelo contrário, distanciam-se de qualquer correlação positiva entre violência e nacionalismo, como os teóricos do nacionalismo liberal. Yael Tamir (1995) afirma, na introdução da obra *Liberal Nationalism*, que o nacionalismo não tem mais propensão do que qualquer outra teoria política para atitudes moralmente repugnantes. O nacionalismo liberal destaca o fator cultural como potencial elemento agregador de uma identidade nacional em detrimento do objeto último da independência estatal sustentada numa nação. Poderá ser esta a diferença na abordagem da eventual conflitualidade: diferentes nações podem acomodar-se num mesmo Estado sem que daí advenha, como consequência automática, um conflito violento. Tamir admite, porém, que a perspetiva dominante desde o século XVIII assume a nação como única fonte de legitimidade do Estado. Como consequência, cada grupo que se autoidentifica como nação pretende instituir o seu próprio Estado, enquanto os membros de um Estado aspiram constituir-se como nação, não se limitando à neutra denominação de população (1995: 62).

David Miller defende a necessidade de elaborar uma teoria da secessão, receando as consequências subjacentes à assunção política do princípio de autodeterminação das nações (2000: 111-113). A sua proposta não ultrapassa muito a ideia de uma análise casuística para formulação de cada julgamento. Em função de cada caso poderá ser determinar a defesa da criação de um Estado independente, de uma autonomia local ou de um estado federado (2000: 124). Esta ideia entra em rutura com o conceito tradicionalmente defendido pelos nacionalistas: o do Estado nacionalmente homogéneo. Will Kymlicka (1995), na obra *Multicultural Citizenship*, aborda a questão dos direitos políticos das minorias étnicas e das nações minoritárias integradas em Estados independentes. Sublinha a grande vantagem de uma identidade nacional maioritária no quadro de um Estado marcado pela pluralidade nacional interna: a capacidade de influenciar/determinar as opções políticas governativas (educação e burocracia, por exemplo). A possibilidade de equilibrar o peso das várias identidades nacionais passa pelo reconhecimento de direitos às minorias, o que permite alguma partilha de poder no interior de um sistema político (1995: 194-195).

Nacionalismo(s) e modelo de Estado

Esta possibilidade de coexistência de várias nações no âmbito de um Estado poderá implicar o reconhecimento de tipologias diferentes de nacionalismos, em função do posicionamento que a respetiva identidade tenha em relação ao poder soberano. Só com base neste pressuposto será possível entender as palavras dos autores acima mencionados quando defendem a existência de formas alternativas (à soberania) de materialização política de uma identidade nacional. A posição pode, então, ser uma de duas: ou de materialização efetiva, o que leva a que um nacionalismo centre a sua ação na defesa do status quo (nacionalismo centrípeto); ou de aspiração a materialização, correspondendo a sua ação à defesa da transformação do modelo de Estado ou de criação de um novo Estado (nacionalismo centrífugo).

Entre as formas de Estado dotadas de uma organização territorial potencialmente adequada à conjugação de diferentes identidades nacionais dentro de uma mesma unidade política soberana encontra-se o Estado federal e o que Jorge Miranda classifica como «Estado unitário regional» (1994: 259). Em Espanha, a denominação utilizada com mais frequência é a de Estado autonómico e o seu contributo foi muito importante para pôr fim à exclusividade da imagem da nação centrípeta como uma identidade dominante que, através do Estado, procura subjugar as suas congéneres periféricas, através do exercício concreto do poder.

A existência de diferentes tipos de materialização política de identidades nacionais numa só unidade política (Estado plurinacional) gera obrigatoriamente uma relação assimétrica entre nacionalismos. Para esta assimetria contribui, do lado do nacionalismo centrípeto, a estrutura do Estado central organizado que concede ao ator político mediato que ocupa o poder uma enorme quota de poder; e, do lado do(s) nacionalismo(s) centrífugos, quando optam por respeitar a ordem constitucional em que se encontram inseridos, as estruturas governamentais regionais ou locais. O quadro dicotómico apresentado encaixa, assim, num modelo político: as instituições do Estado central vêem-se maioritariamente preenchidas por provenientes ou partidários da nação centrípeta e o poder nas autonomias regionais poderá, eventualmente, corresponder ao nacionalismo centrífugo.

O modelo autonómico acaba por corresponder a um mecanismo de amortecimento parcial de choques identitários através de vias institucionais, o que vai em linha com os teóricos do nacionalismo liberal, quando relativizam o objetivo de independência nacional comparativamente a processos de autodeterminação cultural e de aprofundamento autonómico ou federal. O nacionalismo e o poder são dois conceitos com uma relação direta, o que faz com que os nacionalismos centrífugos sejam os que mais beneficiem com a criação de centros de poder periféricos institucionalizados. Desta forma, desmistifica-se a ideia de proximidade entre nacionalismo e violência, institucionalizando-se e democratizando-se a conflitualidade.

Não obstante esta defesa da não correlação direta entre violência e nacionalismos, o choque entre determinadas expressões concretas das suas vertentes centrífugas e centrípetas pode dar origem a conflitos, orientados pela aquisição ou manutenção de poder, que potencialmente degenerarem em violência. Esta evolução dependerá, certamente, de outros fatores. Por exemplo, em contextos de plena assunção do sistema democrático liberal por todas as partes em confronto, estar-se-á mais distante de hipotéticos fenómenos violentos: nestas circunstâncias, os nacionalismos tenderão a gerir os seus conflitos através dos canais legais e pacíficos à sua disposição. As instituições políticas adaptaram-se a novas conjunturas. A violência passou a ser cada vez menos valorizada pelas opiniões públicas, mesmo por segmentos em nome dos quais atos violentos são praticados. Sendo o nacionalismo uma ideologia que, na sua aplicação concreta, é muito dependente do apoio social que recolhe, a sua erosão constitui um primeiro passo para a extinção enquanto força política relevante. Esta poderá ser uma explicação para o definhar gradual de determinados fenómenos de terrorismos de cariz nacionalista. A mudança de mentalidades tem ainda outro efeito no combate à violência: as opiniões públicas passam a apoiar mais os respetivos governos nas estratégias de combate e repressão aos violentos. A violência, em termos práticos, passou a ser inimiga dos objetivos nacionalistas, em contexto de democracia liberal desenvolvida e aberta. Na época das redes sociais e da informação instantânea, parece que matar ou ser morto em nome de uma identidade nacional deixou de fazer sentido aos olhos da população. Da mesma forma que as forças armadas dos países desenvolvidos veem os seus orçamentos diminuir e as suas prioridades alteradas, em virtude das crises económicas e financeiras e da transformação das ameaças, os autodenominados braços armados dos movimentos nacionalistas (eventualmente terroristas) são, hoje, pouco mais do que empecilhos. Os nacionalismos que perceberem isto adaptam-se e têm francas hipóteses de triunfar e de acalentar esperanças de maiores graus de autonomia e, quem sabe, soberania.

A experiência demonstra que, em democracias consolidadas, o recurso aos sistemas políticos descentralizados, nos quais as identidades periféricas beneficiam de uma organização dotada de competências alargadas, potencia uma diminuição do apoio aos grupos separatistas armados, o que, conjugado com o cumprimento escrupuloso das regras do Estado de direito, abre as portas a um recuo acentuado dos índices de violência. Estas políticas de descentralização podem mesmo ter a consequência aparentemente contraditória de reforçar o nacionalismo centrípeto que as esteja a impulsionar. O Estado e os sistemas políticos têm demonstrado, ao longo dos anos, constituir realidades dinâmicas nas quais se integram os quadros de descentralização de poder. Um Estado autonómico não é, necessariamente, menos Estado do que um Estado centralizado, podendo constituir a maior garantia de continuidade de uma determinada entidade nacional.

As últimas décadas de integração na Europa foram acompanhadas por fenómenos paralelos de descentralização política interna. Diversos movimentos políticos, sociais e culturais utilizaram um discurso nostálgico, com base nos receios de uma eventual extinção do Estado-nação. Ao contrário do que defendiam estas teses, assistiu-se a uma adaptação do Estado, que deixou de responder a uma lógica monolítica de emanação de poder, para passar a contar com uma multiplicidade de polos de poder. Os nacionalismos centrífugos foram capazes de aproveitar as novas realidades políticas que foram surgindo para obter o estatuto de projeto político plenamente integrado nos sistemas democráticos.

A Espanha democrática

No fim do século XIX, em linha com o panorama europeu da época, o Estado-nação espanhol é uma realidade social e política. Juan Sisinio Pérez Garzón (1997), ao comparar a reação suscitada pelas diferentes independências latino-americanas, dos anos vinte desse século, com a perda de Cuba, de Porto Rico e das Filipinas, em 1898, constata uma enorme diferença: enquanto os primeiros casos não geram qualquer sentimento de perda, os acontecimentos de 1898 afetam o sentir nacional espanhol. Segundo o autor, a diferença de atitudes demonstra que, ao longo dessas décadas, se terá desenvolvido a identidade da nação espanhola e, consequentemente, uma forma de nacionalismo (Pérez Garzón, 1997: 50). Nuñez Seixas vai no mesmo sentido, ao afirmar que as independências do princípio do século XIX foram vistas «pela maioria da população como a perda de alguns territórios do rei, sem que isso afetasse o corpo político espanhol e o cidadão comum» (1999: 20). Mariano Esteban de Vega considera o nacionalismo espanhol inerente ao processo de consolidação do Estado liberal e à definição de política de massas no país (2006: 73). O Estado liberal espanhol tem na sua primeira Constituição (1812), a também denominada Constituição de Cádis, o seu texto fundacional. À semelhança do que aconteceu com outros processos constitucionais liberais, pela primeira vez, este documento consagra formalmente a nação como base da soberania do Estado. A implantação do Estado-nação espanhol não é sinónimo de homogeneidade. Juan Pablo Fusi enumera alguns fatores que tornam mais complexa a consolidação desta entidade e que permitem identificar alguma concorrência identitária interna: desenvolvimento simultâneo de uma consciência nacional espanhola e dos pré-nacionalismos catalão, basco e galego; «nacionalismo sentimental espanhol» débil; atraso no desenvolvimento de estruturas de governo e de administração central; fortes desequilíbrios regionais na evolução da economia espanhola, especialmente com o desenvolvimento industrial da Catalunha, de Biscaia e de Guipúscoa (2000: 163). A pouca consistência do Estado e a desarticulação entre o centro e as periferias leva o autor a resumir a Espanha do século XIX como «um país de centralismo oficial, mas de localismo real» (2000: 165). A difícil relação entre o nacionalismo do centro e os nacionalismos das periferias parece motivada pelo fraco impulso nacionalizador e centralizador do Estado espanhol. Nuñez Seixas considera que um dos produtos da debilidade do nacionalismo espanhol do século

XIX foi «a subsistência de características culturais diferenciadas em vários territórios, nos quais o uso social de idiomas diferentes do castelhano (...) persistiu com muita força» (1999: 31). Esta é uma explicação possível para o facto de os nacionalismos catalão e basco terem tido margem para completar as diferentes etapas do processo de construção de uma nação moderna: economias regionais relativamente integradas, dinamismo unificador urbano, uma opinião pública articulada, educação regional relativamente homogénea e meios de comunicação de massas (2000: 213).

As identidades nacionais, e respetivos nacionalismos, que vingam com mais força são a catalã e a basca. No contexto espanhol, a Catalunha e o País Basco são os dois territórios em que a conjugação de uma identidade nacional com um algum grau de aspiração política se faz sentir com mais força. Ignacio Suárez-Zuloaga identifica algumas semelhanças entre as comunidades históricas catalã e basca: posição geoestratégica junto aos dois únicos pontos de passagem para França que não contam com neve no Inverno; afluxo de investimento espanhol e estrangeiro no final do século XIX; idiomas próprios, apesar da desigual distribuição geográfica e social de cada um; e ausência histórica do estatuto de reino independente (2007: 18-20). As afinidades não invalidam que as origens dos nacionalismos basco e catalão sejam diferentes, havendo, no primeiro, um predomínio nítido do fator político sobre o cultural, o que não acontece no caso catalão, cujos três fatores determinantes são, de acordo com Juan Pablo Fusi, a língua, o direito e a história (2000: 214). A mitologia a que frequentemente recorrem os nacionalismos, através da criação de narrativas que associam unidades políticas pré-nacionais a identidades nacionais modernas, tende a obscurecer a realidade acerca do percurso histórico efetivo das identidades nacionais e da sua consubstanciação política. No entanto, isto não deve servir para iludir a realidade: os primeiros traços de materialização política das identidades coletivas catalã e basca surgem com a Segunda República espanhola, com o estabelecimento de autonomias regionais, através de um complexo processo de aprovação estatutário previsto na Constituição aprovada em 1931.

O estatuto autonómico catalão foi o único aprovado em período de plena normalidade democrática republicana, em 1932. O estatuto basco é aprovado em 1936, já depois de a Guerra Civil (1936-1939) eclodir. Os galegos chegam a votar o seu estatuto em plebiscito, mas este não chega a obter a necessária aprovação parlamentar, dado o confronto armado que já dividia Espanha (Fusi, 2000: 249-250). A vitória dos nacionalistas espanhóis na Guerra Civil e a instituição do regime pró-fascista de Francisco Franco implicaram um enorme recuo neste processo. Foi necessário esperar pela queda do franquismo e pela restauração do sistema democrático para voltar a colocar a questão da representação das identidades nacionais periféricas no centro do debate político em Espanha.

A Constituição de 1978

As primeiras eleições legislativas democráticas desde a queda da Segunda República têm lugar em 1977 e conduzem à redação e aprovação de uma nova Constituição. O novo modelo de Estado redefine a organização territorial espanhola e leva os redatores do projeto constitucional a assumir uma posição em relação aos nacionalismos centrífugos, tão duramente acossados durante os anos do franquismo. Sebastian Balfour e Alejandro Quiroga classificam o produto deste processo como a «Espanha reinventada» e resumem-no da seguinte forma: «A Espanha reinventada na Constituição de 1978 foi uma proeza de engenharia semântica e consenso político, o que levou à difusão da ideia de que os diferentes mitos e imaginários do nacionalismo espanhol e dos nacionalismos subestatais poderiam chegar a coexistir» (2007: 91).

Os alinhamentos acerca da definição identitária e simbólica de Espanha e à nova organização territorial do Estado emergem com linearidade. Num extremo, encontra-se a Alianza Popular (AP), composta por quadros franquistas e com uma posição abertamente nacionalista espanhola (ou espanholista). No outro, os nacionalistas bascos e catalães, divididos em moderados e radicais, consoante o grau de aspiração independentista. O vencedor das eleições, a Unión de Centro Democrático (UCD), uma formação heterogénea em que se inserem antigos quadros franquistas moderados comprometidos com a transição democrática, também se decanta pelo espanholismo. Numa primeira fase, os dois principais partidos de esquerda, o Partido Socialista Obrero Español (PSOE) e o Partido Comunista de España (PCE), recentemente regressados à vida pública espanhola, manifestam simpatia por uma potencial via federal, em coerência com as linhas programáticas mantidas durante a ditadura. Todavia, conforme o projeto constitucional foi evoluindo, estas posições vão- -se esbatendo e a esquerda espanhola acaba por exercer um papel de moderador, entre o nacionalismo espanhol, representado pela direita e pelo centro-direita pós-franquistas, e os nacionalismos basco e catalão.

Além de questões políticas concretas, como o sistema territorial ou o reconhecimento da pluralidade linguística, o processo consti- tucional também foi marcado pela discussão conceptual em torno da ideia de nação: os nacionalismos centrífugos queriam ver as res- petivas identidades nacionais reconhecidas como nações, enquanto os nacionalistas espanhóis recusavam liminarmente esta solução, por entenderem que poderia abrir as portas ao princípio de auto- determinação, algo incompatível com a sua visão de Espanha como única entidade passível de ser assim classificada. Com múltiplas cedências, foi possível chegar a uma solução eclética, em que se reconhece, por um lado, Espanha como única nação, mas, por outro, a existência de múltiplas «nacionalidades». São, assim, utilizados dois conceitos muito próximos para graduar níveis de identidade dentro do mesmo Estado, com consequências ao nível das respetivas materializações políticas. Este acordo fica plasmado no segundo artigo da Constituição de 1978, que estabelece: «A Constituição fundamenta-se na indissolúvel unidade da Nação espanhola, pátria comum e indivisível de todos os espanhóis, e reconhece e garante o direito à autonomia das nacionalidades e regiões que a integram e a solidariedade entre todas» (Constitución Española, 1978: 1).

A materialização desta definição de compromisso, no plano político, corresponderá à organização de Espanha como Estado autonómico, um meio-termo entre o federalismo, defendido pela esquerda e pelas fações mais moderadas dos nacionalismos centrífugos, e o unitarismo, mais de acordo com os interesses da direita. Esta ambiguidade permite dar resposta a parte das exigências das ditas regiões históricas (essencialmente a Catalunha e o País Basco), sem enfrentar abertamente as forças armadas, instituição ainda controlada por quadros franquistas (Balfour e Quiroga, 2007: 109). Cumpre realçar que, apesar do cumprimento das formalidades democráticas, a Espanha deste período continua a ser tutelada pelas forças armadas (Bastida Freixedo, 2007: 122). Só assim se explica que o poder efetivo da Alianza Popular fosse superior ao que seria de supor para um partido com dezasseis deputados em trezentos e cinquenta. As afinidades políticas informais tinham transitado do anterior regime.

A Constituição é aprovada na câmara baixa do parlamento, no dia 31 de outubro de 1978, apenas com catorze abstenções e seis votos contra. A maioria dos nacionalistas catalães, representados pelos deputados da coligação Pacte Democràtic per Catalunya (PDC), predecessora da Convergència i Unió (CIU), votaram a favor. Os deputados do Partido Nacionalista Vasco abstêm-se, o que é sintomático de alguma desconfiança em relação ao novo sistema constitucional. No referendo nacional para a ratificação da Constituição, que se celebra a 6 de dezembro do mesmo ano, os nacionalistas moderados bascos mantêm a mesma atitude, apelando à abstenção, enquanto os radicais fazem campanha contra a nova lei fundamental. Os nacionalistas moderados catalães apelam ao voto a favor, enquanto os republicanos da Esquerra Republicana de Catalunya (que também voltara à legalidade) defendem o voto contra.

A proposta constitucional acaba por ser aprovada por uma maioria de 88,54% dos eleitores espanhóis, o que implica a entrada em vigor de um novo modelo de Estado (Ministerio del Interior – Gobierno de España, 2012). O processo de democratização territorial não se esgota, porém, com a aprovação da Constituição, uma vez que esta, no primeiro parágrafo do artigo 143º, remete a organização de cada comunidade autónoma para o respetivo estatuto de autonomia. Torna-se, neste ponto, necessário aclarar um aspeto que, passados quase 40 anos sobre a aprovação da Constituição, continua presente no debate político em Espanha: o da generalização do modelo autonómico a todo o território do Estado sem diferenciação, num processo que ficou conhecido como «café para todos». Esta expressão é da autoria do então ministro para a relação com as regiões, Manuel Clavero, e resume bem a opção tomada de não sublinhar politicamente as diferenças identitárias que já existiam (Casanova e Gil Andrés, 2009: 329). A Constituição só previu duas assimetrias: uma, enunciada na disposição transitória segunda, que estabelecia um procedimento para a criação rápida de órgãos autonómicos para as comunidades que já tivessem contado com estatutos de autonomia no passado; e outra, presente na disposição adicional primeira, que consagrava o respeito pelos direitos históricos e forais, numa clara alusão aos territórios basco e navarro, aos seus sistemas fiscais e a algumas normas próprias de direito privado (Balfour e Quiroga, 2007: 112).

Entre 1979 e 1980, os processos de democratização política territorial catalão e basco vão-se desenvolvendo com relativa normalidade, a nível regional, com a aprovação dos novos estatutos, os respetivos referendos e a correspondente entrada em funcionamento dos órgãos autonómicos.[2] Os nacionalismos moderados adquirem forma política palpável, conquistando o poder, por via eleitoral, em ambas as comunidades.[3] Ao longo de mais de vinte anos (até 2003, com regresso em 2010, no caso da CIU, na Catalunha; e até 2009, no caso do PNV, com regresso em 2012, no País Basco), vão liderar os governos regionais, passando a contar com a plataforma necessária para tentar levar a cabo o seu programa político. Sebastián Balfour e Alejandro Quiroga consideram mesmo que «como parte do seu projeto político, os governos catalão e basco utilizaram as instituições à sua disposição para transmitir identidades nacionais alternativas à de Espanha» (2007: 243). Os pontos mais visíveis e controversos das governações nacionalistas serão as políticas linguística, educativa e cultural, fruto da celeridade com que a sua

---

[2] A 25 de outubro de 1979 são submetidos a referendo regional, no País Basco e na Catalunha, os respetivos projetos de estatuto de autonomia. No primeiro caso, regista-se uma participação de 58,86% do eleitorado, que se distribui da seguinte forma: «Sim», 94,6% dos votos válidos; e «Não», 5,4% dos votos válidos. Na Catalunha, participa 59,7% do eleitorado: «Sim», 88,14% dos votos válidos; e «Não», 7,76%, dos votos válidos (Ministerio del Interior – Gobierno de España, 2012).

[3] No dia 9 de março de 1980, celebram-se as primeiras eleições para o parlamento basco, composto por 60 deputados. O PNV obtém 38,1% dos votos e 25 deputados; o braço político da ETA Militar, a coligação Herri Batasuna (HB), 16,55% e 11 deputados; a organização regional do PSOE, o Partido Socialista de Euskadi (PSE-PSOE), 14,21% e 9 deputados; o braço político da ETA Político-Militar, o partido Euskadiko Eskerra (EE), 9,82% e 6 deputados; a Unión de Centro Democrático (UCD), 8,52% e 6 deputados; a Alianza Popular (AP), 4,77% e 2 deputados; e o Partido Comunista de España (PCE), 4,02% e 1 deputado (Ministerio del Interior – Gobierno de España, 2012). A 20 de março do mesmo ano, é eleito o primeiro parlamento catalão (135 deputados) da nova etapa democrática. Os nacionalistas moderados da Convergència i Unió (CIU) ficam em primeiro lugar, com 27,83% e 43 deputados; o parceiro local do PSOE, o Partit dels Socialistes de Catalunya (PSC), 22,43% e 33 deputados; o braço local do PCE, o Partit Socialista Unificat de Catalunya (PSUC), 18,77% e 25 deputados; os representantes locais do partido de Adolfo Suárez, Centristes de Catalunya-UCD (CC-UCD), 10,61% e 18 deputados; a Esquerra Republicana de Catalunya (ERC), 8,9% e 2 deputados; e o Partido Socialista de Andalucía – Poder Andaluz (PSA-PA), 2,66% e 2 deputados (Fontes: Departamento de Interior – Gobierno Vasco, 2011 e Departament de Governació i Relacions Institucionals – Generalitat de Catalunya, 2012).

instrumentalização pode produzir resultados efetivos numa identidade nacional em desenvolvimento.

Independentemente das suas especificidades constitucionais e legais, até ao fim de 1983, será aprovado um total de dezassete estatutos de autonomia de outras tantas comunidades. Ao contrário do que se poderia esperar em relação a comunidades sem uma base histórica e cultural consistente, assiste-se a uma assimilação generalizada do novo sistema e a uma tentativa de acompanhar, em muitos aspetos, as exigências catalãs e bascas. Esta situação vai gerar, rapidamente, um conjunto de novas realidades políticas regionais que serão secundadas pelas respetivas sociedades, forjando identidades, com símbolos e instituições próprios, que acabam por ser incorporadas pela cidadania, apesar de não beneficiarem do peso histórico nacional da Catalunha, do País Basco ou mesmo da Galiza. Montserrat Guibernau é muito taxativa a este propósito e considera que a democracia espanhola «impulsionou o aparecimento ou a consolidação de identidades duais – regionais e nacionais» (2009: 83). Nestas palavras está patente algum otimismo que a leva a associar a dualidade à transformação da identidade nacional espanhola pós-franquista numa identidade democrática (Guibernau, 2009: 85). Balfour e Quiroga também consideram que o sistema favoreceu o desenvolvimento de identidades, recorrendo, inclusivamente, às teses neoinstitucionalistas de James Gardner March e de Johan Olsen, segundo as quais, «o impulso institucional desencadeado pela criação das autonomias deu lugar a uma acumulação de recursos e instrumentos de controlo, bem como à construção e difusão de significados, identidades, mitos e símbolos, frequentemente em concorrência com outras autonomias» (2007: 130).

Os estatutos de autonomia

O legislador, na Constituição de 1978, estabeleceu as regras para instituir o Estado autonómico, mas não definiu um modelo fechado com distribuição clara de competências entre a administração central e as comunidades autónomas, não se tendo sequer pronunciado em relação ao seu número ou à configuração do mapa regional. A própria divisão entre autonomias com e sem base histórica precedente é feita sem o recurso a uma enumeração explícita dos casos que se enquadram neste preceito. O sistema ficou de tal forma em aberto que, como refere Ferraro García, o título VIII da Constituição, dedicado à organização territorial do Estado, tanto poderia ter dado origem a um Estado centralizado como a um Estado federal (2006: 14).

Na prática, caberá aos estatutos de autonomia desenvolver o que a Constituição se limitou a balizar. Foi a sua elaboração e aprovação e os pactos autonómicos que os principais partidos estabeleceram que definiram o sistema. Como consequência natural da diferenciação entre comunidades históricas e comuns, o País Basco e a Catalunha são as primeiras regiões a ver os seus estatutos aprovados (Ley Orgánica 3/1979 e Ley Orgánica 4/1979) e a contar com órgãos autonómicos. Luis Cosculluela Montaner (1996) considera que bascos e catalães, pelo caráter pioneiro nesta matéria, acabam por constituir um ponto de referência para as restantes comunidades autónomas, mesmo no caso das instituídas através do artigo 143º da Constituição, também classificadas como de «via lenta».

Ao observar o texto dos estatutos basco e catalão, torna-se óbvia a presença do elemento identitário, bem como do estabelecimento de uma relação entre a identidade e a estrutura política que se institui, apesar da presença de representantes dos partidos ativamente adeptos do Estado-nação espanhol no processo de elaboração dos projetos estatutários. Não se está, em definitivo, perante a instituição de uma região administrativa meramente burocrática, mas sim de algo com vínculos que vão além do elemento político ou jurídico. A porta que o artigo 2º da Constituição de 1978 abriu, ao reconhecer o direito à autonomia das «nacionalidades», é aproveitada para a maior aproximação legalmente possível a um Estado-nação constitucionalmente impossível.

O primeiro passo que os negociadores e legisladores responsáveis pela redação dos estatutos parecem ter querido dar foi o da delimitação do próprio espaço político em relação ao Estado. Esta tarefa não foi fácil, tendo em conta dois fatores: o caráter aberto da Constituição em relação à forma concreta e aos conteúdos da organização territorial e a escassez de modelos prévios. Os únicos referentes na história constitucional espanhola, até 1978, eram os estatutos autonómicos catalão, basco e galego, redigidos e sufragados durante a Segunda República, e que, com exceção do catalão, não chegaram a vigorar num período de normalidade democrática. Se a Constituição de 1978 não é fechada em relação ao modelo autonómico, o mesmo já não se pode dizer em matéria de identidade nacional, uma vez que o artigo 2º não permite contornar a exclusividade da nação espanhola, o que limita as autonomias com base identitária em termos de autodefinição. O preâmbulo do estatuto catalão de 1979 assume a «identidade coletiva da Catalunha» e faz um enaltecimento das suas instituições políticas (Generalitat) como expoente de uma defesa dos direitos fundamentais e liberdades públicas (Ley Orgánica 3/1979). No último parágrafo é feita referência à inalienabilidade do autogoverno da Catalunha. O 1º artigo do estatuto vai no mesmo sentido, reafirmando a condição de nacionalidade, à luz do previsto na Constituição. O estatuto do País Basco, cujo texto nunca foi revisto, no 1º artigo, também assume a condição de nacionalidade, mas pode constatar-se uma maior distância em relação a Espanha, identificada como o meio necessário para atingir um fim: «O Povo Basco ou Euskal Herria, como expressão da sua nacionalidade, e para aceder ao seu auto-governo, constitui-se em Comunidade Autónoma dentro do Estado espanhol» (Ley Orgánica 4/1979).

A própria terminologia empregue ao longo dos dois textos legais para aludir a Espanha tem subjacente uma conotação política, com os bascos a recorrer exclusivamente à expressão formal «Estado espanhol». Esta parece ser uma forma encontrada para esvaziar o carácter identitário de Espanha, no mesmo estatuto que impulsiona a identidade basca, depois de anos de subjugação à ditadura franquista. Pelo contrário, os catalães não recorrem a nenhuma fórmula evasiva e, mesmo depois da reforma de 2006, empregam com normalidade o termo «Espanha». Em aplicação do ponto 2 do artigo 3º e do artigo 4º da Constituição, os estatutos de autonomia basco e catalão também assumem uma língua própria e uma bandeira. A língua própria, especialmente importante no caso da Catalunha, assume grande relevância enquanto catalisador de identidades e será empregue para o seu desenvolvimento, o que tem implicações profundas nos sistemas educativos e nas políticas culturais.

A simbiose entre estruturas políticas e nacionalismos

Os nacionalismos basco e catalão foram, assim, absolutamente determinantes no enquadramento inicial e na consolidação das respetivas regiões como comunidades autónomas da Espanha democrática. Depois da entrada em vigor da nova Constituição, a redação e aprovação dos estatutos de autonomia das denominadas comunidades históricas conduzem à normalização institucional. Os partidos nacionalistas só conseguirão implementar os programas de afirmação política das respetivas identidades se assegurarem o controlo dos parlamentos e dos governos regionais. As primeiras eleições autonómicas na Catalunha e no País Basco celebram-se em 1980 e marcam o início de longos períodos de predomínio da Convergència i Unió e do Partido Nacionalista Vasco na política das suas comunidades autónomas.

As novas estruturas autonómicas foram encaradas como uma prioridade pelos nacionalismos por permitirem a materialização política das identidades nacionais basca e catalã. Os nacionalismos centrífugos estabelecem uma relação simbiótica com o sistema autonómico. Esta abordagem é próxima de uma posição *top-down*, uma vez que se centra na forma como o modelo estatal (apesar de todo o contributo que tem de catalães e de bascos) contribui para o desenvolvimento de identidades nacionais subestatais. Porém, é natural que sejam estas a fornecer os principais elementos que contribuem para a sua diferenciação e para a consubstanciação de assimetrias materiais efetivas. O Estado espanhol, através da Constituição, contribui com o desenho do modelo, mas a consubstanciação política das identidades nacionais basca e catalã parte, sobretudo, da utilização de elementos próprios específicos, como os traços culturais e históricos.

Para os bascos e os catalães, a questão das competências relativas à educação, língua e cultura são particularmente relevantes, em função do papel que estas áreas desempenham enquanto elementos caracterizadores e definidores de identidades nacionais. No caso dos bascos, o regime fiscal também assumiu uma posição caracterizadora muito importante, uma vez que a ligação histórica das províncias bascas à coroa espanhola pautou-se quase sempre, entre outros aspetos, pela autonomia financeira. A Constituição de 1978 permitiu o reconhecimento de determinados direitos históricos, sendo o mais relevante a autonomia fiscal do País Basco (através das suas províncias) e de Navarra.

Conclusão

O Estado autonómico constituiu uma oportunidade para os nacionalismos centrífugos em Espanha. Depois de décadas de repressão e de impossibilidade de qualquer materialização efetiva, as identidades nacionais basca e catalã obtiveram um grau considerável de representação política. Apesar de esta estar distante de uma soberania formal (ou, sequer, de uma estrutura federal), em termos práticos, o País Basco e a Catalunha são comunidades autónomas com uma base nacional evidente e com instituições e competências políticas próprias, o que lhes confere um grande grau de autonomia face ao Estado central espanhol.

Cada vez parece mais evidente que a violência política, no contexto de Estados democráticos liberais consolidados, não é um meio adequado para alcançar objetivos políticos. As opiniões públicas, depois do fim da guerra fria, parecem ter incorporado o discurso sobre as novas ameaças à segurança e parecem ter abandonado alguma complacência com a luta armada/terrorismo. Sem uma base de apoio social forte, organizações como a ETA ou o IRA foram alvo de uma pressão policial e judicial que os conduziu a um isolamento impostos pelas próprias estruturas políticas por si criadas. A maior vitória do modelo autonómico talvez tenha sido, justamente, a incorporação de antigos braços políticos de organizações violentas nos sistemas político-partidários de autonomias como o País Basco ou a Irlanda do Norte.

Por outro lado, o percurso de comunidades em que a violência sempre esteve ausente ou foi insignificante confirmam o sucesso dos modelos descentralizados. A Catalunha e a Escócia são exemplos claros de conflitos não violentos e institucionalizados em que o debate político se faz com recurso a ferramentas parlamentares, judiciais, sociais (manifestações, referendos, debates, processos legais) que têm demonstrado ser instrumentos mais eficazes do que atentados, repressão policial ou ameaças à integridade física. Os principais partidos nacionalistas centrífugos parecem já ter compreendido esta realidade e preferem subordinar objetivos maximalistas à lógica institucional.

Referências bibliográficas

Balfour, Sebastian; Quiroga, Alejandro (2007) *España reinventada. Nación e identidad desde la Transición*. Barcelona: Ediciones Península.

Bastida Freixedo, Xacobe (2007) «La senda constitucional. La nación española y la constitución», in Taibo, Carlos (org.) *Nacionalismo español. Esencias, memoria e intituciones*. Madrid: Los Libros de la Catarata, 113-158.

Casanova, Julián; Gil Andrés, Carlos (2009) *Historia de España en el siglo XX*. Barcelona: Editorial Ariel.

Cosculluela Montaner, Luis (1996) «Los estatutos de autonomia y los pactos autonómicos», *Revista de Estudios Regionales*, 44: 47-68.

Esteban de Vega, Mariano (2006) «El nacionalismo español, 1878-1936», in Guereña, Jean-Louis; Morales Muñoz, Manuel (org.) *Los nacionalismos en la España contemporánea. Ideologías, movimientos y símbolos*. Málaga: Centro de Ediciones de la Diputación de Málaga, 73-86.

Fusi, Juan Pablo (2000) *España. La evolución de la identidad nacional*. Madrid: Espasa Calpe.

Guibernau, Montserrat (2009) *La identidad de las naciones*. Barcelona: Editorial Ariel.

Kaldor, Mary (2004) «Nationalism and Globalisation», *Nations and Nationalism*, 10(1/2): 161-177.

Kaldor, Mary (2006) *New and Old Wars*. Cambridge: Polity Press.

Kymlicka, Will (1995) *Multicultural Citizenship*. Oxford: Oxford University Press.

Miall, Hugh et al. (org.) (1999) *Contemporary Conflict Resolution*. Cambridge: Polity Press.

Miller, David (2000) *Citizenship and National Identity*. Londres: Polity Press.

Miranda, Jorge (1994) *Manual de Direito Constitucional – Tomo III*. Coimbra: Coimbra Editora.

Núñez Seixas, Xosé (1999) *Los nacionalismos en la España contemporánea (siglos XIX y XX)*. Barcelona: Edicions Hipòtesis.

Pérez Garzón, Juan Sisnio (2007) «España: de nacionalismo de estado a esencia cultural», in Taibo, Carlos (org.) *Nacionalismo español. Esencias, memoria e intituciones*. Madrid: Los Libros de la Catarata, 49-73.

Robles Egea, Antonio (2003) «Introducción. La sangre de las naciones: identidades y violencia política», in Robles Egea, Antonio (org.) *La sangre de las naciones: identidades y violencia política*. Granada: Editorial Universidad de Granada, 7-23.

Suárez-Zuloaga, Ignacio (2007) *Vascos contra vascos. Barcelona: Editorial Planeta*.

Tamir, Yael (1995) Liberal Nationalism. Princeton: Princeton University Press.

Outras fontes

Constitución Española (1978) La Moncloa, http://www.lamoncloa.gob.es/NR/rdonlyres/ EBB3AFF7-C7EF-4009-A15E-E7D75FB3C8F5/232644/Constitucion_es1.pdf [1 julho 2012].

Estatuto de Autonomía de Cataluña (2006) Generalitat de Catalunya, http://www. parlament.cat/porteso/estatut/eac_es_20061116.pdf [1 fevereiro 2012].

Ley Orgánica 3/1979, de 18 de diciembre. Boletín Oficial del Estado, 306/1979. Cortes Generales. Madrid.

Ley Orgánica 4/1979, de 18 de diciembre. Boletín Oficial del Estado, 306/1979. Cortes Generales. Madrid.

Ministerio del Interior – Gobierno de España (2012) «Infoelectoral», http://www. infoelectoral.mir.es [5 fevereiro 2012].

DOI | https://doi.org/10.14195/978-989-26-1262-1_9

CAPÍTULO 9
A DIPLOMACIA INFORMAL
E NÃO-GOVERNAMENTAL COMO VETOR
DE TRANSFORMAÇÃO DE CONFLITOS

Jorge Tavares da Silva

Universidade de Aveiro e Universidade de Coimbra

Centro de Investigação: GOVCOPP – Unidade de Investigação

em Governança, Competitividade e Políticas Públicas

ORCID: https://orcid.org/0000-0002-2526-4745 A diplomacia informal

e não-governamental como vetores de transformação de conflitos

Resumo: Este capítulo analisa o significado da diplomacia informal e não governamental na transformação dos conflitos internacionais. Trabalhando além da esfera do poder, os mediadores revelam um sentido particular de oportunidade para a transformação de mentalidades e perceções negativas. Estas dinâmicas diplomáticas descentralizadas, usuais no contexto pós-guerra fria, são exemplificadas no texto por um conjunto de casos mundialmente conhecidos.

Palavras-chave: diplomacia informal; não-governamental; mediação; paz; transformação de conflitos

Abstract: This chapter analyses the meaning of informal and non-governmental diplomacy in the transformation of international conflicts. Working beyond the sphere of power, third party mediators reveal particular sense of opportunity in changing mentalities and negative perceptions. These decentralized diplomatic dynamics usual in the post-Cold War context are exemplified in the text by a worldwide known set of cases.

Keywords: informal diplomacy; non-governmental; mediation; peace; conflict transformation

Embora as interações diplomáticas dominantes sejam aquelas que se estabelecem pela via formal entre estados e governos – *government-to-government* – podemos identificar inúmeras formas alternativas de diplomacia, ou seja, um conjunto alargado de dinâmicas desenvolvidas não estruturadas e fora da esfera oficial. Estas enquadram-se no conceito – *lato sensu* – de «diplomacia informal», aparecendo igualmente identificadas como «irregulares», «não observadas», *second track*, «não oficiais», «escondidas», etc.

Desde que o antropologista holandês Boeke (1942) apontou a economia paralela como sendo «dual», que o conceito de informalidade, que está para além do normalizado, foi ganhando expressão, evoluindo e trespassando várias áreas científicas (Guha-Khasnobis et al, 2006: 1). Para além da dicotomia formal e informal, a partir desta segunda, destacamos as interações ditas «não oficiais» ou «não-governamentais», ambas entendidas pelo autor como sinónimas. Trata-se de um tipo de diplomacia que não passa pela supervisão ou aprovação de uma determinada autoridade, mas em que a segunda revela um total descomprometimento com a esfera do poder. Estas dinâmicas são desenvolvidas apenas segundo normas sociais, não ficam registadas, seguem os costumes, tradições, códigos de conduta e normas de comportamento. Além disso, em contextos de conflitos, não se comprometem com resultados apressados, imediatistas de resolução, antes desenvolvem-se de forma descontraída, na valorização do contacto e dos processos de socialização, adquiridos de forma gradual ao longo do tempo.

A diplomacia informal e não-governamental, dependendo do contexto em causa, dos constrangimentos existentes e da oportunidade para o fazer, é muitas vezes a única via de diálogo possível entre partes implicadas em divisões políticas. São particularmente importantes em contextos em que os interlocutores não recebem reconhecimento político, por disputas de soberania, étnicas ou religiosas. Foi o caso dos contactos informais sino-americanos que se estabeleceram a partir da embaixada de Varsóvia, na década de 1950-60, quando estes dois países não tinham relações oficiais formalizadas. Foi na sequência destes contactos que a China e os Estados Unidos da América acabariam por contribuir para o reatar das relações diplomáticas na década seguinte (Komine, 2008: 115-116).[1]

O crescente aumento das interações diplomáticas informais e não-governamentais, levou Shaun Riordan (2004) a falar de uma «nova diplomacia», favorecida pelas tecnologias de comunicação e multifacetada nas interligações e nos atores envolvidos. Estas dinâmicas revestem-se de enorme importância em contextos de conflitos, particularmente em conflitos armados, complexos e de longa duração, onde a ação dos indivíduos e não dos governos pode ser um fator acrescido de esperança na procura de caminhos para a paz. As operações de *people power*, funcionam como «construtoras de pontes», impulsionando o retomar das negociações, facilitando a comunicação e construindo espaços de paz. Muitas são as formas desenvolvidas por estes atores da sociedade civil, desde o enfrentamento pacífico dos opressores; à abertura de canais de contacto;

---

[1] Em 9 de Setembro de 1969 o Presidente Nixon pediu a Walter Stoessel, embaixador americano na Polónia de regresso a Washington para que «passasse a mensagem de forma privada aos chineses», sugerindo que ele procurasse falar diretamente com o «agente diplomático» chinês numa receção numa das embaixadas neutras de Varsóvia. Nixon, de forma clara, salientou o seu interesse em concretizar diálogos diretos com a China. Finalmente, o Presidente americano salientou que se a imprensa se apercebesse dos diálogos, ele deveria ser «evasivo» nos seus comentários (Komine, 2008: 115-116).

à intermediação; à proteção de direitos humanos; ao controlo da violência; à pressão no sistema de decisão político e educação e formação (Francis, 2002: 11-15).

O presente capítulo centra-se na análise da natureza, abrangência e limites das dinâmicas ditas informais e não-governamentais, quer sejam administradas ou espontâneas, procurando escalpelizar os benefícios efetivos que as mesmas têm vindo a proporcionar ao domínio da transformação de conflitos. Destacamos o importante papel que pode desempenhar uma «terceira-parte» em processos desta natureza, isto é, a intervenção de um mediador individual ou coletivo, não-governamental, neutro, que possa fazer intercedência positiva no contexto do conflito. São os casos de organizações não--governamentais, membros de igrejas, desportistas, atores, homens de negócio e outros, sem vínculos formais com a esfera do poder. Não significa isto que estamos perante a supremacia deste género de interação sobre as dinâmicas ditas oficiais. Na verdade, é uma forma alternativa e relativamente eficaz de contacto, mas que funciona muitas vezes em concertação com os governos e outros atores internacionais. Na maior parte dos casos acumulam-se as interações formais, informais e não-governamentais, sendo até difícil apurar a natureza dos diálogos, o estatuto e o tipo de interlocutores envolvidos. Esta dificuldade talvez justifique que alguns analistas prefiram classificar a esfera da formalidade e informalidade como um continuum e até, em alguns casos, como um fenómeno de sobreposição (Kanbur, 2009; Weissmann, 2009: 64).

Em termos de estrutura, este capítulo começa por fazer uma abordagem geral ao papel de uma «terceira parte» – formal ou informal – na condução de partes em conflito, levando-as à negociação e ao bom entendimento; depois, a partir da génese da própria mediação, centramos a análise apenas nas dinâmicas tipicamente informais, procurando delimitar teoricamente a diplomacia informal e explorando os aspetos da sua natureza. Para a terceira e última secção, ficaram reservados os casos, contextos e exemplos onde podem ser testemunhadas as interações informais e não-governamentais, estabelecendo uma ponte teórico-factual que permite consolidar o conhecimento deste domínio.

Variáveis na escolha de uma «terceira-parte» num processo de mediação de conflitos

A «diplomacia» pode ser definida como um modo de comunicação formal de um Estado ou de um Governo face a outros estados no sistema internacional. Trata-se de um dos instrumentos de política externa mais utilizado para o desenvolvimento de contactos pluri-laterais de caráter pacífico e processa-se através de intermediários mutuamente reconhecidos por cada uma das partes (Magalhães, 2005: 92; Sousa, 2008: 64). Na sequência de dinâmicas desta natureza resultaram acordos conhecidos como o Tratado de Roma ou o Tratado de Lisboa. Algumas cimeiras de chefes de Estado, como a Cimeira da Comunidade dos Países de Língua Portuguesa (CPLP) em Díli ou a Cimeira dos BRICS (grupo de países emergentes que inclui o Brasil, a Federação Russa, a Índia, a China e a África do Sul) em Fortaleza, ambas em 2014, ou a Cimeira da Terra no Rio de Janeiro em 1992 são plataformas de diálogo onde se desenvolve intensa atividade diplomática. Estas ganharam expressão desde o fim das guerras napoleónicas e da formação do sistema de estados-nação (Berridge, 204: 151-152). Em contextos de conflitos, a negociação surge como o primeiro dos instrumentos ao serviço da diplomacia – «diplomacia preventiva» – um meio para se atingir ganhos partilhados, o apaziguamento de tensões e a construção de bases de entendimento. Um negociador estratégico segue regras específicas, planeia o processo negocial, verifica o seu ponto de vista e a posição da outra parte, analisa o quadro emocional dos intervenientes e aplica técnicas, não devendo cair numa lógica de *win-lose*, mas antes de procurar uma distribuição tipo *win-win*, assente na reciprocidade dos resultados. São exemplos conhecidos de processos negociais os diálogos entre Portugal e a Indonésia sobre a questão de Timor-Leste, as negociações entre Portugal e a China sobre o futuro de Macau, ou as negociações multilaterais sobre a ameaça nuclear norte-coreana.

A verdade é que muitas vezes se torna impossível as partes diretamente envolvidas alcançarem uma solução direta para o conflito, abrindo espaço para o envolvimento de uma «terceira-parte» para ajudar ao processo. Muitas vezes esta colaboração não passa de tentar ajudar as pessoas a «ler» o que está a acontecer na situação em que os interlocutores estão envolvidos. Identificar o tipo de ação que é necessária aplicar para enfrentar a violência, a polarização e as formas que podem contribuir para o processo (Francis, 2010: 5). Um mediador não só contribui para a alteração da perceção do contexto, como oferece novas opções de escolha, um ajustamento do número de *players* e estabelecimento das bases comuns de entendimento. Além disso, a intervenção de um mediador permite aos interlocutores da negociação ganhar tempo no processo, melhorar a argumentação, esclarecer pontos de vista de forma neutral, melhorar a objetividade e direcionamento para os objetivos e melhorar o plano do processo negocial.

A capacidade de influência, a forma como se pode transformar os contextos ou a «teoria da mudança» tornam-se centrais neste esforço diplomático. John Paul Lederach (1999; 2003) criou uma pirâmide de potenciais mediadores e níveis de influência (*tracks*). Parte da base das massas sociais, passa pelo nível intermédio de intervenientes – *pivot* – com capacidade de influência para «cima e para baixo», até ao vértice, onde estão as elites políticas (Ramsbotham, 2005: 23; Francis, 2010: 5). Os métodos passam muito pelo esforço de desconstrução mental, através da análise da identidade e cultura.

A dificuldade reside muitas vezes na escolha do momento certo quando deve intervir o mediador. Segundo a «teoria da maturidade» apontada por William Zartman (2001: 4), paradoxalmente, «os conflitos são geridos com maior eficácia quando alcançam o *mutually hurting stalemate*, ou seja, quando se atinge um determinado nível de impasse e se forma a consciência que o evoluir do conflito apenas trará danos mútuos para as partes». É neste contexto, em que o mediador encontra as suas melhores condições de atuação, que se pode pensar na redução da intensidade do conflito através do encontro de pontos em comum. Importa salientar que estas iniciativas decorrem numa fase altamente extremada e desgastante.

Deve-se ter em referência que a intervenção de um interlocutor externo deve ser sempre imparcial, neutra, procurando apenas facilitar o processo negocial, isto é, fazer com que as partes em conflito encetem contactos e diálogos para transformar o conflito. O mediador não resolve o problema ou impõe uma solução, o que assim sendo, nos remeteria mais para o campo da arbitragem. O mediador cria as condições às partes em conflito para que melhor encontrem uma solução entre si, embora a visão realista das relações internacionais prefira percecionar este ator como um interveniente ativo do processo (Ramsbotham et al., 2006). Por outras palavras, poderemos dizer que o mediador tende a controlar o processo, mas não os seus resultados (Lewicki et al., 2003: 442).

Poderíamos citar inúmeros atores, casos e processos de mediação de sucesso no plano internacional. Um «profissional» deste domínio é o antigo Presidente dos Estados Unidos da América Jimmy Carter. Foi relevante o seu papel na crise nuclear na Coreia do Norte em 1994, tendo contribuído para o apaziguamento de tensões entre Washington e Pyongyang e para a assinatura de um acordo formal posterior entre as duas partes (Beardsley, 2011: 92; The Carter Center, 2014). Estes factos não nos devem deixar de salientar também um conjunto alargado de mediações mal sucedidas (Beardsley, 2011: 1-17). Foi o caso da Guerra Civil no Ruanda (1990-1993), cujo processo de mediação internacional estabelecido no pós-conflito, que tinha inicialmente conduzido aos Acordos de Arusha, entre o Governo do Ruanda e a Frente Patriótica, acabaria por deixar em aberto o caminho para o genocídio posterior (Dallaire e Beardsley, 2004).

A cooperação entre entidades torna-se absolutamente fundamental para o sucesso dos processos de mediação, bem como de outros capítulos do domínio da transformação de conflitos como o pós-conflito e a reconstrução. É importante o mediador externo ajustar-se às agendas dos ativistas locais, respeitar os usos e costumes, aguardar pelo momento propício e não impor uma agenda própria, por vezes por orientação de um doador estrangeiro. Esta será uma das muitas limitações ou dilemas que estão associadas à ação de muitas Organizações Não-Governamentais (ONG). O impacto das ONG internacionais na «ecologia» da sociedade civil local é considerável, podendo ser o efeito, dependendo da forma como são conduzidas as suas dinâmicas, tanto positivo como negativo (Francis, 2010: 40). A verdade é que ela oferece sempre uma oportunidade de diálogo alternativo ou complementar ao trabalho dos estados, confrontados com a evidência da incapacidade de resolver o problema. Também os intervenientes diretos no conflito, depois de passaram por fases de conflito armado e enorme violência, revelam-se maus negociadores. Não só pela inexperiência, mas também por as opiniões estarem muito polarizadas, centradas nas suas posições negociais, os pontos de resistência serem incompatíveis e haver demasiada emoção. A evidência destes fatores, tem levado ao florescimento dos processos alargados de mediação e interação. As dinâmicas informais e os atores fora da esfera oficial, particularmente, ganham aqui uma nova importância, aspeto que abordaremos em seguida.

O efeito transformador da diplomacia informal e não-governamental

É um facto que a relativa ineficiência da diplomacia estatocêntrica e do papel dos atores governamentais nos processos de mediação, como ilustra o caso do Ruanda, abriu o caminho a formas alternativas de mediação de conflitos. Este fenómeno tem sido também favorecido pelo novo contexto internacional das ditas «novas guerras» marcadas por um novo tipo de conflitualidade descentralizada, que não favorece os modelos tradicionais de diplomacia e de resolução. Os denominados conflitos de longa duração, que residem em contextos de divisão étnica, religiosa, de disputa de soberania, e instigados por desequilíbrios socioeconómicos ou querelas de política regional, tais como os casos israelo-palestiniano, sino-taiwanês ou a divisão coreana, são aqueles em que este tipo de dinâmicas melhor se adequa (Hampson, 1996: 4). Os intervenientes diretos implicados na disputa estão normalmente envolvidos em relações profundas de desconfiança, debatendo-se com barreiras quase intransponíveis ao nível comunicacional, em que pelo menos uma das partes se recusa a reconhecer a identidade da outra (Berridge, 1994: 13). É por este motivo que as problemáticas desta dimensão não se coadunam com respostas governamentais imediatistas. Acontece também com frequência a negligência das necessidades básicas das populações, não tomando em atenção as práticas de culto ou o acesso a recursos, que são quase sempre elementos inegociáveis para os povos. As intermediações não-governamentais, pelo contrário, desenvolvidas por atores não estatais, em ambientes de baixa pressão, discretos e seguros, sem intimidação jurídica ou coerciva, têm vindo cada vez mais a ganhar utilidade.

Este tipo de dinâmicas ganhou expressão depois da queda do Muro de Berlim e do colapso do comunismo, altura em que emergiu na cena internacional um novo tipo de ativismo que tem colocado os cidadãos, as fundações privadas, as empresas, as universidades e as ONG a partilharem muitas tarefas que anteriormente apenas pertenciam exclusivamente ao domínio dos estados. Não significa que estes deixaram de exercer as suas funções diplomáticas em contextos de conflitos. Pelo contrário, a maior parte das interações diplomáticas externas dos dias de hoje mantém-se centrada nas competências habituais dos estados, a questão é que passaram a partilhar muitas das suas interações com outros atores. Vivem-se tempos de crescente influência das ONG e das empresas privadas nos sistemas de decisão e no intervencionismo internacional, acompanhando o processo generalizado de «mercadorização» da vida social e política (Duffield, 2005: 204). Em grande medida, parece ter surgido um modelo de inspiração medieval, que coloca em competição permanente a jurisdição privada e pública (Bull, 2002: 245-246; Kanna, 2011: 31-34). Mais do que a lógica do *billiard ball*, a diplomacia enquanto mecanismo comunicacional tem deixado de estar confinada às ações dos profissionais diplomáticos, passando também a ser desenvolvida por outros agentes, inclusive individualidades do setor industrial ou comercial privado, por vezes sob orientação oficial (Berridge, 2002: 1). A «nova diplomacia», ou «mega-diplomacia», como lhe chama Parag Khanna (2011), face à emergência de problemas que ultrapassam as fronteiras dos estados, como as doenças infecto-contagiosas, as alterações climáticas ou o terrorismo, entre outras, permite a criação de unidade entre as comunidades na gestão do espaço comum. Em vez de se seguir o «ritual» dos protocolos, verifica-se uma «dança jazz» de coligações entre ministérios, empresas, igrejas, fundações, universidades e ativistas (Khanna, 2011: 22).

A descentralização da atividade diplomática tem levado a que a mediação tenha passado a ser desempenhada em abundância por atores e entidades fora da esfera estatocêntrica. Em muitos contextos realizados no maior secretismo, elevando ao máximo o nível de informalidade. Noutros casos, desenvolve-se em dinâmicas de grupo, por vezes espontâneas, não conscientes, conseguindo acrescentar pressão positiva no apaziguamento de tensões, mesmo que não se tenha a noção que se está a contribuir para este efeito. As transações comerciais, encontros culturais, conferências académicas, eventos desportivos, são alguns exemplos deste tipo de contributo.

De forma genérica, William Davison e Joseph Montville (1982) atribuíram a designação de *track two* ao vasto rol de contactos e interações de natureza informal e não oficiais usados na mediação de conflitos:

> *an unofficial, informal interaction between members of adversary groups or nations that aims to develop strategies, influence public opinion, and organize human and material resources in ways that might help to resolve their conflict (...) [It] is a process designed to assist official leaders to resolve or, in the first instance, to manage conflicts by exploring possible solutions out of public view and without the requirements to formally negotiate or bargain for advantage.* (Montville, 1991: 162-163)

A denominação *track two* foi inspirada nas primeiras conferências de *Citizen Diplomacy* (1981-1987), organizadas por James Hickman e Jim Garrison, onde foram debatidas as iniciativas do setor privado estabelecidas entre os soviéticos e os americanos durante a guerra fria. Segundo estes autores, os interlocutores envolvidos nas dinâmicas informais, muitas vezes com relações muito próximas do poder político e com grande capacidade de influência, acabaram por funcionar como uma espécie de *citizen diplomats* (Garrison e Philipps, 1989). Louise Diamond e John McDonald também pegam neste conceito e definem-no como «contactos e atividades não--governamentais, informais e não oficiais entre cidadãos privados ou grupos de indivíduos», por vezes denominados «atores não estatais».

Estes autores apontam três grandes objetivos a alcançar com este tipo de dinâmicas (Diamond e McDonald, 1996: 2). Em primeiro lugar, a redução ou resolução do conflito através da melhoria dos processos comunicacionais, o aumento do relacionamento entre as partes e o reforço da compreensão dos factos; em segundo, a redução da tensão, raiva, medo, ou incompreensão com a humanização da «face do inimigo», e o dar às pessoas experiência direta com a parte contrária; em terceiro, influenciar a forma de pensar e a ação do *track one* (oficial), abordando as causas, sentimentos, necessidades, e explorando opções diplomáticas sem preconceito, estabelecendo assim as bases para negociações formais ou para a reformulação de certas políticas. A diplomacia informal e não oficial acaba por ter uma função de duplo sentido: por um lado, aproveitar as ideias trocadas nas sessões de mediação para as fazer chegar ao poder político; por outro, procurar influenciar positivamente a opinião pública. A natureza informal e o secretismo das intermediações, como já verificámos, é frequentemente um elemento diferenciador. O segredo e as dinâmicas informais começam por fazer parte do diário da vida político-partidária. Se todas as dinâmicas políticas fossem do conhecimento público e se estivessem sujeitas a regras escritas e outros formalismos, a governação, muitas vezes, perderia a sua operacionalidade. A divulgação das informações relativas a esses processos poderia tornar os diálogos inviáveis, colocando em causa a segurança dos próprios interlocutores, daí que ocorrem muitas vezes em territórios neutros, em cenários pouco prováveis. Por exemplo, o processo de mediação promovido pela Comunidade de Santo Egídio no conflito moçambicano foi realizado pela primeira vez em Roma, num convento do século XVI. A Comunidade ficou responsável por gerir a informação com a imprensa e muito do conteúdo dos diálogos permaneceu secreto (Mathews, 2002: 40-41).

A verdade é que face à multiplicidade de interações, muitas vezes alternando-se entre a esfera informal e a esfera formal, com níveis de abordagem simultânea, tem-se sentido uma enorme dificuldade em classificar estes fenómenos, alternando conceitos e a abrangência de analista para analista. Tal como refere Diana Chigas (2003), «as intervenções não oficiais por terceiros significam diferentes coisas para diferentes pessoas». Devido a esta dificuldade, John McDonald alargou os níveis de análise iniciais para um sistema de cinco tracks, e em 1990, Louise Diamond sugere ao embaixador John McDonald a expansão dos seus cinco níveis até ao nono track, além de propor a representação do sistema total de peacebuilding que incluísse todos as dinâmicas informais possíveis através de um círculo (McDonald e Zanolli, 2008: 193). A diferente natureza dos atores e a complexidade das interações, sendo muitas vezes difícil distinguir em que fase ou em que papel se estão a desenvolver as intermediações, acabou por dar origem ao conceito de *Multi-Track Diplomacy* (MTD), igualmente criado por Louise Diamond e John McDonald (1992). A diplomacia *multi-track* ou multinível funciona como um quadro conceptual alargado que pretende incluir todo um conjunto de atividades, que contribuem para a transformação de conflitos, incluindo também a dimensão governamental.

Os diversos níveis de MTD estão interligados numa rede de interações, em iniciativas individuais ou coletivas, procurando um objetivo comum: a abertura e construção de caminhos para a paz. A representação gráfica do sistema que envolve os nove níveis da diplomacia *multi-track* aparece em forma de círculo, um símbolo tradicional presente em muitas sociedades antigas representando a unidade das suas diversas partes, mantendo-se aqui também como o elo unificador deste sistema. Ao aparecer representado de forma sistémica, permite uma visão coletiva das ações de peacebuilding, exemplificando a conjugação de energias entre todos os participantes. As linhas em raio representam os vários segmentos da sociedade que estão envolvidos nas diversas atividades de mediação (McDonald e Zanolli, 2008: 193-194). Como exemplo de interações conjuntas de vários atores e dinâmicas – *multi-track* – temos o acordo de Paz de Moçambique (1992), que contou não só com as ações da Comunidade de Santo Egídio, mas também com as de um conjunto de outras entidades, incluindo governos e membros da sociedade civil (Mathews, 2002: 40-41). Cada caso representa uma natureza específica de oportunidades de trabalho, pelo que importa verificar um conjunto relativamente alargado de situações que nos possam, de alguma maneira, ajudar a definir um fio comum de atuação e de resultados.

Casos e contextos de diplomacia informal e não-governamental na transformação de conflitos

Muitos são os casos, contextos, ocorrências, eventos, interações ou dinâmicas entre indivíduos, instituições ou organizações que podemos indicar como bons exemplos de diplomacia informal e não-governamental na transformação de conflitos. Naturalmente que em graus de importância diferenciada e natureza distinta, pois podem ir de um simples aperto de mão ocasional, a ações estruturadas e demoradas; tanto protagonizadas por membros de governo, como por intermédio de indivíduos anónimos da sociedade civil.

Os encontros e cimeiras internacionais são os primeiros grandes impulsionadores na abertura de janelas de oportunidade informais, ainda que na maioria dos casos sejam realizadas por atores ligados à esfera governamental. É frequente aproveitarem-se eventos de grande dimensão, desportivos, económicos, políticos ou culturais, para desenvolver este tipo de interações. Por exemplo, em março de 1990, nas celebrações da independência da Namíbia, verificou--se uma «orgia de atividade diplomática» paralela, na qual inimigos de longa data festejaram em conjunto como se não estivessem em conflito (The Independent, 1990 apud Berridge, 1994: 59). Também a coroação de Akihito, no Japão, 1990, pouco depois do início da intervenção militar iraquiana no Koweit, permitiu uma intensa atividade diplomática paralela, informal, entre membros de muitos governos, o que levou à formação de uma frente comum de oposição ao regime de Saddam Hussein.

Na Ásia, o Fórum de Boao, uma organização não-governamental e sem fins lucrativos, tem sido preponderante ao permitir contactos entre membros de governos, homens de negócios, empresários e académicos, permitindo a partilha de visões sobre questões económicas e de segurança relevantes para a região (Boao Forum, 2014). No Verão de 1997, o empresário chinês Jiang Xiaosong, também conhecido como o «pai de Boao» convidou o antigo primeiro-ministro japonês, Morihiro Hosokawa, o primeiro-ministro australiano, Bob Hawke, e as respetivas famílias para se juntarem a ele numas férias em Boao.[2] Nas conversas que mantiveram surgiu a ideia de se criar uma organização internacional pan-asiática, que culminaria em 2001 com a declaração do *Boao Forum for Asia* (BFA), posteriormente ratificada pelos seus 26 estados membros fundadores. Desta forma, uma pequena cidade costeira tornou-se em poucos anos um local com cobertura mediática mundial e um centro onde decorrem todos os anos milhares de encontros em áreas diversas. Segundo Zhou Wenzhong, secretário-geral do BFA, o Fórum tem desenvolvido avanços consideráveis em três aspetos fundamentais: ajudar a Ásia a compreender o mundo, melhorar a posição dos países asiáticos na comunidade internacional e lidar com questões de interesse comum (Forum Boao for Asia, 2014).

Outros eventos que têm contribuído para o estabelecimento de contactos informais, fundamentalmente entre atores governamentais, são os funerais de Estado. Por exemplo, a presença de De Gaulle,

---

[2] Cfr. Forum Boao for Asia, http://www.boaoforum/english/E2003nh/ijr/ t20031028_175235.htm

no funeral de Kennedy ajudou a reconciliar os franceses com americanos; a presença de De Gaulle no funeral de Eisenhower, em 1969, após conversa com o presidente Nixon, impulsionou a visita de Kissinger a Paris e à assinatura de um acordo de paz que determinou o fim da intervenção americana no Vietname (Berridge, 1994: 6). O próprio funeral de De Gaulle, em novembro de 1970, permitiu um encontro entre o Presidente Nixon e o Presidente Georges Pompidou, o que conduziria a uma reaproximação entre a França e os Estados Unidos da América, cujas relações tinham andado tensas durante toda a década de 1960 (Berridge, 1994: 62-63). Fica também o registo de em dezembro de 2013, no funeral de Nelson Mandela, o Presidente Obama se ter aproximado do líder cubano, Raul Castro, tendo-lhe inclusivamente apertado a mão. Ao que parece o gesto foi totalmente imprevisto, não se tendo verificado consequências do ato, desconhecendo-se a existência de outros diálogos paralelos, mas que não deixou de proporcionar uma janela de oportunidade (ABC News, 2014).

Importa também destacar todas as iniciativas informais que são desenvolvidas por interlocutores que não têm qualquer ligação ao Estado ou ao Governo, particularmente as ONG, entidades ou figuras da sociedade civil. Um exemplo conhecido é o lendário empresário americano Armand Hammer, o qual se empenhou no estabelecimento de boas relações entre o seu país e os soviéticos durante a guerra fria. Embora tenha sido olhado com alguma desconfiança devido aos seus implícitos interesses económicos, contribuiu claramente para um bom entendimento entre as duas nações (Epstein, 1999). Os motivos que mobilizam os mediadores são de natureza diversa, tanto por interesses económicos, ambições políticas, instintos de caridade até à autopromoção ou mesmo vaidade (Berridge, 2002: 193-195). Outro exemplo conhecido de mediação de conflitos de um ator não-governamental, embora com ligações à política, foi o empresário Frederik van Zyl Slabbert. Na década de1980 organizou visitas dos líderes de negócios sul-africanos à Zâmbia e ao Senegal para se encontrarem com representantes do *African National Congress* (ANC). Estes encontros promoveram importantes contactos e diálogos, um contributo e prelúdio para o Governo sul-africano mudar o regime do apartheid em 1990 (Evans, 1998: 74-75; Berridge, 2002: 193-194). Não se pode deixar de falar também no caso dos Quakers, cujas atividades de mediação de conflitos remontam ao século XVII, e com resultados reconhecidos um pouco por todo o mundo. Trata-se de uma sociedade e de um movimento religioso, divididos entre evangélicos, conservadores e liberais, que se têm dedicado entre outras atividades à defesa do pacifismo (Dandelion, 2008: 1-2). Destacamos também o Centro Carter, já referenciado, que tem servido de canal alternativo ao diálogo e negociação oficial, particularmente no caso coreano e no conflito da Etiópia e Eritreia (Carter Center, 2014). Como organismo não partidário, não-governamental, pela experiência do seu representante, tem facilidade em interagir com líderes mundiais e especialistas em mediação, negociação e técnicos de transformação de conflitos (Carter Center, 2014). Outro importante exemplo chega do *Cooperation North*, uma organização privada liderada por Brendan O'Regan, que abriu portas de diálogo e contribuiu para a aproximação entre a Irlanda do Norte e a República da Irlanda. Apontamos ainda o caso da iniciativa do Oásis da Paz, uma aldeia situada entre Telavive e Jerusalém, projetada para a convivência pacífica entre palestinianos e judeus por várias organizações e entidades, como forma de dirimir o conflito israelo-palestiniano (Montville, 1991: 167-170). É um facto a que já fizemos referência que a complexidade dos contextos de conflito adensa a multiplicidade das ações e atores. Um exemplo de conflito de longa duração que tem testemunhado uma intensa atividade de mediação informal, governamental e não-governamental, estruturada e espontânea, de massas ou individual, é a «questão» de Taiwan que divide a República Popular da China (RPC), em Pequim, e a

República da China (ROC), em Taipé. Falamos da intervenção personalizada de indivíduos das elites políticas, económicas e militares, passando por plataformas de diálogo regionais, por vezes dirigidas ou estruturadas, em cimeiras ou outro tipo de encontros, até às iniciativas espontâneas das massas. Tratam-se de níveis diferenciados de interação, a que correspondem escalões distintos de influência e envolvimento.

Desde logo, destaca-se o papel do *Strait Exchange Foundation* (SEF) e do *Association for Relations Across the Taiwan Straits* (ARATS), ambas consideradas ONG, embora com ligações a cada um dos dois governos. Não havendo contactos formais entre Pequim e Taipé, estas ONG foram servindo como os únicos canais de diálogo entre as duas partes. Foram determinantes no levantamento de muitas barreiras no estreito de Taiwan, nomeadamente no estabelecimento de voos diretos entre as «duas Chinas» e na intensificação de visitas de indivíduos de ambos os lados (Gabinete de Informação da ROC, 2014; The Washington Post, 2008).

No estreito de Taiwan, que fisicamente divide os dois territórios, tem florescido um novo ambiente de socialização entre académicos, turistas, atletas, homens de negócio ou religiosos, divididos por uma querela política. As redes socioeconómicas, em escala e dinamismo, têm sabido ser suficientemente eficazes no suplantar os limites jurídico-políticos impostos pelos dois governos, pressionando para a alteração do contexto de conflito. Toda a pujança económica e social, a par da pressão dos grupos de interesse e a interligação dos membros da sociedade civil com os quadros oficiais na RPC, tem progressivamente funcionado como instigadores de um novo quadro de cooperação. Desde 2011 que na ilha são esperados todos os anos milhões de turistas da RPC; há cerca de 5000 alunos continentais a estudar em universidades da ROC, e são efetuados 365 voos diretos entre as duas partes por semana (American Institute in Taiwan, 2014). Muitos locais históricos da RPC vão também atraindo dezenas de milhares de turistas taiwaneses, enquanto uma variedade de campos científicos serve de base a imensos seminários que juntam delegações dos dois lados do Estreito.

Finalmente, aludimos ainda à importância das redes sociais, muitas vezes surgidas de forma espontânea na sociedade civil, mas que funcionam também como fator de pressão e transformação de cenários de conflitos. Numa era marcada pelas tecnologias da comunicação e informação, em sintonia com os conceitos de «A Sociedade em Rede» de Manuel Castells (2003; 2010) ou de «Aldeia Global» de Marshall McLuhan (1962), tem havido uma intensificação dessas relações humanas mesmo que à distância. Estas redes de pessoas ou organizações reforçam laços entre si, sendo capazes de impulsionar fluxos, como informação, recursos e ideias. Numa sociedade interligada, mesmo o simples comentário entre amigos ao jantar pode funcionar como um bater de asas de uma borboleta e iniciar uma tempestade de reconciliação ou uma escalada de um conflito com «seis graus de separação» (Nan, 2008: 113)[3].

Partindo desta ideia, a ligação em «seis graus» entre indivíduos de lados opostos de um conflito pode funcionar como fator de reconciliação enquanto, ao mesmo tempo, estes podem interagir com profissionais de resolução de conflitos. As redes sociais são estruturas informais que ligam pessoas entre si, numa ou mais relações sociais, embora possam divergir de estruturas mais organizadas para outras espontâneas. Das mais estruturadas podemos falar, por exemplo, do *Caucasus Forum for Solidarity and Cooperation* (CFSC)[4], uma rede informal de mais de 100 líderes da sociedade civil e da *Women for Peace* ou *Alliance for Peacebuilding* (Nan,

---

[3] A expressão original *Six Degrees of Separation* foi criada por Frigyes Karinthy e popularizada na peça de John Guare, referindo-se às ligações que cada indivíduo mantém com os demais na terra, estabelecendo-se redes humanas, em média, de seis pessoas (Nan, 2008: 112).

[4] Ver com mais detalhe em http://www.caucasusforum.com/

2008: 117-118). Estes organismos funcionam como plataformas de diálogo entre grupos de lados opostos de um conflito com vista à partilha de experiências, estabelecimento de processos de cooperação e aumento da confiança entre si. As menos estruturadas não são mais que a simples atividade turística, económica ou cultural da sociedade civil, embora nalgumas situações possa tender para uma maior organização (Weissmann, 2008: 74-76). As redes são cada vez mais vistas como potenciadoras de poder aos mais desfavorecidos, abrindo e diversificando os canais de expressão e influenciando as políticas públicas (Famula e Florez, 2006: 10). Nestas dinâmicas encontramos duas características fundamentais. Por um lado, a capacidade de influenciar o sistema de decisão política e, por outro, a capacidade de influenciar a opinião pública, embora ambos os domínios estejam por vezes muito próximos. É com todos estes contributos do domínio informal e não-governamental, por atores de várias proveniências, com ações individuais ou em rede, que definitivamente se tem contribuído para a abertura de novos caminhos para a paz, não tanto através de formas artificiais de expressão política, mas pelo poder descentralizado das pessoas.

Considerações Finais

Uma das grandes constatações no cenário da diplomacia internacional do pós-guerra fria foi a relativa incapacidade dos estados em responder com eficiência aos problemas estruturais da sociedade, onde residem frequentemente os principais motivos para as disputas armadas. Em conflitos de longa duração, os instrumentos tradicionais como a negociação e a mediação, utilizados apenas por interlocutores oficiais, podem não ser suficientes para uma abordagem eficiente. Muitas vezes, acordos alcançados entre as partes em conflitos tornam-se infrutíferos, em que simples alterações circunstanciais fazem reverter todo o processo. Assim, mais do que se procurar «alcançar um acordo de paz ocasional, é, por vezes, mais importante procurar 'manter' um estado de concordância com relativa permanência» (Riegg, 2001: 2). Mais do que se centrar na eficiência dos resultados, frequentemente ignorando e sacrificando pressupostos como a reclamação de justiça, torna-se imperioso o estabelecimento de processos que cheguem às raízes do problema e possam ser eficazes. Um conhecimento profundo da génese dos conflitos permite a descoberta de novos contextos para a transformação dos mesmos. Os processos informais, tanto desempenhados por atores que pertencem aos governos, como por atores da sociedade civil, são sempre importantes, porque aproveitam o secretismo e o relaxamento do contexto dos diálogos.

Acontece com frequência que em encontros oficiais, cerimónias ou eventos ocasionais – pela oportunidade – poderem desenvolver-se diálogos entre partes em conflito. Nalguns casos, com a intervenção de um mediador, ou apenas para servir de canal de passagem de informações importantes ou esclarecimentos. Trata-se de uma forma alternativa de abordagem, descentralizada, transversal e inclusiva, que parte da base da pirâmide social até às elites do vértice. É um facto que estas dinâmicas têm contribuído para o estabelecimento de pontes de compreensão entre comunidades ou sociedades em conflito, procurando aumentar a confiança, corrigir incompreensões e alterar mentalidades acerca da natureza do «outro». Assim tem acontecido, com mais ou menos sucesso, em casos como o conflito de Taiwan, na questão coreana, no apartheid sul-africano, no relacionamento sino-americano ou russo-americano, entre muitos outros cenários possíveis de referenciar. Esta tem sido uma tendência que marca os novos caminhos da diplomacia internacional moderna e que, de alguma forma, tem contribuído para a edificação de um mundo melhor.

Referências bibliográficas

ABC News (2013) «Obama Shakes Hands with Cuba's Raul Castro», 10 de dezembro, http://www.webcitation.org/query?url=http%3A%2F%2Fabcnews.go.com%2FInter national%2FwireStor y%2Fobama-shakes-hands-cubas-r aul-castro-211587752 &date=2014-04-12 [26 agosto 2014].

American Institute in Taiwan (2014), http://www.ait.org.tw/en/[29 setembro 2014].

Beardsley, Kyle (2011) *The Mediation Dilemma*. Ithaca: Cornell University Press.

Berridge, G. R. (2004) *Diplomacy – Theory and Practice*. New York: Palgrave.

Berridge, G.R. (1994) *Talking to the Enemy – How States Without «Diplomatic Relations» Communicate*. New York: St. Martin's Press.

Bull, Hedley (2002) *The Anarchical Society*. New York: Palgrave.

Carter Center (2014) http://www.cartercenter.org/index.html [27 setembro 2014].

Castell, Manuel (2003) *The Power of Identity*. Oxford: Blackwell Publishing.

Castell, Manuel (2010) *The Rise of the Network Society: The Information Age: Economy, Society, and Culture*, vol 1. West Sussex: Wiley-Blackwell.

Chigas, Diana (2005) «Negotiating Intractable Conflicts: The Contribution of Unofficial Intermediaries», in Crocker, Chester A. et al (org.) *Grasping the Nettle: Analyzing Cases of Intractable Conflict*. Washington: US Institute of Peace Press, 123-160.

Dallaire, Roméo; Beardsley, Brent (2004) *Shake Hands with the Devil – The Failure of Humanity in Rwanda*. London: Arrow Books.

Dandelion, Pink (2008) *The Quakers – A Very Short Introduction*. Oxford: Oxford University Press.

Davidson, William D.; Montville, Joseph V. (1981) «Foreign Policy According to Freud», *Foreign Policy*, 45: 145-147.

Diamond, Louise; McDonald, John W. (1996) *Multi-Track Diplomacy: A Systems Approach to Peace*. West Hartford: Kumarian Press.

Duffield, Mark (2005) «Governing the Borderlands: Decoding the Power Aid», in Wilkinson, Rorden (org.) *The Global Governace Reader*. New York: Routledge.

Epstein, Edward Jay (1999) Dossier: The Secret History of Armand Hammer. New York: Carroll and Graf.

Evans, Gareth (1998) «Preventive Action and Conflict Resolution», in Otunnu, Olara A.; Doyle, Michael W. (org.) *Peacemaking and Peacekeeping for the New Century*. Maryland: Rowman & Little Publishers, 61-87.

Famula, Kristin; Florez, Gustavo (2006) «How to Build Peace Networks», European Peace University Research Paper Issues 02/06. Stantschlaining: European Peace University: 1-30.

Guha-Khasnobis, Basudeb, et at. (2006) «Beyond Formality and Informality», in Guha-khasnobis, Basudeb et al. (org.) *Linking the Formal and Informal Economy: Concepts and Policies*. Oxford: Oxford University Press, 1-18.

Forum Boao for Asia (2014), http://english.boaoforum.org/[27 setembro 2014].

Francis, Diana (2010) *From Pacification to Peacebuilding – A Call to Global Transformation*. London: Pluto Press.

Francis, Diana (2002) *People, Peace and Power – Conflict Transformation in Action*. London: Pluto Press.

Gabinete de Informação do Governo da ROC (2014) «China's Peaceful Development», http://www.gov.cn/english/official/2011-09/06/content_1941354.htm [29 setembro 2014].

Garrison, Jim; Philipps, John-Francis (1989) *The New Diplomats – Citizens as Ambassadors for Peace*. Devon: Green Books.

Hampson, Fen Osler (1996) *Nurturing Peace – Why Peace Settlements Succeed or Fail*. Washington: United States Institute of Peace Press.

Kanbur, Ravi (2009) «Conceptualizing Informality: Regulation and Enforcement», working paper, (http://www.arts.cornell.edu/poverty/kanbur/Conceptualizing Informality) [21 setembro 2014].

Khanna, Parag (2011) *How to Run the World: Charting a Course to the Next Renaissance*. New York: Random House.

Komine, Yukinori (2008) *Secrecy in US Foreign Policy: Nixon, Kissinger and the Rapprochement with China*. Hampshire: Ashgate.

Lederach, John Paul (2003) *The Little Book of Conflict Transformation*. New York: Good Books.

Lederach, John Paul (1999) *Building Peace – Sustainable Reconciliation in Divided Societies*. Washington: United States Institute of Peace Press.

Lewicki, Roy J., et al. (2003) «When and How to Use Third-Party Help», in Lewicki, Roy J. et al. (org.) *Negotiation – Readings, Exercises, and Cases*. London: McGraw-Hill.

Magalhães, José Calvet de (2005) *A Diplomacia Pura*. Lisboa: Bizâncio.

Mathews, Dylan (2002) *War Prevention Works – 50 Stories of People Resolving Conflict*. Oxford: Oxford Research Group.

McDonald, John W.; Zanolli, Noa (2008) *The Shifting Grounds of Conflict and Peacebuilding*. Plymouth: Lexiton Books.

McLuhan, Marshall (1962) *The Gutenberg Galaxy: The Making of Typographic Man*. Toronto: University of Toronto Press.

Merrills, J. R. (1995) *International Dispute Settlement*. Cambridge: Cambridge University Press.

Monteville, Joseph V. (1991) «The Arrow and the Olive Branch: A Case for Track Two Diplomacy», in Volkan, Vamik et al (org.) *The Psychodynamics of International Relationships: Unofficial Diplomacy at Work*. Massachussets: Lexington Books, 161-175.

Nan, Susan Allen (2008) «Conflict Resolution in a Network Society», *International Negotiation*, 13: 111-131.

Ramsbotham, Oliver, et al. (2006) *Contemporary Conflict Resolution*. Cambridge: Polity Press.

Riegg, Natalya Tovmasyan (2001) «Conflicts in the Second World: A View on Track Two Diplomacy», Working Paper 17, Institute for Conflict Analysis and Resolution, George Mason University: 1-21.

Riordan, Shaun (2004) *The New Diplomacy*. Malden: Polity Press.

Sousa, Fernando de (org.) (2008) *Dicionário de Relações Internacionais*. Porto: Edições Afrontamento.

The Carter Center (2014) http://www.cartercenter.org/index.html [21 agosto 2014].

The Institute for Multi-Track Diplomacy (2014) http://www.imtd.org/ [4 outubro 2014].

The Washington Post (2008) «Taiwan Team Arrives in Beijing for Talks», http://www.washingtonpost.com/wp-dyn/content/article/2008/06/11/AR2008061103387.html [28 setembro 2014].

Weissman, Mikael (2008) «Peacebuilding in East Asia: The Role of Track 2 Diplomacy, Informal Networks, and Economic Social, and Cultural Regionalization», in Bercovitch, Jacob et al (org.) *Conflict Management, Security and Intervention in East Asia – Third-party Mediation in Regional Conflict*. London & New York: Routledge, 67-82.

Weissman, Mikael (2009) *Understanding the East Asian Peace – Informal and Formal Prevention and Peacebuilding in the Taiwan Strait, the Korean Peninsula, and the South China Sea 1999-2008*. Gothenburg: School of Global Studies/University of Gothenburg.

Zartman, William (org.) (2001) *Preventive Negotiation – Avoiding Conflict Escalation*. New York: Rowman & Littlefield Publishers.

NOTAS BIOGRÁFICAS

Daniel Marcelino Rodrigues é Responsável Pedagógico na ESSCA School of Management (Paris, França) e Investigador Integrado do Observatório de Relações Exteriores da Universidade Autónoma de Lisboa. Colabora igualmente enquanto Professor Visitante com a HEC Paris. Foi Professor Auxiliar Convidado em Relações Internacionais na Faculdade de Economia da Universidade de Coimbra e na IE University (campus de Segóvia, Espanha), Professor Visitante na Universidade de Tecnologia de Tallinn (Estónia), Professor Auxiliar em Relações Internacionais na Universidade Portucalense e Investigador-visitante no Centro de Ciencias Humanas y Sociales do Consejo Superior de Investigaciones Científicas (Madrid, Espanha). É doutorado em Relações Internacionais – Política Internacional e Resolução de Conflitos pela Universidade de Coimbra (2013) e Licenciado em História pela Faculdade de Letras da Universidade de Coimbra. Os seus interesses de investigação centram-se no estudo do federalismo no âmbito da teoria política e dos estudos para a paz, assim como da etnicidade, nacionalismo e direitos das minorias, com particular ênfase na Europa central e de leste (Polónia e países bálticos) e no Ártico. Bolsa de doutoramento FCT.

Daniela Nascimento é doutorada em Política Internacional e Resolução de Conflitos pela Universidade de Coimbra, Mestre em Direitos Humanos e Democratização pelo Centro Europeu Inter-Universitário de Direitos Humanos e Democratização de Veneza e licenciada em Relações Internacionais pela Faculdade de Economia da Universidade de Coimbra. É investigadora do Centro de Estudos Sociais e professora Auxiliar no Núcleo de Relações Internacionais da Faculdade de Economia da Universidade de Coimbra, onde leciona no primeiro ciclo de Relações Internacionais, no Mestrado em Relações Internacionais – Estudos da Paz, Segurança e Desenvolvimento e no Programa de Doutoramento em Política Internacional e Resolução de Conflitos. Os seus interesses de investigação centram-se nos Estudos críticos para a paz, reconstrução pós-conflito, direitos humanos, ação humanitária, em especial no contexto Africano e Timor Leste. Tem publicados nestas áreas capítulos em livros e artigos em revistas científicas nacionais e estrangeiras bem como participação em vários projetos de investigação com financiamento nacional e internacional. Da sua investigação doutoral resultou a publicação do livro International Conflict Resolution and Peacebuilding Strategies. The Complexities of war and peace in the Sudans publicado pela Routledge (2017).

Filipe Vasconcelos Romão é Professor do Departamento de Relações Internacionais da Universidade Autónoma de Lisboa (UAL) e Professor Auxiliar Convidado do Instituto Superior de Ciências do Trabalho e da Empresa do Instituto Universitário de Lisboa (ISCTE-IUL) e Professor Convidado da Universidade ORT (Uruguai), bem como Investigador Integrado do Observatório de Relações Exteriores da UAL. É doutorado em Relações Internacionais – Política Internacional e Resolução de Conflitos pela Universidade de Coimbra (2013) e Licenciado em Relações Internacionais pela Faculdade de Economia da Universidade de Coimbra. Foi investigador-visitante na Universidade de Deusto. É ainda presidente da Câmara de Comércio Portugal – Atlântico Sul e comentador de política internacional da RTP e da Antena 1. Os seus interesses de investigação centram-se nas dinâmicas de conflitualidade com raízes nacionalistas e nas relações entre organizações regionais. Bolsa de doutoramento FCT.

Jorge Tavares da Silva é docente convidado de Ciência Política e Relações Internacionais no Departamento de Ciências Sociais, Políticas e do Território da Universidade de Aveiro (UA) e na Faculdade de Economia da Universidade de Coimbra (FEUC). Doutorado em Relações Internacionais pela FEUC e investigador no GOVCOPP – Unidade de Investigação em Governança, Competitividade e Políticas Públicas da UA. Membro Fundador do Observatório da China e do Centro de Estudos e Investigação de Segurança e Defesa de Trás-os-Montes e Alto Douro (CEIDSTAD). Auditor do Curso de Defesa Nacional (2013-2014). Membro da *European Association for Chinese Studies* (EACS) e da *Association of Chinese Political Studies* (ACPS). Os seus interesses de investigação centram-se nos estudos políticos chineses, em particular o conflito entre a China e Taiwan.

José Manuel Pureza é Professor de Relações Internacionais na Faculdade de Economia da Universidade de Coimbra. Tem sido docente convidado em várias universidades estrangeiras: Universidad Torcuato di Tella (Buenos Aires), Pablo de Olavide (Sevilha), PUC de São Paulo e PUC do Rio de Janeiro, Universidad del País Vasco. As suas prioridades de pesquisa incluem os Estudos para a Paz – designadamente as construções teóricas da paz e os estudos críticos sobre segurança – os direitos humanos e o direito internacional. É atualmente Deputado e Vice-Presidente da Assembleia da República

Maria João Barata é Professora Auxiliar e Coordenadora do Gabinete de Relações Internacionais do Instituto Superior Miguel Torga, bem como investigadora do Centro de Estudos da População, Economia e Sociedade (CEPESE). É doutorada em Relações Internacionais – Política Internacional e Resolução de Conflitos pela Universidade de Coimbra (2012), Mestre em Comunicação, Cultura e Tecnologias da Informação (Bolsa da JNICT) e Licenciada em Sociologia pelo Instituto Superior de Ciências do Trabalho e da Empresa do Instituto Universitário de Lisboa (ISCTE-IUL). Os seus interesses de investigação abrangem questões de pobreza e exclusão social, autodeterminação e construção de identidades no sistema internacional contemporâneo, e o conflito do Saara Ocidental. Bolsa de doutoramento FCT.

Maria Raquel Freire é investigadora do Centro de Estudos Sociais e Professora Catedrática de Relações Internacionais da Faculdade de Economia da Universidade de Coimbra. É Coordenadora do Centro de Excelência Jean Monnet da Universidade de Coimbra. É ainda Professora Colaboradora no Programa de Pós-Graduação em Relações Internacionais, Universidade de Santa Catarina, Brasil. É membro do Conselho Científico das Ciências Sociais e Humanidades da Fundação para a Ciência e a Tecnologia (FCT), e membro do European Science Foundation College of Expert Reviewers. Os seus interesses de investigação centram-se nos estudos para a paz, em particular peacekeeping e peacebuilding; política externa, segurança internacional, Rússia e espaço pós-Soviético.

Mateus Kowalski é Diretor da Direção de Serviços de Direito Internacional do Ministério dos Negócios Estrangeiros de Portugal e professor convidado na Faculdade de Direito da Universidade Nova de Lisboa e investigador integrado no Observare/UAL. Foi conselheiro jurídico no Gabinete de apoio ao Secretário-Geral-Adjunto das Nações Unidas para os Assuntos Jurídicos. É doutorado em Política Internacional e Resolução de Conflitos (Universidade de Coimbra), Mestre em Direito Internacional (Universidade de Lisboa) e Licenciado em Direito (Universidade de Coimbra). Os seus interesses de investigação centram-se em questões de Direito

Internacional, incluindo a teoria do Direito Internacional, o sistema das Nações Unidas, a justiça penal internacional e o Direito Diplomático, bem como em assuntos relacionados com a paz e segurança internacionais e política externa. Bolsa de doutoramento da Fundação Calouste Gulbenkian.

Miguel Barreto Henriques é licenciado em Relações Internacionais e doutorado em Política Internacional e Resolução de Conflitos pela Universidade de Coimbra, onde apresentou a tese «Laboratorios de Paz en territorios de violencia(s): ¿abriendo caminos para la paz positiva en Colombia?», premiada pela Casa da América Latina como melhor tese em Ciências Sociais e Humanas em 2013. Atualmente, é diretor do Observatorio de Construcción de Paz e Professor Titular no Departamento de Ciência Política e Relações Internacionais da Universidad de Bogotá Jorge Tadeo Lozano (Colômbia). Tem diversas publicações no campo dos Estudos de Paz, com particular ênfase na Colômbia e América Latina. Os seus atuais interesses de investigação relacionam-se com a Arte como instrumento de reconciliação, memória histórica e construção de paz. Bolsa de doutoramento FCT.

Paula Duarte Lopes é investigadora da área dos Estudos para a Paz (Núcleo de Humanidades, Migrações e Estudos para a Paz) do Centro de Estudos Sociais e professora de Relações Internacionais da Faculdade de Economia da Universidade de Coimbra. Doutorada em Ciência Política e Relações Internacionais pela Universidade Johns Hopkins nos Estados Unidos da América. Mestre em Políticas da Economia Mundial pela London School of Economics and Political Science na Grã-Bretanha. Licenciada em Economia pela Faculdade de Economia da Universidade de Coimbra. Os seus interesses de investigação incidem actualmente sobre missões de paz, ajuda pública ao desenvolvimento, governação ambiental e conflitos hídricos internacionais. Tem várias publicações sobre estas temáticas.

Ramon Blanco é doutorado em Política Internacional e Resolução de Conflitos pela Universidade de Coimbra, é Professor Adjunto da Universidade Federal da Integração Latino-Americana (UNILA), onde coordena o Núcleo de Estudos para a Paz e a Cátedra de Estudos para a Paz. É, também, Professor Permanente do Programa de Pós-Graduação em Relações Internacionais da UNILA (PPGRI-UNILA) e do Programa de Pós-Graduação em Ciência Política da Universidade Federal do Paraná (PPGCP-UFPR). É autor de Peace as Government: The Will to Normalize Timor-Leste. Lanham: Lexington Books, 2020.

Ricardo Pereira é gestor de ciência e tecnologia no Departamento das Relações Internacionais da Fundação para a Ciência e a Tecnologia (FCT). É vogal da Direção da Iniciativa de Programação Conjunta Europeia em Investigação em Doenças Neurodegenerativas; membro da Assembleia Geral da Parceria entre Europa e Países em Desenvolvimento para a Realização de Ensaios Clínicos (EDCTP); e membro suplente do Conselho de Administração da Parceria para a Investigação e Inovação na Região Mediterrânica (PRIMA). Em 2014 publicou «Recipient States in Global Health Politics. PEPFAR in Africa» (Palgrave Macmillan). É doutorado em Relações Internacionais – Política Internacional e Resolução de Conflitos pela Universidade de Coimbra (2012). Bolsa de doutoramento FCT.